凤凰文库
PHOENIX LIBRARY

凤凰出版传媒集团
PHOENIX PUBLISHING & MEDIA GROUP

凤凰文库·艺术理论研究系列

主　　编　　范景中

执行主编　　常宁生

项目总监　　毛晓剑

项目执行　　王林军

凤凰文库·艺术理论研究系列

范景中 主编

常宁生 执行主编

江苏凤凰美术出版社

[英]玛莎·麦斯基蒙 著
李苏杭 译

女性制作艺术
历史、主体、审美

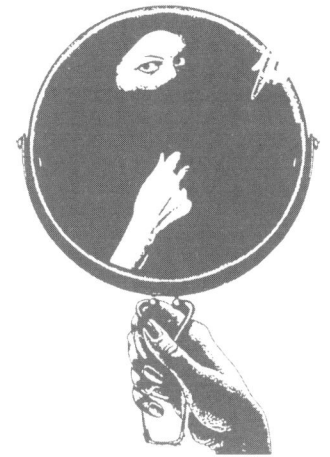

Marsha Meskimmon

Women Making Art:
History, Subjectivity, Aesthetics

图书在版编目(CIP)数据

女性制作艺术:历史、主体、审美/(英)玛莎·
麦斯基蒙著;李苏杭译. 一南京:江苏凤凰美术出版
社,2017.1(2022.2重印) 书名原文:Women Making Art:History,
Subjectivity,Aesthetics
ISBN 978-7-5580-1589-2

Ⅰ.①女… Ⅱ.①玛…②李… Ⅲ.①艺术-研究②
女性-艺术家-概况-世界 Ⅳ.①J②K815.7

中国版本图书馆 CIP 数据核字(2017)第 017490 号

First published 2003 by Routledge
© 2003 Marsha Meskimmon
Authorized translation from English language edition published by CRC Press, part of Taylor &
Francis Group LLC; All rights reserved;本书原版由 Taylor & Francis 出版集团旗下，CRC 出
版公司出版,并经其授权翻译出版。版权所有，侵权必究。

Phoenix Fine Arts Publishing House is authorized to publish and distribute exclusively the
Chinese (Simplified Characters) language edition. This edition is authorized for sale throughout
Mainland of China. No part of the publication may be reproduced or distributed by any means, or
stored in a database or retrieval system, without the prior written permission of the publisher. 本
书中文简体翻译版授权由江苏凤凰美术出版社独家出版并限在中国大陆地区销售。未经出版者
书面许可，不得以任何方式复制或发行本书的任何部分。
本书封面贴有 Taylor & Francis 公司防伪标签，无标签者不得销售。

著作权合同登记号:图字 10-2008-293

责任编辑	孟 尧
装帧设计	周伟伟
责任监印	生 嫄

书　　名	女性制作艺术:历史、主体、审美
著　　者	[英]玛莎·麦斯基蒙
译　　者	李苏杭
出版发行	江苏凤凰美术出版社(南京市湖南路1号 邮编:210009)
制　　版	江苏凤凰制版有限公司
印　　刷	南京玉河印刷厂
开　　本	652毫米×960毫米 1/16
印　　张	19
字　　数	300千字
版　　次	2017年1月第1版 2022年2月第3次印刷
标准书号	ISBN 978-7-5580-1589-2
定　　价	78.00元

营销部电话 025-68155675 营销部地址 南京市湖南路1号
江苏凤凰美术出版社图书凡印装错误可向承印厂调换

展。在建设中国特色社会主义的伟大进程中,中华民族必将展示新的实践,产生新的经验,形成新的学术、思想和理论成果。文库将展现中国现代化的新实践和新总结,成为中国学术界、思想界和理论界创新平台。

凤凰文库的基本特征是:围绕建设中国特色社会主义,实现社会主义现代化这个中心,立足传播新知识,介绍新思潮,树立新观念,建设新学科,着力出版当代国内外社会科学、人文学科的最新成果,同时也注重推出以新的形式、新的观念呈现我国传统思想文化和历史的优秀作品,从而把引进吸收和自主创新结合起来,并促进传统优秀文化的现代转型。

凤凰文库努力实现知识学术传播和思想理论创新的融合,以若干主题系列的形式呈现,并且是一个开放式的结构。它将围绕马克思主义研究及其中国化、政治学、哲学、宗教、人文与社会、海外中国研究、当代思想前沿、教育理论、艺术理论等领域设计规划主题系列,并不断在内容上加以充实;同时,文库还将围绕社会科学、人文学科、科学文化领域的新问题、新动向,分批设计规划出新的主题系列,增强文库思想的活力和学术的丰富性。

从中国由农业文明向工业文明转型、由传统社会走向现代社会这样一个大视角出发,从中国现代化在世界现代化浪潮中的独特性出发,中国已经并将更加鲜明地表现自己特有的实践、经验和路径,形成独特的学术和创新的思想、理论,这是我们出版凤凰文库的信心之所在。因此,我们相信,在全国学术界、思想界、理论界的支持和参与下,在广大读者的帮助和关心下,凤凰文库一定会成为深为社会各界欢迎的大型丛书,在中国经济建设、政治建设、文化建设、社会建设中,实现凤凰出版人的历史责任和使命。

出版说明

要支撑起一个强大的现代化国家,除了经济、政治、社会、制力量之外,还需要先进的、强有力的文化力量。凤凰文库的出版是:忠实记载当代国内外尤其是中国改革开放以来的学术、思想论成果,促进中外文化的交流,为推动我国先进文化建设和中国社会主义建设,提供丰富的实践总结、珍贵的价值理念、有益的参考和创新的思想理论资源。

凤凰文库将致力于人类文化的高端和前沿,放眼世界,具有全胸怀和国际视野。经济全球化的背后是不同文化的冲撞与交融,不同思想的激荡与扬弃,是不同文明的竞争和共存。从历史进化角度来看,交融、扬弃、共存是大趋势,一个民族、一个国家总是在持自我特质的同时,向其他民族、其他国家吸取异质文化的养分,而与时俱进,发展壮大。文库将积极采撷当今世界优秀文化成果,为中外文化交流的桥梁。

凤凰文库将致力于中国特色社会主义和现代化的建设,面向国,具有时代精神和中国气派。中国工业化、城市化、市场化、国际的背后是国民素质的现代化,是现代文明的培育,是先进文化的发

献给马克·T.·舒茨(1947—2001)
——我敬爱的兄长,感佩的老师和信赖的朋友

目　录

致谢　*1*

序言　*1*

图版目录　*1*

绪论：女性制作艺术　*1*

　　欣喜与危机　*1*

　　艺术的作品　*5*

　　新的知识　*9*

第一部分　历史

导论　*15*

1　放逐史：大屠杀和背井离乡　*21*

　　家园、契约和日常生活的深度　*27*

　　高雅文化、同化和现代性　*34*

2　形象展现：英语区非洲裔女性艺术家　*43*

　　舞蹈者、母性和现代性　*48*

　　跳舞：地点和人种志　*55*

3 重新谱写历史：越战和场景再现　63
　　大众媒介、纪录片和新闻报道　68
　　民族、差异和身体政治　75

第二部分　主体

绪论　89

4 呈现：空间和知识情境　94
　　女性艺术家的呈现　94
　　视觉呈现：情境（主义）、图书馆和工作室　102
　　皮肤、边界和混血身份　107

5 表演性：欲望和身体铭纹　116
　　从表演到物化　116
　　内在/外在　125
　　表层的情欲　133

6 变化：个人、集体和奇妙机器　139
　　花卉画家和女性主义者形象　139
　　用虚拟机器修饰身体　150
　　个体转变与变化之环　156

第三部分　审美

结论　165

7 愉悦和认知："东方主义"和电影化视觉　170
　　审美：愉悦与声音　175
　　审美：愉悦和具象视野　182
　　审美：愉悦和实体论"交互"空间　187

8 理性和感性：文本和图像再制作　191
　　物化阅读　195
　　书籍存在场域的扩展　203

9 时间之地:澳大利亚女性主义艺术和理论 212
    浏览与(非主流)历史 216
    迟疑、详尽和意外的主题 225

后记——关于奇妙 233

注释 235

参考书目 266

致 谢

我有很多人要感谢,感谢他们助我完成这项研究。而对于本书尚存的任何错失与疏漏我无可归咎他人。为完成本书,得到如此多人的支持,我真是既舒心又惊喜。我至诚感谢每一位拨冗积极为该书创作献计献策的人。没有拉夫堡大学的支持我本不能完成这项研究,本不能完成该书的写作。尤其是我所在的社会科学与人文学院,他们给予我2001年秋季研究假期的许可。这段休假之后,艺术与人文研究委员会通过他们的研究休假方案,又将这一研究期限奖掖到2002年春天。这份时间厚礼,于我而言真是弥足珍贵。对这两家机构的慷慨惠赐,我感激不尽。

在此期间,我又获得了两笔国际奖励资金,从而使我的研究与写作得到很好的滋养。这笔资金还激起我挑战困难,进一步拓展研究领域的雄心壮志。2001年9月,我在美国华盛顿全国艺术展览馆视觉艺术前卫研究中心参观学习。当时,我的身份是保罗·莫琳高级访问研究员。那儿的主任、管理人员及其他热心朋友,在我研究的重要阶段所给予我的鼓励与帮助我感激不已。在华盛顿期间,我还能够使用国家妇女博物馆艺术方面的完好设施。在此,我要感谢那里的工作人员,尤其是图书馆的朋友们。他们的热情帮助使我的这段时光既富有成效又十分愉悦。

2002年我在堪培拉澳大利亚国立大学人文研究中心,作为一名访学资深研究会友度过了最初的三个月。正是在那儿,我得以完成最后的手稿,并且能够看到我一直在研究的第一手澳大利亚材料。我要向该研究中心的诸位主任和管理员对我工作的支持表示感谢。在此我要说,在堪培拉的那段时光,是我整个研究时期最富有成效、最才智勃发、最美好愉悦的一段时光之一。我对该中心的工作人员尤其心存感恩,是他们让我有幸接触到如此多的澳大利亚的学者、艺术家和图书馆、博物馆馆长。这段光阴真是我播种希望的沃野。

有许多学界朋友为我审读各阶段的草案及手稿。这种审读常常是出了力又为人所忽视,且难以获得酬谢的,但于我而言,这确实极有价值。在此,我要衷心感谢这些勤恳的评论家们。这些人包括:阿米莉亚·琼斯、卡拉·奥尔娥、莫甘·莎兹、乌尔莉·西格勒若、吉恩·道、罗斯玛丽·贝特顿、保罗·乔布玲、马丁·戴维斯、米歇尔·安托瓦内特。我尤其要感谢卫特内·查德威克。

我要感谢这些艺术家,他们慷慨无私且技能娴熟地比照着他们自己的作品来品读、挑战、探索我的研究工作,这些是对我最富鼓舞性、最见成效的帮助。这些人是琼·布拉希尔、珍妮特·劳伦斯、安·汉密尔顿、伊丽莎白·金、罗琦·马丁、底波拉·莱夫科维茨和安娜·蒙斯特。他们在我创作中所花费的心血与汗水,才使得本书比原定的要好得多。诸多艺术家和艺苑画廊也为本书的印刷出版献计献策。从获得很难查找的资料,确保照片、图片、数据文件的高质量,到完全节省或大大减少各种费用,尤其是交通花费等,真是事无巨细,处处都体现出他们的热忱与友好。正是这些个人和组织的大力协助,才使得本书的面世成为可能。对此,我感恩不尽。我要感谢的是:斯维特拉娜·考佩斯迪安斯基、莫娜·哈图姆、林璎、阿玛莉亚·梅莎-白恩斯、索卡瑞·道格拉斯·坎普、崔明霞、凯瑟琳·韦特泽尔、凯伊·古德里奇、凯西·德·蒙查克思、费思·灵戈尔德、玛莎·罗斯乐等,排名不分先后。

为本书的插图提供了大力帮助的下述机构,我并致谢忱:威廉姆斯学院、古德伍德雕塑学院、悉尼博物馆、英国电影学院、泰特艺术馆、斯卡洛出版公司、弗里斯街画廊、肖恩·凯利画廊、考陶尔德学院、安东尼·德奥菲画廊、杰尔西博物馆、拉克摄影馆、巴巴拉·格莱斯顿画廊、霍华德大学艺术馆、玛莎·麦迪卡画廊以及琼·凯利画廊等。

  最后,一如既往,我必须要感谢我的合作伙伴格雷厄姆。在本书酝酿筹备的整个阶段,他都给予了热情鼓励与大力支持。他好比是风暴中为我牢牢稳住帆船的一位最出色的舵手。

序

《女性制作艺术》一书旨在增补女性主义者关于历史、主体以及审美等问题的思考,以改进压抑女性文化创造力,以及把女性创造的艺术限定为男性标准的附庸品的种种貌似公允的做法。本书不是提供一个关于女性艺术家的包罗万象的调查,而是作者玛莎·麦斯基蒙(Marsha Meskimmon)选择二十世纪若干关键时期,对世界五大洲的女性运用各种媒介完成的艺术创作进行的颇为细致的研究。她旨在通过横向比较研究,提供一个有关该时期历史、文化、艺术实践和理论问题等的透彻分析。

为了探究女性艺术家开创、表现和界定个人史和社会政治历史的各种方式,探究她们挑战传统西方性别对立的主观主义的看法,以及探究女性作品中崭露的愉悦与认知、理性与感性、空间与时间种种不常规的新的思考方式,麦斯基蒙研究了底波拉·莱夫科维茨、崔明霞、克妮莉亚·帕克、费思·灵戈尔德、莫娜·哈图姆、玛丽亚·海伦娜·维埃拉·达西尔瓦以及其他不太著名的世界各地艺术家的艺术作品。聚焦历史、理论以及美学在二十世纪的特殊时期,诸如大屠杀、越战、非洲移民、怪异论以及网络文化等特定时期,麦斯基蒙阐述了女性艺术家在重新审视主流传统,重新审视有关文化、政治和技术变革等方面所起的重要作用。

  玛莎·麦斯基蒙是英国拉夫堡大学的艺术史论高级讲师。她著有《反思艺术：二十世纪女艺术家自画像》(1996年)、《建构城市：女性艺术家和城市空间》(1997年)和《我们不够现代：女性艺术家及德国现代主义的局限性》(1999年)。

图版目录

0.1 克妮莉亚·帕克(Cornelia Parker),《刻字的负物》(刻字时积聚起来的银屑),1996,版权,克妮莉亚·帕克;照片,弗里斯街画廊,伦敦 7

1.1 底波拉·莱夫科维茨(Deborah Lefkowitz),电影《沉默的间断:在德国作犹太人》剧照,1990,承蒙底波拉·莱夫科维茨提供 28

1.2 底波拉·莱夫科维茨(Deborah Lefkowitz),电影《沉默的间断:在德国作犹太人》剧照,1990,承蒙底波拉·莱夫科维茨提供 31

1.3 凯蒂·克莱德曼(Kitty Klaidman),《隐藏的记忆:休门的阁楼》(三联画),1991版权,凯蒂·克莱德曼;照片,玛莎·马迪卡画廊,华盛顿区 34

1.4 利百加·郝恩,《布痕瓦尔德的音乐会》,1999,第一部分:电车厂版权,利百加·郝恩,DACS;照片来自利百加·郝恩的《布痕瓦尔德的音乐会》一书,斯卡洛出版社,苏黎世 37

1.5 利百加·郝恩,《布痕瓦尔德的音乐会》,1999,第二部分:埃特斯伯格城堡版权,利百加·郝恩,DACS;照片来自利百加·郝恩的《布痕瓦尔德的音乐会》一书,斯卡洛出版社,苏黎世 38

1.6 蕾切尔·怀特瑞德,《大屠杀纪念馆》(1996—2000)版权,蕾切尔·怀特瑞德;照片,安东尼·都菲画廊,伦敦 40

2.1 费思·灵戈尔德,《在卢浮宫跳舞》,第一部分,no.1,选自《法国藏品》,1991,承蒙费思·灵戈尔德提供 50

2.2 索卡瑞·道格拉斯·坎普,《小伊丽波》(《鼓掌的女孩》),1984,承蒙索卡瑞·道格拉斯·坎普提供 57

3.1 崔明霞,电影《姓越名南》剧照,1989,承蒙崔明霞提供 66

3.2 玛莎·罗斯乐,《气球》,源自《引火烧身:漂亮的房子》,1967—1972,承蒙玛莎·罗斯乐提供 72

3.3 崔明霞,电影《姓越名南》剧照,1989,承蒙崔明霞提供 75

3.4 林璎,《越战纪念碑》,1982,版权,林璎;照片,全美公园服务协会,华盛顿区 78

3.5 林璎,《越战纪念碑》,1982,版权,林璎;照片版权克里斯托弗公园 80

3.6 埃德莫涅·刘易斯,《永恒的自由》,1867,承蒙华盛顿区霍华德大学美术馆提供 83

3.7 伊丽莎白·凯特蕾特,《向我的青年黑人姐妹致敬》,1968 版权,伊丽莎白·凯特蕾特;照片,琼·凯利美术馆 84

4.1 埃米莉·玛丽·奥斯本(Emily Mary Osborn),《无名无友》,1857,私人收藏。照片:考陶尔德艺术学院,照片调查部 98

4.2 玛丽亚·海伦娜·维埃拉·达西尔瓦(Maria Helena Vieira da Silva),《图书馆》,1949 版权 DACS;照片,R.M.N.照片代理公司,巴黎 106

4.3 阿玛莉亚·梅莎-白恩斯(Amalia Mesa-Bains),《维纳斯的妒忌第二章:闺房和闺中物品,索尔·胡安娜·伊内斯·德·拉·克鲁斯的图书馆》,1994 收藏:威廉姆斯学院艺术博物馆,威廉姆斯镇,马萨诸塞州;承蒙阿玛莉亚·梅莎-白恩斯提供 112

5.1 克洛德·卡亨(Claude Cahun)和马塞尔·摩尔(Marcel Moore),"我自己",蒙太奇二,来自《无效的自白》,1930,凯尔福出版公司,巴黎 124

5.2 克洛德·卡亨(Claude Cahun)和马塞尔·摩尔(Marcel Moore),'N.O.N.',蒙太奇九,来自《无效的自白》,1930,凯尔福出版公司,巴黎 126

5.3 罗琦·马丁(Rosy Martin)和乔·斯宾斯(Jo Spence),《松绑》,1988,承蒙罗琦·马丁提供 129

5.4 罗琦·马丁(Rosy Martin)和凯伊·古德里奇(Kay Goodridge),《肆无忌惮的妇人》,2000,承蒙罗琦·马丁和凯伊·古德里奇

提供　*132*

5.5　凯西·德·蒙查克思(Cathy de Monchaux),《巡航灾难》,1996,承蒙凯西·德·蒙查克思提供　*136*

5.6　凯西·德·蒙查克思(Cathy de Monchaux),《显然不是》,1995,承蒙凯西·德·蒙查克思提供　*136*

6.1　玛丽亚·茜贝拉·莫莉安(Maria Sybilla Merian)《昆虫的变态》,1705,照片和版权,英国图书馆,伦敦　*145*

6.2　雷切尔·路伊科(Rachel Ruysch),《带有水飞蓟、花卉、昆虫、一只青蛙和一只蜥蜴的林地静物画》,1694,承蒙德累斯顿大师油画馆提供　*147*

6.3　安娜·蒙斯特(Anna Munster),奇妙网(http://wundernet.cofa.unsw.edu.au/)于2000年上传,承蒙安娜·蒙斯特提供　*153*

6.4　伊丽莎白·金(Elizabeth King),《小学生》,1987—1990;照片,《小学生》:姿势7,1997,由凯瑟琳·威特兹尔(Katherine Wetzel)提供。该照片出现在《注意之环:一个雕刻家对物质与精神共存的冥想》的第26页,伊丽莎白·金,纽约:哈里 N. 艾布拉姆斯出版社,1999　*158*

7.1　莫菲德·特拉特里(Moufida Tlatli),电影《沉默的宫殿》剧照,1994,版权,莫菲德·特拉特里;照片,英国电影学院　*178*

7.2　莫娜·哈图姆(Mona Hatoum),《测量距离》剧照,1988,版权,莫娜·哈图姆;照片,泰特现代美术馆,伦敦　*180*

7.3　希林·娜沙特(Shirin Neshat),《骚乱》剧照,1998,视频剧照,版权,希林·娜沙特;照片,芭芭拉·格来斯顿画廊,纽约　*184*

8.1　安·汉密尔顿(Ann Hamilton),《线状构成》,细节,缠绕文本的书球,1994,版权,安·汉密尔顿;摄影,罗伯特·魏德迈,承蒙纽约肖恩·凯利画廊提供　*198*

8.2　斯维特拉娜·考佩斯迪安斯基(Svetlana Kopystiansky),《熨书》,1990,承蒙斯维特拉娜·考佩斯迪安斯基提供　*201*

8.3　斯维特拉娜·考佩斯迪安斯基(Svetlana Kopystiansky),《无题》,(柏林,爱因斯坦咖啡馆里的装置作品),1990,承蒙斯维特拉娜·考佩斯迪安斯基提供　*206*

8.4　安·汉密尔顿(Ann Hamilton),室内景象,《梅因》,1999,版权,安·汉密尔顿;摄影,蒂博·杰森,承蒙纽约肖恩·凯利画廊

提供　*208*

9.1　珍妮特·劳伦斯(Janet Laurence)和菲奥娜·佛雷(Fiona Foley)以及邓顿·库克·马歇尔建筑公司员工合作,《林边》,1994,承蒙悉尼博物馆提供　*218*

9.2　珍妮特·劳伦斯(Janet Laurence)和菲奥娜·佛雷(Fiona Foley)以及邓顿·库克·马歇尔建筑公司员工合作,细节,《林边》,1994,承蒙悉尼博物馆提供　*222*

9.3　琼·布拉希尔(Joan Brassil),《永久就是永恒变动吗?》,1978(后墙上:超越视野的光,超越听力的声音,超越回忆的记忆,1970—1974),承蒙琼·布拉希尔提供　*227*

9.4　琼·布拉希尔(Joan Brassil),《随时随意》,1990,承蒙琼·布拉希尔提供　*231*

绪论：女性制作艺术

欣喜与危机

近三十年来，一系列关于女性艺术家及其研究成果的卓有成效的文献作品，清楚表明了女性几个世纪以来在视觉艺术制作方面所起的重要作用。本书援引权威的学术文献，对女性制作艺术的能力抱有绝对的信心。她们能改变我们看待世界的方式。

就我本人而言，而且很多其他的女性主义学者也像我一样，研究女性无论过去还是现在的独特的文化和才智贡献，是一件颇令人振奋的事情。并且，这是一次重要的对那些把妇女活动排除在外的惯常做法有历史价值的修正。琳达·诺柯林（Linda Nochlin）最近写了一篇有关她早期女性主义研究、教学以及做图书馆馆长工作的文章。文中确切描述了长期以来处于被遗忘状态下的妇女的重要性以及她们的艺术开始在学术文章中、在高规格的课堂教学和展览中得以展示的兴奋心情：

"把我和1969年的历史以及随后的事件联系到一起的，并不是一些我被动参加的活动，而是我主动积极介入的活动，那些活动给人一种真正新奇的感觉：我和其他许多已经被政治化，被解放了的妇女一道真正地积极投入到推动历史、变革历史的洪流中去。我所介入的领域主要是：艺术史、文化史、制度史以及意识史领域。"[1]

在第二波女性主义者探求她们之前的女性为社会所做的贡献时，她们找到了一些确凿的证据，证实了女性在过去的文化生活中，特别是在政治、艺术和历史领域所做的重要贡献。这些研究材料表明了她们理解历史的独特方式，这些理解方式改变了她们在历史中的地位。然而，这些突破性的研究工作，并没有彻底改变当今艺术界及其他领域尚性别歧视不公正的根源。例如，完全有可能，在一次由三家全国性的美术馆联手举办的百年绘画大展中，没有一件女性创作的作品。[2]甚至有可能，当问及这一疏漏时，会听到这样的话语：馆长们根本就没注意到这一现象，且那些禀赋阴柔的男性画家的作品已使得展出女性作品纯属多余。[3]在当今艺术界，如果一次大型艺术展中，获奖提名的全是女子，那会舆论哗然，令人惊奇，令人关注。如果全是男子，情况则适得其反，大家都以为是正常情况，本该如此。[4]

很显然，在女性制作的艺术得到其应有的关注之前，仍有很多工作要做。而写关于女性艺术实践的文章，无论是历史上的，还是现当代的，都不是件容易的事情。确实，这有些冒险。首先，计算在某一次展出中男女作品数量的粗略做法，尽管也值得肯定，但这种数据根本不能反映出传达视觉文化的微妙的性别差异。同时，坦率地讲，这种做法也不能有效地表现艺术领域变化的动势。再则说了，把女性艺术家统统归于现行"大师"标准的行列，或者，另定"伟大"女性艺术家的标准的过分简单化的做法，以及其他人所宣扬的分离主义的思想，都没有触及现行的艺术史中压制女性的规则，也没有提出现行艺术史本身应该被改变的具体策略。

问题并不在于历史需要被革新的认识问题，而在于理解革新历史的方式。这种方式不是将女性艺术家和女性艺术的限定放宽，不是将她们作为另一同质种类单独评价。换句话说，目前亟待解决的问题是必须正视不仅仅是妇女和男子之间，而且包括女性之间的重要而复杂的差异性;要使这些差异在重塑视觉文化历史时得以展现。再则,女性创造的艺术究竟有何不同,这一令人困惑的问题理当精确、确切地予以解答。

没有谁比格丽塞尔达·波洛克(Griselda Pollock)对这种男女艺术的简单分类的危险性表述得更好了,她写道:

> "如果我们采用艺术家中的'女性'的说法,我们就是以艺术家和'女性艺术家'的提法将艺术史割裂开来区别对待。我们吁请我们自己承认这样一种差异。这种割裂开来的做法太容易让我们误认为我们知道了艺术史的本质所在。而且,这种分割了的艺术实际上成为了历史的附属物和表现的工具……"[5]

不为女子另立标准,然后探究艺术史的本质,这才是较为妥当的做法。关注这一提法并不是说差异毫不相干,或者不能被清楚表达。确实,女性艺术实践所展示的智力挑战促生了根本性的差异和别样的思维领域。介入这一课题研究,具有战略意义,令人满怀豪情又危险刺激,既改变了我们的认知内容又改变了我们的认知方式。作为认识论研究的一个关键方面,探索女性制作艺术是极有价值的。由于我们不能毫无问题地把女性制作的艺术归于"已知事物"的行列,所以我们就必须重新构想实验性和创造性思维中认知的确切过程。

在思考吉尔·德勒兹(Gilles Deleuze)的思想对文化研究的潜在冲击力方面,伊恩·布坎南(Ian Buchanan)认识到假定事物已知带来的类似问题:

> "文化研究展示了一种学界普遍的看法,就是文化研究的目标是事先存在的,而理论是仅供人研究时使用的东西。"[6]

与学界的这种普遍看法相反,对布坎南而言,"德勒兹主义者的文化研究应该以质疑目标主题开始,但不是简单地问及主题是什么。正如我们所理解的,该研究将探询一个主题生成的方式。"[7]布坎南的辩论巧妙地说明了从目标到过程,从现成的本体论到生成的本体论的这一转变。这种转变是思维超出同一和已知性的关键因素。如果我们问及女性艺术家和女性艺术是什么的问题,我们就落入了对象化和边缘化的逻辑。但是如果我们积极主动地调查研究女性艺术,以其物质特异性,以其特殊选址,如何巧妙地阐明了性别差异,那么就有可能产生无穷无尽的新答案、新理念和新观点。在此书中,本人努力开拓这种风险、刺激、使人兴奋的路径,同制作艺术的女性艺术家们进行了一次积极的对话。

本书的题目就含有过程性的意味。这不是一部把某些艺术品界定为"女性艺术"的书,而是阐述有关女性和艺术的偶发性,阐述女性和艺术在特定的社会环境、审美情境下结合而展现出的审美过程的书。不顾女性在历史上各显其能的活跃动力,而将她们视为同质的一群,或将其艺术归结为某种大一统的"女性本质特色",这种本质特色作为预先知晓的"源点",先于她们具体的艺术实践而存在,就根本否定了女性之间的差异,强调的是革除异己的范式,这样就使女性的主观能动性被隐没、遮蔽,难以明确表达。我们应该超出那种僵化地认识女性艺术的逻辑,介入女性艺术创作中去,感受其根本性的差异,从而对历史研究的传统模式、艺术家的素养、作者身份观念、创作的目的性以及有关艺术的种种界定提出质疑。

本书紧扣艺术作品,深入探究女性多样化表达、多角度展示其主观世界的能力。这并不是说,女性制作的艺术是某种永恒的"女性化"的载体;也不是说在制作者(maker)的性别和其作品之间有任何固定的或统一的联系。对此,我赞成伊丽莎白·格罗兹(Elizabeth Grosz)的观点。在其《性征:作者消逝之后的女性主义》一文中,她提出:

"作者的性别和作品的价值没有直接的关系,就如同作者的个人隐私和职业生涯等事实不能解释作品一样。不过,作者的性征,其鲜活而实在的肉身,在其所创作的作品中会留下痕迹或者标志。正如反过来我们必须承认,作品创作的过程也会在作者(包括读者)身上留下其痕迹一样。"[8]

在这篇文章中,格罗兹认为"模糊的定位",或者,"作者个体……文本的物性及文本在作者与读者身上铭刻的痕迹之间的复杂关系"[9]，提供了研究创作实践的关键因素。只有通过上述方法，才能真正分析一个作品内的或贯穿于整个作品中的性别差异。这样思考的重要意义在于在作品和作者之间有一个双向的互动。作者的个性特征以及和作者的历史位置、在世上的物质存在密切相关的作品，既不能作为与研究作者创作实践不相干的因素被弃置，也不能把其精神的载体——肉身，及其创作过程的终结——作品，作为本源意义而加以强化。作者的个体特异性，相反，是融入到关系、过程和实践之中的。经此，物质才会内化为表现主题的内容，或变得有意义。因此，一位艺术家和一件作品间的相互关系既有物质上的牵连，也是处于发展过程之中的，是各种行为相互作用的结果。

批评家、理论家以及历史学家也参与这种作者和作品的互动。理论并不是由具有认知能力的形而上的作者总结出来，再用于指导静态物体的，而是从认知过程中生成的。依据布坎南的看法，当我们问及女性制作艺术的诸多问题时，就参与了意义的制作——我们融入了创作的关系之中。这是富有意义的事情。在这整部书中，我确实认为多角度地参与女性的艺术制作，既会改变我们关于历史、主体和审美的认知内容，又会改变我们的认知方式。我认为密切关注女性艺术中作者和作品的互动，能使我们探询对于未来极其重要的新问题。这使我以一个参与者的身份和女性艺术家们进行对话，而不是将自己置于权威的阐释者的地位，去诠释女性、艺术和文化史的内在真理。就是说，我写此书的目的不是揭示艺术作品中展现的女性主观世界的本质（即便有可能得以揭示），而是探究女性艺术家们的艺术制作过程，据此展示她们对历史、主体性和感官体验的独特评价。

艺术的作品

研究艺术制作问题，以一个实例开始是重要的。其中一个特别有价值的例子就是克妮莉亚·帕克（Cornelia Parker）1996年的作品：《刻字的负物》(刻字时积聚起来的银屑)。这件作品是帕克研究艺术品产生过程中所留痕迹的若干作品中的一件。在《刻字的负物》中,雕刻时刻下的一圈圈细小的金属丝,巧妙地堆积形成一座美妙的小丘。这些小银丝屈曲盘绕、晶亮发光,的确具有魅惑力和视觉吸引力。但这件作品的魅力也在于若干其他的理由,包括把本应该丢弃的切割的残痕余渣决然地呈于观者眼前,而雕刻作品真正的主体反而隐退。再则,该作品强调艺术品产生的过程性,强调文字、图像和物体相互之间的策略性部署。《刻字的负物》并不仅仅表明上述论及的理念,它还以那些理念为例,使我们能够领会在客体、主体和中介之间艺术所起的作用。

如果《刻字的负物》没有传达上述理念,那么这件作品还有什么意义可言呢?米克·巴尔(Mieke Bal)把艺术理解为"文化理念"(cultural philosophy)的一种模式,在此理念下,艺术作品作为"理论物品"而存在。他的观点对于理解诸如帕克等人的艺术实践是颇有教益的。[10] 也就是说,这些作品结晶出理论。作品生成理论,是通过锻铸思维与制作、物品的物质性与艺术家及参与的观众的创造力之间的一种关键联系而实现的。这样做就把这些作品的艺术性设置到完成作品的"劳动"中去,并且在我们面对一件作品时,再次要求我们探问不同的问题。例如,问及《刻字的负物》中是什么使帕克作品放弃了图像、文字、内容、思想的复杂构成,而仅仅归结为这样的目标:刻字的负物是雕刻活动中积聚起来的银屑。在此,我认为艺术的功用并不在于视觉图像、实际的制成品、富有启迪意义的标题、抑或插入的启示性的句子,而是在各种关系的相互作用中体现出来,这种相互作用产生于一个具体实在的主题。

例如,《刻字的负物》通过这种相互作用所形成的意义之一是,关注被埋没了的"文本"的"母体"。这一母体,在以文本为基础的知识体系中被巧妙地回避了。但它通常构成言语的基础。这一基础决定了言语尽管本身千差万别,但具有超验性,具有超越母体、图像和客体的力量。[11] 并非巧合,在印刷过程中,刻字所用的基本物称之为母版。这种母版、母体和女性之间的联系是显而易见的。把它们作为刻字的负物来看待,作

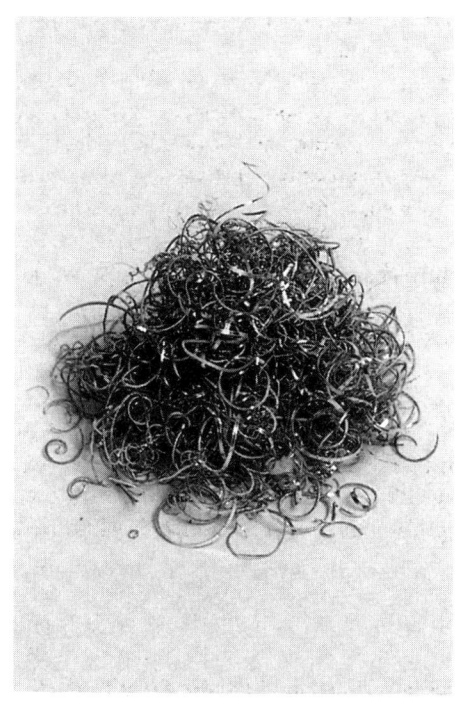

0.1 克妮莉亚·帕克（Cornelia Parker），《刻字的负物》（刻字时积聚起来的银屑），1996，版权，克妮莉亚·帕克；照片，弗里斯街画廊，伦敦

为当我们诉求文本时所忘却的物质残余来对待，帕克的作品并没有把言语和母体截然地分割。当然，我们可以对这些理念从文本的角度展开辩论。在《刻字的负物》中，所刻文字和其母版之间的相互生成，就是艺术制作中具体可感的过程性的体现。

至此，我认为艺术的其中一个功能是思想，艺术作品是具体的作品，可以被我们的感官认知。很显然，主体和认知的再联系对任何关注性别差异的创作而言都是至关重要的。并且，对特别关注女性制作艺术的研究而言，这种再联系是必不可少的。这不仅仅因为艺术和审美本身受到颂扬表层抽象的知识者的诋毁，（这种知识者与纯理性相关，抛却感官的诱导、物质乃至"母体"），而且因为实际思想是情境化了的、有独特内涵、丰富多样且变动不居。这些丰富多样性再次说明普遍盛行的"大师"模式越发僵化，正是这些主流模式使得女性的主观见解被遮蔽，而不能够得以畅快表达；在这些模式下，女性制作艺术只不过是男性的负面的影子罢了。

普遍盛行的同化逻辑支持超验的神话、中性的题材、普遍存在的同质的事实以及认识论、伦理学和美学中的基本原理。在这样的逻辑下，差异被取消，不遵从既定标准的题材就要被边缘化；知识作为超越其世上物性存在的普遍的"理"，而变得抽象无形。不解释透这一点，女性制作艺术的结构框架就会空无依凭；她们对文化的特殊贡献，就会处于非常暗淡的光下，而难以被世人看到。

把艺术研究上升到"理论"高度，作为一种充分感觉上的认知模式，这样就彰显了特别的、具体的、实际的意义力量。这种力量是伴随差异而生的。在谈及女性制作艺术的话题中，这一行动是极其有效的，使我们能够探问女性主观认识，在过去和现在凭借视觉和材料形式是如何展现的；探问在复杂多样的历史环境中女性的艺术制作所表述的意义内涵；以及这种艺术制作在当今引发我们的所思所感。这些问题并不是预先限定女性制作的艺术能昭示什么意义，也不是说有一种所有女性制作的艺术能够被或应该被诠释的无所不包的理论，这些问题无论是只论及女性制作的艺术，还是评价男女合作完成的艺术，都不是给出某种一劳永逸的阐释。如果以某种先定的理论、方法和定义去评价女性制作艺术，那结果肯定会适得其反，只能会扼杀形成新认识的希望。

探讨女性制作艺术的话题，确实会形成一种挑战，而这种挑战将会创造理念、物象、图形和文本的特定分析方法，这将有助于解决我们上述所论及的问题。虽然这些分析方法没有对问及女性艺术制作的问题设限，但对她们的研究仍将集中于她们的创造力、严谨性以及非凡的阐释力。在本书中，我将探讨女性制作艺术在历史、主体和审美范畴内所能产生的新认识。有鉴于此，我将特别关注女性的艺术实践。在某些情况下，我将把不同地缘政治和年代背景的艺术创作结合在一起，以便通透地思考特别的问题和研究特殊的思想。由于在本书每一部分的一开始没有预先的介绍性评论，那么就很值得考虑在案例研究中，地理和年代的选择怎样和历史、主体、审美三者糅合在一起的。历史、主体和审美主题贯穿于本书始终。

新的知识

思考女性制作艺术问题,不可能不面对诸如传统界定的历史问题,作为自主能动"我"的主观理念的限定问题,以及有关艺术的理解问题。传统观念在实质上是强调宗派规则而排除异己,并消极地评价女性艺术。确实,这样的观念在思维结构上是孤立的。正如女性主义哲学家和理论家所论证的,"后现代主义"和后结构主义对元叙事(metanarratives)的批判,并非总是提供有关女性主观认识的更好或者更有用的模式,也没有提供能说明性别差异的历史或审美范式。在后结构主义理论本身达到其所认定的性—性别—"种族"中立巅峰的学术氛围中,其理论实践呈现出普遍的、抽象的元话语风姿,后结构主义只强化了它起初所批判的这种元叙事体系。

这里提出了两个紧密相连的观点:首先,把女性艺术实践边缘化的历史传统、主观理念和审美规范支持一种十分特别的地缘政治情形,这种情形现在已经有所分化;其次,反对这种传统逻辑既不能以一种新的元理论取代它,也不能以过于激进的形式完全否认传统题材中包蕴的意义。现代资产阶级欧洲中心个人主义的崛起,进一步增强了欧洲中心论的主导和权威地位的线性发展历史模式,这是欧洲殖民扩张和帝国统治以及所谓的科学和工业革命的必然结果。"西方"对其所谓的"他者"的地缘政治统治、现代国家政权的崛起、系统性的同化或差异的取消都是相互关联的现象。女性制作的艺术被边缘化并非偶然,这是和女子的柔媚、妆饰、灵巧(而非天才)的艺术风格紧密相关的。结果女性所创艺术成了男性所创艺术的附庸,女性只有超越个性情怀,她们的作品才能成为所谓的"艺术"。

调查研究西方帝国主义文化传统,以及其对差异性的抹煞,线索很多,很复杂。解开这些复杂的线索虽有可能但并非易事。然而,也不是所有的问题都需解决。我们或许大体上能够领会,比起诸多同时代男性艺术家的作品,女性艺术家的制作被轻视而鲜为人知的情况。但这种粗略的研究,并不能展示女性在艺术领域所作出的惊人的广泛探索;也不能说明女性在艺术实践中所作出的非凡的变革;其对社会规约、陋习的练达的挑战,也不会得以揭示。研究这些问题,就要多探究差异,要密切关注女性制作艺术的历史情境和材质上特殊的配合。这既不是以一种新的女性艺术的元理论(例如,"所有女性"的艺术是……)取代上述的排他逻辑,也不能仅仅因为这些问题不能概括为一,而依允完全抛弃主题和意义。

对于关注女性主体和女性代理机构的女性主义理论家而言,后者更重要。因为,对自主能动"我"和真实性要求的批判,例如,历史、哲学和科学领域的真实性,已经导致一些学者完全放弃了对知识的追求。正如很多女性主义者和反殖民主义思想者恰当指出的,这种对主题意义的抛弃恰恰出现于妇女、非白人、非西方人士要求他们的话语权的时候。当你拥有话语权的时候,传布自己的主观认识是容易的;女性主体和女性代理机构(当然,指的是所有那些被蔑视为"另类"的女性代理机构和主观认识)不是现行不公正社会体制的产物,而是重要的观念结构所造就。在研究女性制作艺术时,我致力于主体和女性代理机构这两个饶有趣味的观念。不是以一成不变的旧"我",来阐释这些观念,而是作为辨析差异的参与性主体,在艺术实践活动中对这些观念详加阐述。

下面这几章运用一系列相关案例研究,对三个相互关联的主题展开论述。这些案例是丰富多样的。书中所选艺术家及其作品在地理分布上涵盖北美、美洲中部、南美、欧洲(包括前苏联)、非洲、中东、东南亚和澳大利亚等广阔区域,时间跨度是从17世纪到现在。区域的广阔、年代的漫长,并不是说这项研究就无所不包,本书也没有此意向。因为确实存在一些本应该详加探讨的更重要的地区和历史时期,而因为条件所限,本书没有论及。再则,如果说书中案例代表了国际上女性艺术实践的所有领域,那也是不对的;我并不试图给出一个有关所有女性艺术实践的草率的说明。在欧洲文化背景下,"艺术"的门类因我们理解的方式不同,其划分的标准也不一样。而女性艺术家们藐视传统的划分标准,抗拒所谓的中心范式,或者说西方标准范式,意欲重述、重构这些范式。她们的艺术实践具有多样性、国际性的特征,这正是本书关注的要点。她们积极争取进入国际范围内根深蒂固的欧洲中心话语(在 20 世纪由于美国的权力政治,欧洲中心话语明显扩展了),并借此扬名,赋得生机。但她们又不是仅仅依从于这种中心话语,完全受其支配。她们激进的争执行为的关键一方面是一种反殖民主义的力量,同时它也是一种手段,"国际社会"有可能就此来重新定义并重新定位女性。

此外,女性主体存在多样性,既复杂,又练达。本书强调女性作品表现的多样性,就驳斥了关于女性艺术家根深蒂固的传统观念。纵观艺术史,女性制作的作品是丰富多样的、异质的、主题不固定的。这些作品受历史条件和物质形式的限制,但又绝非完全被它们所束缚。对于尤其关注视觉艺术中性别特异性的作品,本书探讨了它们如何有效利用各种媒介,如何在广泛的语境下展现其独特思想内涵。一些作品是众所周知的名作,一些是个人自画像,只私下里在朋友中传阅;一些艺术家声名远播,其余的则知名度较低。并且,本书的确做到了兼容并包过去和现在的艺术实践。这种多样性不仅展示了几个世纪以来,女性制作的艺术一直是实验的、创新的,而且展示了女性介入艺术领域,在运用物质材料形式方面所产生的活力,以及她们在艺术发展上所起到的特别的实际的推动作用。不存在一种典型的女性艺术,女性艺术是存在于物质性、主体和中介作用的关系之中,因而具有主题不确定、定位模糊的特征。她们提供了一种自由多样的艺术方式,由此,能够在丰富多样的语境下,创造跨文化的对话;并且她们的艺术还关注传统元叙事中的一些濒于危机的论调,从而有助于解构它们一成不变的僵化的体制。

不足为奇,在本书探索丰富多样的艺术实践中,交叠互搭的主题会出现,诸如,在阐释认知主体的新观念中,论述了绘图法和绘图实践的重要性;在思考差异性时,阐释了愉悦所起的作用;以及探讨了从目标到过程、从再现到表现的转变,文本和图像、个体和集体的穿插联络;当然,还有引发新认识的形体与感官的力量等。虽然这些主题在本书中会规律性地出现,它们也一直为我所关切,但我并没有这样的想法:它们会是女性艺术的永恒真理,或者它们在未来将必定仍是女性艺术实践的关键特征。再则,若说这些广泛的交叠主题会产生任何特别的艺术形式,或者理论结构,那是没有道理的。这些交叠主题是通过反复协商过去三个世纪的"现代主义"所恰当设置的各种参数形成的。

  这些因素今后可能会发生改变,因此这本书中的许多见解将会成为过时的描述。然而,我希望本书探求新问题的决心意志,探求无论过去、现在,还是未来,女性制作艺术非凡意义的开拓精神,将存在永恒的价值。当今,当学院派规则结构所笼括的当代艺术,一心要吞噬女性主义者富有价值的研究,例如,有关主体、物质性、述行性和时空的性征化的研究,甚至于对一代代女性在才智、政治和艺术领域所做的贡献只字不提之时,保护这份遗产就变得更为迫切。

第一部分
历 史

导 论

　　有关女性制作艺术的任何调查研究,势必会涉及历史。从事艺术探索的女性艺术家比起同等状况的男性艺术家而言,知名度仍然很低。正是这一事实引发了关于文化生产和艺术史建构中,女性历史角色的问题。女性制作艺术的现象在文化创建和艺术史建构的结合中得以展现。由一系列过去事件组成的历史、人物和历史上人所共知的事实之间妙合无痕的联系,在女性艺术中,被作为重述历史事件、鉴定历史事实、重现历史场景的过程看待。传统的历史再现和再现过程为女性制作的艺术所摒弃,她们制作艺术的关键所在就是承认和描述差异。

　　就在不久前,女性还被认为不具备历史上艺术家应有的活力,或者被认为在艺术领域无所建树。然而近三十年关于历史上女性艺术家的富有价值的学术研究,已使得这样的一种评说在现在看来毫无道理。在过去文化创造的所有领域,女性都十分活跃,尽管她们要面对来自个人、社会和职业方面的各种压力(有时极其强烈)。事实上,在西方,在过去至少五个世纪中,很多女性艺术家成就斐然,引人瞩目,赢得了她们同时代人的赞誉。然而她们的历史地位,无法和与她们对等的男性艺术家相提并论。这的确是一个有待解释的事实。这些受人尊敬、成果显著的女性,她们制作的艺术真的比不上同时代的男性吗?抑或制作艺术的女性必然要被排除于正统艺术家的行列之外吗？

要解答诸如此类的问题，就必须打破任何游移不定的历史实证主义，摒弃线性发展的历史叙事，质疑所谓客观、公正的历史学家，还往事高度的透明度，以揭示其本来面目。从本质上说，这种大一统的历史模式应该受到挑战和质疑；的确，把历史看作线性发展的、大一统的过程，比承认构成历史的多样性视角和具体情景有可能更难。但对于被主流的历史元叙事所边缘化的主题和材料而言，重构历史是政治的也是学术的行为。传统艺术史的宗派排他逻辑，一直把女性制作的艺术看作二流的、边际的，认为她们的艺术没有持久的价值。女性艺术家及其艺术若依附于这种逻辑，将会毫无益处。历史学家的挑战是批判那些把女性艺术家和她们的作品边缘化的正统范式，并同时找到可替代的结构，以便从新的角度建构历史。

强调历史主体的具体境况，强调结果产生的过程性，而不是强调什么普遍的原理，这样的历史结构以及历史学家评价既往的多样化视角，对完成这一挑战性的任务，才是不无裨益的。强调具体情景、过程和实例，并不仅仅在于颠倒中心和边缘的地位，不是说需要创造另外一种单独评价女性艺术的标准，而在于要创造出和伟大的男性艺术家同列的"伟大"女性艺术家的名单。研究历史，立足于多重性、不同视角性以及对话性，就拆除了中心——边缘的藩篱，使得女性制作的艺术在其自身的权限内能够广为人知，有时还是第一次在公众中传布。

从具体的、历史情景的角度理解主题，由此获得的一个关键的洞察历史的能力就是否定，否定界定"女性艺术家"的普遍统一的标准。只需想想，一位维多利亚时代英格兰的"女艺术家"不会和一位第三国际时期俄罗斯的"女艺术家"一样，就足够了。女性制作艺术涉及多种多样社会文化的、经济的和时代的语境，并且把很多不同形势下"女性"和"艺术家"的复杂群类结合在一起。确实，女性从事艺术，且在其权限范围内获得成功，依赖于阶级、时代、经济地位、城市或乡村位置，以及民族、"宗族"或"种族"根源等各种因素的意外结合。鉴于权威和特权在世上之盛行,女子之间会因这些因素之不同而招致无情的区分。那些明确表述具体情景的历史,不仅使差异性在男子与女子之间转动,就是在女子之间差异性也是变动不居的。这些差异性对于任何探索女性艺术的多面性历史的研究工作而言,是极其重要的。

强调这些多面性历史,就既抛弃了线性前进的目的论,又否定了历史发展的公认原理。例如,就女性艺术家的情况而言,没有证据表明有一种不可回避、单向前进的模式。女性参与艺术不是简单地按照任何明显的时间顺序方式"递增",并且当今的女性艺术家并不是处于朝向平等缓慢行军部队的先锋位置。同样,女性历史性地介入艺术表明在性别、审美和历史之间没有完全一致的关系。女性在艺术领域制作的一个个微观世界,既不能"证实"也不能"检测"一个普遍的女性审美标准和艺术的宏观历史的存在。女性艺术实践所创造的微观历史作品的材料特异性,构成了广泛的宏观历史领域。多种多样的微观历史作品建构了我们所认为的宏观历史的框架,理解这些建构过程才能认识到,结构模式是在对女性艺术作品的历史阐释中形成的。这些过程也表明,艺术作品的建构必须以不遮蔽重要的差异性为前提。

要认识女性作品的历史性影响,就意味着要严肃对待艺术对历史的阐释,把我们的关系延展到材料和视觉实践中去,使之成为历史知识的架构。探索作为历史架构形式之一的艺术门类,意味着必须研究一件艺术品描绘了什么样的往事和人物,作品纪念的人或纪念的事件,或者作品产生的背景是什么。在采用历史方法研究一件作品时,上述这些或许全都是重要的因素。但对于认为艺术必须重新唤起历史的整体潜能而言,它们又太拘泥呆板了。从一个更重要的角度来说,我认为视觉和材料艺术能以文字和言语力所不逮的方式表现历史。这不是说优势艺术会凌驾于其他形式的艺术之上,而是承认介入历史的艺术的特异性。以特殊的有力的手法完成的艺术作品,尤其能触动各种感官,引发人们丰富的想象。把这类艺术作品看作重要的认知手段,意味着特别的有意味的形式对于艺术的效果起着重要的作用。如果没有客观的、形而上的历史学家,没有明晰的、概括抽象的历史,那么,艺术、有关艺术的文字表述本身就构成了人们所谓的历史。

  本书有三章致力于艺术史的研究,在这三章中,上述的观点是至关重要的。这三章中所提及的材料是经过严格筛选的,所涉及的特定历史时期当然不是无所不包,然而也非随意拟定。在作为过去的事件的历史和作为对那些事件记录的历史之间,有一个双重的矛盾点,这三章的每一章都以这一双重矛盾点作为其中心轴。大屠杀——本书据此展开,是这一双重矛盾点的集中体现。被纳粹主义的卑鄙逻辑定义为非人的数百万犹太人、吉普赛人、政见不同者、同性恋者以及其他人的惨遭杀戮,毁灭了整整几代人,毁灭了历史延续的正常结构。这是人所共知的历史事实。大屠杀的实际损失是如此之大,以至于令作为世界理性载体的历史发抖。很多学者宣称大屠杀史无前例,令人难以想象、谈论和描述。

  第二和第三章关注的是英语区的非洲移民和越南独立,也探究导致历史阐释危机的极端的冲突形式。非洲移民是由于殖民地私有奴隶制的残酷行径造成的,它几乎毁坏了出身奴隶的几代人的有序家庭关系。然而黑人女性主义者参与这一历史事件的最惊人的一面是——强调生存。这一生存不只是遭受非人虐待的女性群体的生存,还喻指美感、创造力和几代女性间跨时代的强韧纽带的生存。越南独立的漫长过程也能说明历史叙事的一个矛盾点,尤其是当这种叙事是由发达的西方主持时。不能以东、西方或冷战时期共产主义、资本主义两极对立的单一逻辑表述越南。西方国家谱写此段历史的权威性受到了质疑,而对这些质疑的解答并不总是易于理解。显然,章节中罗列的三点批评是建构历史转换形式,即区域合法性、视角、呈现和差异性的关键。

  这三章所列事例,不仅每个都对传统的历史范式进行挑战,而且这些事例也探询了审美规则和性别政治之间的复杂关系。不准美化大屠杀的禁令(诗人特奥多·阿多诺在奥斯威辛集中营被释放之后,由于拒写抒情诗而成为执行这一禁令的典范),已经在一个强烈反对女性主义者对大屠杀事件介入的声明中体现出来。声明认为女性主义者对大屠杀的介入,会弱化它的意义。与这种观点相对立,黑人女性主义者经常强调,要重新确立非洲移民妇女的历史地位,需要做广泛的各种各样的事情,这些事情包括学术研究和政治活动,而艺术创作在这些活动中至关重要。非洲移民妇女已经创作出一系列杰出的艺术和理论。这些艺术和理论以种族和性别差异为切入点,把历史叙事的各种新的审美形式结合在一起。第三章在关注越南问题的同时,提出了既属于政治的又属于审美的"再现"问题。由于再现通常既涉及群体又涉及个体,那么女性主观认识的表达,就给有同化作用的自由主义和新古典主义形式,提供了一种相反的模式。

重要的是,这三章无一不把"女性们再现的历史"和大屠杀、非洲移民或者越战联系起来;女性们以独特的视角,细腻的感情,关注这些历史事件的局部,反映她们与众不同的观点,使原先不为人知的历史情形凸显出来。这些章节论及的是微观史,是对诸如放逐、契约、体态、图绘以及再现的详细探究。这些细节会把我们的注意力转移到曾被忽视的事情上去,使我们关注原先未及考虑的问题,或是在主流叙事中尚没有被包括进去的内容。女性艺术实践,通过转移关注点的方法,使人们原先认定的元叙事得以重组。

这种历史重组是利用材料、思想和图像,调整、重写和重构历史的结果,是时过境迁之后,在现在创造历史的结果。构成每一章论辩基础的作品,参与了历史情境的再造。这些作品并不评论或反映外在于她们的历史,而是她们的视像、材料以及空间、观念介入建构历史的各个过程中去。这三章的主体正在于此。正是基于这一缘由,这些章节决不以历史事件或艺术作品作为显而易见的真实性载体,而是关注方式,关注女性制作艺术,评价历史事件的方式。而历史意义则渗透在作品形成的过程中。

我是利用这些作品探幽发微,而不是介绍有关这些作品的概况。在此,我寻求突出一些特别的诠释和理念,它们和艺术作品以及正在被探索的历史事件产生共鸣。但我并不试图一劳永逸地决定甚至断言这些复杂作品的全部内涵。我甚至不认为这样的工作是有可能的。这些章节结构体现的是材料调整、重组中看待历史的新视角,强调了在广泛的宏观历史的框架内,细枝末节或零碎史实的重要意义。我有意利用最近的两件艺术作品作为一面透镜,透视相关的历史事件。把这些作品与事件作以比较,可引出一个与性别、历史和审美相关联的主题。然而,随着章节的展开,这两件作品会和其他的作品与思想交融,主题就会出现变动。而历史本身也正是这样发展变化的。可以说,女性艺术家对历史具体场景的微观探究,展现了与主流叙事不同的崭新的历史领域。

1 放逐史:大屠杀和背井离乡

　　除了我鲜明展现的"沉默的间断"之外,还有我在采访录音中出现的时间的间断——既包括叙事时时间的间断,又包括纪年时时间的间断……这些叙事的重要意义就在于间断。无语的内容不被简单地串在一起,也不是将它们巧妙地搭建起来。

[底波拉·莱夫科维茨(Deborah Lefkowitz)谈其电影:《沉默的间断:在德国作犹太人(1990)》][1]

　　布痕瓦尔德
　　一个骷髅光滑的圆顶
　　行刑机狡猾地伪装
　　颈骨的神谕
　　没有鸟在山上,没有声音
　　死亡在恐惧中联手
　　形成一个铅皮钟悬在魏玛上空
　　甚至树拒绝在这儿生长
　　从地心中吸收能量
　　裹着石头压在死亡营的四周

[利百加·郝恩(Rebecca Horn),选自其作品《布痕瓦尔德的音乐会》][2]

谈论大屠杀如果不谈及死亡、流放和损失,那还有什么要谈论的呢?大屠杀的幸存者生活在一个流亡的心境中,无论过去和现在,这一心境都永远铭刻着冷酷无情的深渊地狱印记。我们中那些在大屠杀之后降生的人,还没有完全摆脱由极端非人行径造成的、累累伤痕的历史环境。无论是底波拉·莱夫科维茨的电影《沉默的间断:在德国作犹太人(1990)》,还是利百加·郝恩的魏玛装置作品《布痕瓦尔德的音乐会》,诉求点都在于流放和损失,记写下一段和寻求扫除过去惨痛教训的忘记做法相反的历史。《沉默的间断》旨在展示沉默透出的被创伤凝固了的真空,在此惨烈的寂静中,时间凝固了,世界窒息了。《布痕瓦尔德的音乐会》弥漫的是灰色的、无声的演出气息。如果这些作品直接承认、宣扬这巨大的创伤,那么这些作品就绝不可能显示大屠杀是史无前例的,绝不会有力透出这一使我们喑哑、无助的战栗!反对恢复朱尔根·哈波马斯提出的"传统"历史或身份,[3]《沉默的间断》和《布痕瓦尔德的音乐会》显示了以别样方式重构历史和身份的可能性。这两件艺术作品肯定了乔夫雷·哈特曼(Geoffrey Hartman)提出的"反对大一统的历史叙事"[4]的说法,而关注处所、物质特异性以及广泛存在的差异性。

流亡构成了大屠杀历史的主体。第三帝国制造了整个世界的动乱,把政见不同者、同性恋者、左翼艺术家和加入犹太人、吉普赛人行列的知识分子以及其他不合己意者,从德国和其占领地大批地驱逐出去。数百万人在死亡营被杀害,只有少数幸存下来。放逐的创伤、迫害的痛苦、生存的渴望煎熬着整整一代人,撕裂了整整一代人的心。对那些幸存于世,一直反抗纳粹统治的人来说,战后的这段时期通常被形象地描述为"心灵放逐"的时期。原先的社区、机构以及主人都已不复存在,损失之大,痛楚之深,令人茫然无措。然而,放逐不能被理解成一个笼统的词语。思考放逐就要抛却固定不变的抽象的理论以及普遍的主题,要把放逐与具体情境联系起来。正如哈米德·纳菲斯(Hamid Naficy)所说放逐不能被"概括化地评述……谈论放逐只有关注细节、具体情景、具体位置,才会有深刻感染力。放逐主题要具体情况具体对待。"[5]

反对把放逐主题普遍化、概括化，与战后反对大一统的历史叙事相辅相成。简单地说，历史毫不动摇向前发展的信念以及历史的连贯性，在大屠杀面前显得苍白无力。正如罗尼·S·蓝道（Ronnie S. Landau）所言："大屠杀粉碎了西方自由的理性梦想和文化，而正是这种文化和理性的力量使我们变得有人性，使我们拥有人道主义精神，并且促进了对差异的真正宽容。"[6] 蓝道对宽容和差异认可的强调并非孤立静止。的确，很多历史学家、文艺理论学者认为对话是最重要的。而这正是大屠杀的大一统历史叙述和有意"忘却"所缺少的。[7]

出于忘却目的的记述走两个极端，或者把大屠杀描述为史无前例、匪夷所思、骇人听闻，或者描述为容易理解的、合乎历史发展的一个确乎不可避免的环节。这也就限定了一个范式，正是这一范式产生了传统的历史二元论。这一理论把有关大屠杀的丰富多样的个人体验和这段历史的普遍意义，看作是相互排斥的，而非相互补充的。为了抗拒忘却，就必须排斥这种简单的二元论思维。正确做法是记述大屠杀既要记述其普遍性的一面，同时又要记述其特殊性的一面；大屠杀既是历史的中断，超越于历史之外，然而又完全在我们的历史之内。在这一巨大的断裂之后的记忆、历史和艺术研究，又恰恰落在这一断层上，这使得普遍和特殊之间、矛盾的动机和行动之间的关联，能够通过巧妙地处理差异展现出来。

《沉默的间断》和《布痕瓦尔德的音乐会》都支持把各种差异间的强劲的相互作用，作为一种重新谱写历史的方式。在莱芙柯威兹的电影中，这种强劲性体现在寂静和证言的相互作用中，它表明了在大屠杀之后，一种既是在场的又是缺席的矛盾状况在德国的有力传扬。在郝恩的装置中，德国文化之高雅和人为的技术之暴虐（竟然搞出了臭名昭著的《最终解决方案》）之间的矛盾显示了它们的共在性以及不可调和性。这两件作品都对普遍性和特殊性加以区分，看上去都有鲜明的人造痕迹。对特殊题材、语境和思想的密切关注是作品的机巧所在，借此机巧，作为大屠杀标志的巨大历史断层进入人们的视野。

《沉默的间断》并没有以单一的观点评述大屠杀后的德国的历史、学术和社会问题。尤其不同的是，在历史叙事过程中出现的沉默的间歇，具有深刻的警示意义，它映照出大屠杀所造成的巨大放逐伤痕，标志着统一连续的历史记载的断裂。这部电影的开场白简洁明了：莱夫科维茨以画外音的方式，讲述了她作为一名美国犹太女子的深切体验——这些体验是通过了解她德国非犹太人的丈夫家庭，以及她丈夫在德国西伐利亚的故乡小镇的情况而逐渐获得的。在开场白中，她把该镇居民讨论有关他们自己的历史、历史的重要性以及他们作为犹太人和非犹太人对德国犹太人的理解的各种声音并置在一起。这些声音也许会宣扬相同的论题，但它们在语调上、意图上或立场上并不一致。画面由小镇的"率真"镜头和该镜头（底片、慢动作、重叠、断片）的反复重放组成。这些画面没有展示连续的历史叙事。哈特曼谈及台词时写道："每一个情节或台词……都有相似和不似之处。"[8]而每一处沉默也都既有相同也有不同之处。这些沉默揭示了大屠杀后欧洲历史的重构问题。

郝恩的装置作品《布痕瓦尔德的音乐会》分设在魏玛城的两处，如果以线连接这两处，该线恰好穿越市中心。魏玛是歌德的故乡，德国启蒙时期的文化之都。魏玛的重要性对于郝恩装置的意义是不言而喻的。装置把一个幽灵般的音乐会设置在斯克勒斯·埃特斯伯格的空阔的白色沙龙中，装置的另一部分则设置在魏玛城一个废弃的工厂仓库里。到死亡营的交通线，刚好在魏玛城的辖区之外。当时的运输情况在这家仓库里一而再再而三地排演，方法是用一辆来自布痕瓦尔德的破卡车，不停地在一面砖墙和一堆报废的弦乐器之间跑动。城堡中的音乐会只不过是一把贝司上的两个弦音的机械重复，显得十分空落。这种声音听上去就如同蜂巢里蜜蜂的嗡嗡声。地板上安放了一些镜子，它们旋转着，时而显出破碎的光影，投射出整个音乐会的场景。光明和黑暗、声音和沉寂、希望和失望交织在这场音乐会中，表达了魏玛和它的死亡营——布痕瓦尔德的矛盾冲突。郝恩所营造的这种对立的文化力量摒弃了单一的历史叙述，体现了"奥斯威辛之后"各种思潮均可作为西方历史中心问题而共存。郝恩的装置作品关注场所和材料的特异性,注重历史发生的过程,表达了广泛的差异性。

富有意义的是,《沉默的间断》和《布痕瓦尔德的音乐会》都以具体情境为基础。在我采访莱夫科维茨时,她谈到,沉默,也就是声音的消失,是与流亡途中人们的无语状态相辅相成的。这一结构模式尤其反映在女性的体验中。谈及沉默在女性主义文学理论中的特定作用,以及在女性主义有关大屠杀的学术研究中,沉默越来越受关注的现象,莱夫科维茨写道:

> "在我完成制作这部电影的几年后,我感到我对妇女的采访,事实上已经影响了我对我所搜集的有关素材的整体思考,也使我产生了运用这些素材的一些特殊的视野和结构理念。对此,我深受触动。"[9]

这部电影的意图不在于突出妇女的地位,而是强调她们的沉默中所包蕴的深刻震撼力。我们不难想象莱夫科维茨作为一名女性,会亲自参与到当地女性们的交流活动中去。这些妇女的谈论很容易和她本人的观点产生共鸣,因而她对此题材的处理更娴熟、更深刻。该电影的存在与缺失的相互作用,多种差异性的交流沟通,以及沉默中透出的意义,都是由女性的体验所决定的,由此扩展了女性主义者关于女性主观认识的视角,宣扬了女性们的声音。

同样的,郝恩的装置作品并不在于赋女性的观点以特权,然而它对大屠杀惨烈后果的有力唤起,加之对启蒙时期高雅文化和现代主义技术的双重展现,使作品富有独特的意义。她的作品旨在削弱二元对立论,削弱男性中心主义对被其边缘化了的他者的特权。在郝恩创作《布痕瓦尔德的音乐会》之前,她曾长期参与女性主义活动。

然而,大屠杀学术研究和女性主义不会轻易形成一个联盟。不足为奇,一些女性主义者被指责弱化了大屠杀。[10]因为她们关注的是女性如何遭厌恶,关注女性有关大屠杀的体验如何被边缘化,或者拿女人来和男人相比,认为女人更能耐集中营的严酷性,女人比男人有更好的生存机会等庸俗陈腐的话题。[11]这种观点认为女性对大屠杀的视角与体验和男人的截然不同,并认为在普遍和特殊的表述之间只能做出一个二元对立的选择。事实上,这种选择本身是错误根植的。萨拉·赫勒维茨(Sara Horowitz),作为一名女性幸存者,在其重获自由后的一篇感人回忆录中,有力反驳了这一观点,她认为性别不同对大屠杀中的种种残酷做法,描绘就会不尽一致。在大屠杀中,人所受的蹂躏太惨烈了。各种恐怖记忆都与大屠杀密切相关。为了进一步深化我的观点,有必要详细引用萨拉文中的一段证词:

"我从德国麦尔口被解救出后,在世上我剩余的一切是:一副伶仃的骨架,毛发脱落,月经停止;一件破烂不堪的集中营套裙,再没有任何内衣;一双鞋底快磨穿了的大小不一的木屐;外加上我的'荣耀徽章'——一个大大的蓝色号码:25673。这是纳粹分子在我落入集中营地狱那天,烙在我左前臂上的印记。我是无家可归、无国可投、身无分文、无职可求、茕茕孑立、举目无亲。"[12]

和维维安·苏波克(Vivian Sobchack)观点一致,我认为物质性和情境化也是放逐的重要观念,毕竟身体是人的第一"家园",又是历史和认知丰富的聚集地。[13]而且,女性对于大屠杀的实际体验和男性的体验并不截然相反。梅若娜·古德伯格(Myrna Goldberg)将这些体验描述为"同一所地狱中的不同的恐怖"。[14]所有这些声音使我们得以接近由关注差异、特异性和处所所形成的历史。

这些重要的关联表明了我对女性艺术和大屠杀的思考。认真研究放逐和女性实际体验,带给我新的理解大屠杀的视角。同时,通过艺术情境化的手法对女性在放逐中主体位置的协商,强调了再现具体场景的意义。女性艺术提供了一个独特的视角,凭此视角,我们可以思考具象和抽象之间的联系。这些联系超越了一般再现和大一统历史的传统。这不是一部独立的或是对抗的"女性历史",而是说女性巧妙地改变了那些容易令人忘却的单一叙事。

为了进一步研究放逐史的这些理念和女性艺术,我想以故乡的意蕴作为一个主题。在德语中,"故乡"一词能唤起人的"家园"或"乡土"感。这一词语最能勾起人们对颠沛流离、无家可归处境的痛切情怀。莱夫科维茨的电影探索了根植于家园和日常生活深处的心灵意蕴,而郝恩的装置则在对高雅文化和故土的协调中,把精神和物质联系到一起。《沉默的间断》和《布痕瓦尔德的音乐会》都以德国环境作为创作的主背景。而在战后的德国,既不可能存在一个可以轻易回归的家园,也不会在这样惨绝人寰的屠戮之后,能够很容易地重建旧有的家园。正如詹姆斯·E·扬(James E. Young)所言,德国大屠杀纪念几乎总是关注损失和国民性的问题。[15]我认为在家和祖国之间的联系中思考国民性问题,同时关注物质特异性、放逐和差异,才使得《沉默的间断》和《布痕瓦尔德的音乐会》能够参与重新谱写历史的过程。这些艺术作品起到了铭记历史、加强记忆和增进悼念的作用,它们传播了多样的声音,形成了对未来的契约。

家园、契约和日常生活的深度

《沉默的间断》是关于大屠杀后家园和社区恢复可能性的思索。莱夫科维茨把生养她丈夫的德国小镇的画面和她对当地居民的采访录音结合起来,做成了一件完美透彻的乡土作品。这件作品反映了大屠杀后社会分崩离析的广阔画面。虽然这部电影在很多方面,是艺术家自身以及她和这一社区矛盾关系的写照,[16]但它也是和记忆、历史以及现存的物质材料进行的一次结构对话。在此意义上,我认为《沉默的间断》中包蕴的"故乡"一词,能够昭示出它对地方甚至家庭、细节,乃至社区重建活动的关注。在大屠杀后德国,对故乡的种种诉求不只是回归到一个清纯而未遭破坏的家园;放逐史要表明的是,他们不是回归,而是重建家园自身。

《沉默的间断》用于重构家园的策略之一是在历史和当地环境下,扩大讲与不讲、见与不见之间的距离。在电影的第二部分,例如,有一系列与死亡、哀悼和追忆相关的重要的图像-文本镜头。《最终解决方案》把德国的犹太人几近灭绝。一位妇女高呼:"我们实际上不再存在!"[17]随后,我们看到女士们的手伸向坟墓,把美丽的橙色金盏花,作为纪念物放到坟墓上。接下来的镜头中,展示的是理事会辖下的犹太人公墓的场景,中间穿插各种评论。这些评论中有回顾该地区犹太人治下以前繁荣昌盛局面的愉悦情调,有对犹太人已经成为死亡、破损和牺牲的代名词的深切忧虑,其中有这样一句愤激的言辞:"我们不是公墓文化!"

1945年解放后,反映死亡营的一些纪实画面,场景十分恐怖,令人难以置信。电影中就包括一个狂欢节的场景,以及讲述上述恐怖场景的几个片断。对这些场景的几次策略性的中断之后,一个声音宣布,对大屠杀的连续不停地报道已经使它"易为忘却",已经使人们对这类报道产生厌倦之情。这时,影片中传出这样的话语:"或许青草就要在废墟上长起"。随之,镜头拉长,画面上出现一幅孩子们在洒满阳光的操场上嬉戏的牧歌式的场景。同时,莱夫科维茨充满愉悦之情的画外音也伴着牧歌式的画面在空间回荡。听了这些画外音之后,我们才明白,战前这里原是一片犹太人公墓的所在地。但此时,它确实已被青草所掩盖。

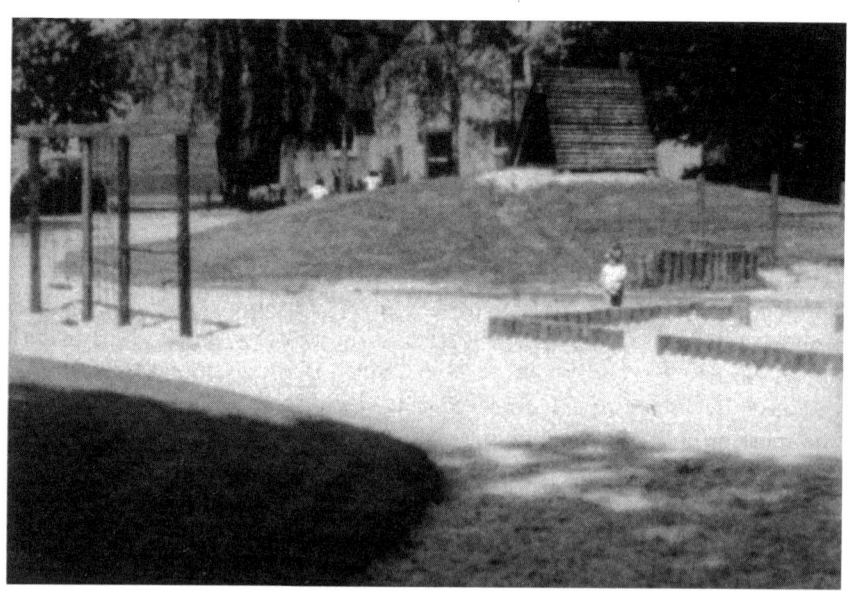

1.1 底波拉·莱夫科维茨(Deborah Lefkowitz),电影《沉默的间断:在德国作犹太人》剧照,1990,承蒙底波拉·莱夫科维茨提供

1 放逐史:大屠杀和背井离乡

我把上述电影情节试图概括为,影片欲使犹太人社区所遭受的蹂躏广为人知,使大众传媒在追忆、哀悼和谱写历史活动中对关键场址的疏漏昭然若揭。这只是我个人的简要评述,影片对这些关系的处理是十分巧妙的。电影所昭示的深刻思想是通过声音与画面的层叠效果,或是迈特苏·波恩斯坦(Matthew Bernstein)所谓的声像叠加方式创造出来的。[18]表现手法的新颖,是这部作品的成功之处。同时,从日常生活中挖掘深意,也是这部影片的难能可贵之处。莱夫科维茨意识到艺术创作只有深入挖掘平常生活,才会更生动、更有表现力和说服力。恰如这位艺术家所说的:"总之,我所拍摄的日常生活的画面具有双重内涵,它们既是深刻的,又是平常的。"[19]

挖掘日常生活的深意,是这部片子如此鲜活生动的关键所在。电影中涵盖的日常生活材料无比丰富。当然,这些材料多数源自于家庭生活。妇女打扫屋子、照顾孩子、祭扫坟茔、记录家庭日志、拟定计划等,承担着种种日常杂务,发挥着重要作用。影片成功塑造了普通女子勤劳、淳朴的形象。在《沉默的间断》中,我们不仅深刻体验了寂然无声的中断,这种中断确是女性有关大屠杀描绘的经典之作,而且我们把我们的视野定格于乡村和家庭这样的小区域。片刻的沉寂是女性幸存者叙述大屠杀惨烈情形,最富感染力的一个画面,也是电影情节发展中,最别有深意的一个突破。随着电影的播映,镜头中出现了一条缆索在电车轨道上方缓慢传递的画面,这时,听到一个女子的声音:

"被带走,不是最糟糕的。多年来我一直在等待,冥冥之中意识到这件事要发生……一天晚上,我正准备晚餐,在切一些西红柿。我丈夫突然问我,'为什么你在发抖?西红柿为什么切得如此之厚?'我就说道,'那么你来切好了,我不能再干了。'这时候,我就等待着即将来临的某些不详之事。"

伴随着她的叙述,画面就转到了必然要来临的咚咚地敲门的场景。"我一言不发,只是在等待就要发生的事情。我意识到我就要被带走了。"此时,电影音响停止,出现整整一分钟的完全沉寂。与此同时,我们看到画面上呈现出工厂林立的烟囱,与焚化厂恐怖的烟囱自然联想到一起。然而,镜头中出现的烟囱是当地一家名叫法本的化工厂的烟囱,该厂建于1936年。这部电影最深刻而富有意义的沉默是在切西红柿的女子的声音之后发生的,这可谓是独具匠心的安排。又是这同一个女子的声音打破了这一沉默,同样别有深意。她继续叙述重获自由后,家庭分崩离析而不可能再完聚的悲怆情形:

> "我们是多么快乐啊——因为知道我们就要回家了……我受到了热烈的欢迎……女士们都很高兴,并且打开了一瓶酒。然而我想,天啊!你这是究竟在那儿啊?满堂欢声笑语,尽情庆祝胜利——战争结束了,她们快活无比。但是她们真的不必经受太多,只需在狱中呆上几夜就足够了。她们若有这几夜的经历,如今肯定笑不出来。然而我说:'请',我双手交叉,'请让我单独呆一会'。"

这些画面着重传达了影片中的沉寂,展现了物溃人亡的情景,把幸存者和那些经受了战争岁月而未受到伤害的人之间的不同认识与体会,最真切地表现了出来。他们之间的沟通交流不易被恢复,失语者的内心世界无法被巧妙地打通。莱夫科维茨毫不掩饰深受创伤的人物宣泄内心情感的话语,这些话语不是相互之间的沟通交流,而是在他者不在的情况下的自言自语。[20] 就这样,她表达了一个核心矛盾——奥斯威辛之后一个人确实不可能再重返家园,然而她的确又回到了家中。问题仍在于怎样弥平这一巨大的裂痕。

有鉴于此,我想借助格里斯尔达·波洛克(Griselda Pollock)的一篇力作以资说明。这篇文章谈论的是大屠杀后,女性主义艺术有能力重建联络,追怀往事,承担不同主体间迫切需要的相互沟通交流的工作。以"历史拾遗或直录历史"的思想为核心,波洛克研究了布拉克·利希亭伯格·艾亭歌(Bracha Lichtenberg Ettinger)的艺术和理论,提出了在大屠杀造成的巨大人员伤亡和物质破坏之后,关于重新开创历史绘画的问

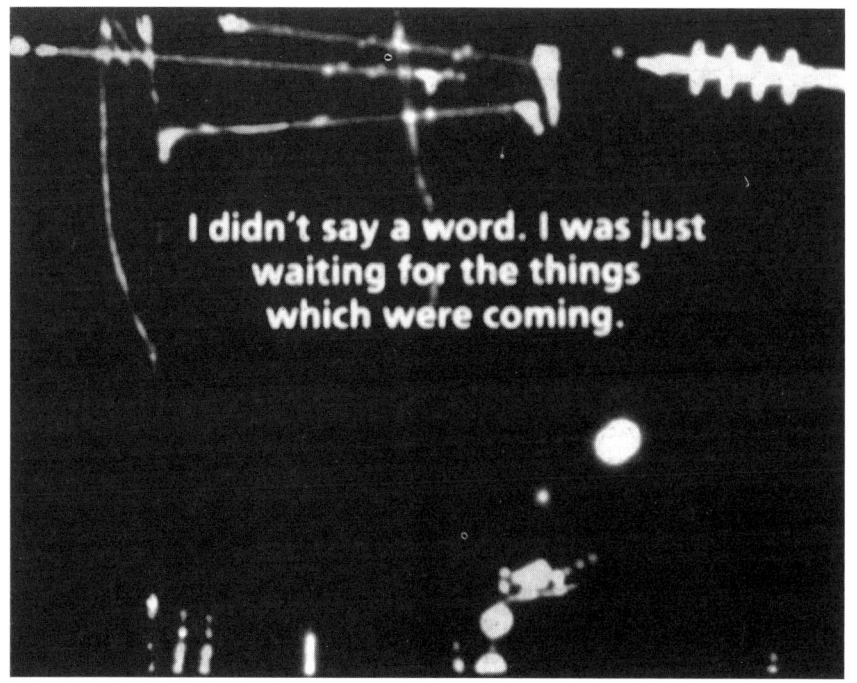

1.2 底波拉·莱夫科维茨(Deborah Lefkowitz),电影《沉默的间断:在德国作犹太人》剧照,1990,承蒙底波拉·莱夫科维茨提供

题。然而她的文章对历史和艺术,"历史断层"和"绘画断层"的关注,[21] 同样能和莱夫科维茨所面对的问题产生共鸣。莱夫科维茨是在建构有关社区遭受的巨大破坏的文献中,建构流亡中和流亡结束后交流的可能性中,遭遇这些问题的。

重要的是,波洛克以内奥米和露丝,一位母亲和儿媳的关系作为构建契约的关键因素。在这位母亲和儿媳之间存在着文化差异,存在着因年龄而造成的代际差异,以及经历体验的差异。把这些不同差异联系起来的契约,不是简单的多元性、忘却或沉默的形式,而是反对粗暴地根除他者、重建历史过程中,追怀和纪念的活动。我认为波洛克对女性主义、艺术和女性重构历史的重要性的强调,在转变思维方式上起了很大的作用。她的策略和莱夫科维茨的电影技巧不谋而合。波洛克写道:

"剥夺女性权利的粗暴做法……和基督教西方文化把犹太人作

> 为不速之客、作为欧洲人的异类的野蛮行径有密切的关联……通过联盟,通过契约,通过艺术家利希亭伯格·艾亨歌所谓的差异中的共在关系,一个美好的未来才有望展现在我们面前。"[22]

波洛克的文章和莱夫科维茨的电影之间,确实存在一些相似之处。作为在另一种文化背景下成长起来的儿媳,莱夫科维茨初次安排的跨越历史文化鸿沟的对话,是这位女子和她丈夫家庭中的其他女子们之间进行的。[23]然而,作品表面上讲述的是内奥米和露丝的故事,实际上却隐含着其他女子们的话语、叙事、声音和行动等更重要的方面。而女子们的所有这些方面,以非常老练的方式支撑了莱夫科维茨电影和波洛克文章的结构。我确实要申明的一点是,电影和文章所设定的最富魅力的契约形式不是存在于任何明晰的内容中,而是存在于他们如此娴熟使用的演说的模式中。也就是说,波洛克的文章是利用内奥米和露丝的故事、利希亭伯格·艾亨歌的研究、精神分析和母体观念等而写就的,它紧紧围绕大屠杀,展望设定契约的可能性。决不回避在这些多样性的写作素材中所存在的实际差异性,波洛克以她自己特有的风格,把这些材料有机穿插在她的文章当中,使其文章五彩缤纷,魅力独具。她的文章就是对各种差异间和而不同关系的一个独到研究。莱夫科维茨的电影同样是紧紧围绕各种材料,通过文本、图像、语言和声响之间的实际关联,使调和与不调和的场景都得以彰显。

在《沉默的间断》影片中,差异的广泛共在揭示了个体之间,以及社区组织中存在的痛苦的裂痕,然而也有弥合的希望。这一希望恰存在于个体间尝试性,但又是决定性的沟通交流的形式中。在这部电影拍摄期间,莱夫科维茨曾考虑要涵盖一段她丈夫和她家人一起学习希伯来人歌曲,以及参与犹太人庆典礼仪的这种较浓私人情分的场景。最后她发现这一部分太个人情调了,就舍弃了,但继续研究在构建家园、社区中歌曲、庆典和追忆等概念元素所起的作用。在电影行将结束时所播出的话语中,表明了流亡结束后,在她丈夫的出生地,尽管缓慢然而坚定的"家园"重建决心。

"当我来到这座城市的时候,我并没有不是犹太人的感觉,尽管作为一名犹太人,对我而言,有更舒适的其他城市可居。然而定居在这儿,时而听到其他犹太同胞的声音,以及来自我遥远童年我很熟悉的优美旋律,就足以给我如在家乡的感觉。"

电影以欢快的《阿东奥兰》歌曲而结束,这首歌常作为安息日礼拜活动的结束曲。可以说,这部电影明晰的内容,以及通过尝试性的统摄、删节和精心编辑等构成的制作过程,完成了各种创造性的工作。这些工作对恐怖时期过后通过交流和爱搭建关系而言是必要的。[24]

莱夫科维茨把"家园"作为设定一种协约关系的纽带,她对这一家园深刻内涵的有力昭示,在凯蒂·克莱德曼(Kitty Klaidman)和她女儿艾丽丝(Elyse)的研究中得到最鲜明的映照。凯蒂·克莱德曼1937年出生在捷克斯洛伐克,她潜藏成功,得以躲过战争浩劫。后来,她移居美国,至今生活在那儿。像许多幸存者一样,克莱德曼一生中近四十年的时间,都挣扎在20世纪中叶她所经历的那场梦魇般的痛苦中。上世纪80年代,她和女儿一起回国,探访了她和家人为躲藏纳粹分子而蜷居了一年的别墅。1991年,此房的阁楼成了克莱德曼三联画《隐藏的记忆:休门的阁楼》的主题。在三张大纸板中(整幅三联画一米多高三米多长),这个屋檐隐藏下的空落的阁楼,成了一幕有高度召唤力的失而复得的象征性场景。

作品的简洁构图有力突出了该地区所遭受的洗劫,而画板之间明显的接痕,巧妙寓意了由于隐藏和流亡而造成的个人和历史正常的连续活动的中断。而整个画面由于来自阁楼尽头两扇窗户的光,以及地板上笼罩的朦胧的大气光线,而显得十分亮堂。无论对作者本人而言,还是对观众而言,光线对于作品的意义都是非常重要的。正如艺术家本人所言:

"在每幅画上,我都描绘了看上去不可思议的光的融合,这种光象征着我的直系亲属在劫难中完好无伤地幸存了下来。然而,这光

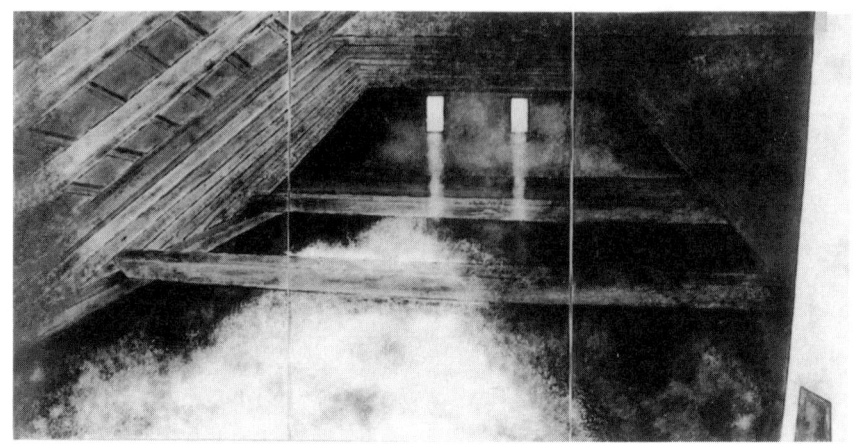

1.3 凯蒂·克莱德曼（Kitty Klaidman），《隐藏的记忆：休门的阁楼》（三联画），1991
版权，凯蒂·克莱德曼；照片，玛莎·马迪卡画廊，华盛顿区

真正象征的是像简·维里基（Jan Velicky）这样的男子，他极尽心力地拯救我们。他的作用就是在最绝望的时刻，引人奋勇向前的一座希望的灯塔。" 25

这座平常的充满了光的储物阁楼，成了宣泄感情、交流思想的一个场所，也是追忆、哀悼和跨差异联络等的一个标志。在一次为未来订立公约的展览活动中，艾丽丝·克莱德曼也画了在她出生之前母亲一直安全藏身的那座阁楼。这些反思作品成了母亲和女儿之间的一个对话，尽管她们的体验不同、对静默以及忘却的处理手法也不一致。就像在《沉默的间断》中随着艺术家的叙述所一一展现的人物纽带关系一样，这些作品通过重构"家园"，为未来提供了希望。

高雅文化、同化和现代性

作为在 1944 年出生的一位非犹太人，利百加·郝恩对故乡的重构问题，有独到而审美的研究。在《布痕瓦尔德的音乐会》中，郝恩参与了一次与大屠杀后的德国文化，从启蒙到现代内在分歧的对话。这件装置的两部分场址，部分 1：电车厂；部分 2：埃特斯伯格城堡，像一出戏剧中的两幕一样,承载着它们的故事。这些故事既紧密相连又彼此独立。在这种明确的相关又独立的状态中,郝恩展示了二元论同化逻辑内对立各方的相互依存性,以及对立的有限性。在《布痕瓦尔德的音乐会》中,野蛮浸透了高雅的"文明",启蒙思想和现代主义是一个整体的两个部分,精神和机械相关联。作品中的这些元素既对立又联系,事实证明把它们简单地割裂开来,或完全对立起来的做法,是很不恰当的。

在郝恩的作品中,对立事物的对应性是具有典型意义的,这些对应性正是作品的精妙之处。[26] 在《布痕瓦尔德的音乐会》中,精华之笔就是对德国高雅文化以及其排他性的特别有力的批判。第一部分电车厂是泰勒制趋向狂热的反映,说明技术现代性的巨大威力,甚至做出了种族灭绝这种最惨绝人寰的事情。这就是追求机械效率的一个必然结果。一辆电车摇摇晃晃在它单调旅程中来来回回,破损了的小提琴、吉他和曼陀林堆在电车的轨道上,而厂房的墙壁挂着层层灰尘。所有这些都是那一无可挽回的惨剧的见证。这种惨剧就是由于试图维持一种清一色、大一统文化而疯狂根灭"异类"所造成的。然而,电车厂不是唯一的遭受破坏的场景,怀特沙龙也同样被废弃。这是一种不同的毁灭形式,是从内部导致的破坏。在埃特斯伯格城堡,没有歌声悠扬的音乐会,只有空落落的声音在一个清空的壳子里回响,壳子由于内在的压力和自我诱导的毁灭而裂开了。

正是在怀特沙龙里,我们逐渐理解了一种步入歧途的同化文化的内在摧毁力。"同化"具有双重的诱发力。在德国、奥地利和其他讲德语的欧洲地区,被同化了的犹太人的命运引发了重要的历史问题。除了历史问题之外,也存在同化认识论的理论问题。其本质就是同化吸收消融异类从而化为一致,而不是认可差异。我认为"同化"的这两个特征是相关联的,并且在大屠杀后演说历史和制作艺术方面,它们还有重要的分歧,尤其是当这些历史和艺术是由女性制作的时候。

正如我们现在所知,德国文化同化了犹太人,但并没有使他们逃脱厄运。当血统决定命运之时,几代犹太人对德国文学、艺术、哲学、音乐、政治、经济、科学、医学和心理学所做出的杰出贡献根本就无足轻重。具有极大讽刺意味的是,正是犹太人帮助构建的文化排斥了他们以及其他诸多所谓的"异类"。那种大一统的同化思维模式,根本不可能承认差异中存在的变化和发展的动力。基于此思维的同化逻辑和历史协约必须予以抵制,人类才会进步,才可能在协商、对话和不忘过去的基础上重构历史。郝恩的作品对故乡、高雅文化进行了重构并且肯定差异的内在动力。这正是我觉得她的作品如此富有魅力的原因。

再以埃特斯伯格城堡那幕惊人的表演为例,用古典音乐传达德国高雅文化的方式,这场"音乐会"进一步探究欧洲犹太人聚居区表达同化主题的音乐的重要意义,而同时这一主题也是可变动的。[27]再则说了,在郝恩的全部作品中,对"音乐会"解读的多义性并不鲜见。她1987年在明斯特,前希特勒青年司令部(该司令部在战争期间曾被纳粹组织用作监禁或行刑房)展出的装置作品,名之为"错乱的音乐会",是由令人不悦的机械噪音和完全对立的画面组成。1994年,郝恩在维也纳又设计安装了《无名之塔》,它是由一架架梯子垒起,中间穿插着奏着不和谐音符的小提琴。这件作品既用作纪念波士尼亚战争高潮时,涌入该城的南斯拉夫难民,也用作纪念在维也纳被占领之前逃离第三帝国的南斯拉夫人数以千计的无名先辈。她的这些作品把各种乐器组合在一起,在幽怨而深沉的追忆活动中,所演奏的整场音乐会听上去就像是一个悲剧大合唱。文化和历史由此合唱被播扬,当然,也有可能导致消亡。

作为一场人们纪念、哀悼和因毁灭他者而变得疯狂的音乐会的场址,埃特斯伯格城堡是再好不过的选择。埃特斯伯格城堡曾是歌德首次演出他的作品《伊菲琴尼亚(阿伽门农之女——译者注)》的地方;[28]该作品与俄瑞斯忒斯(阿伽门农之子——译者注)的故事相关。俄瑞斯忒斯由于弑母行为而犯下重罪,并且因此而发疯。这种毁灭生命、文化和自身依赖的母体的自我招致的悲剧,是男性自身和企图同化差异的神话演绎。通过郝恩的装置作品解读歌德的俄瑞斯忒斯的祈求,会使我们更好地领悟在西方知识体系中性别差异的作用。这种解读在研究欧洲文化的

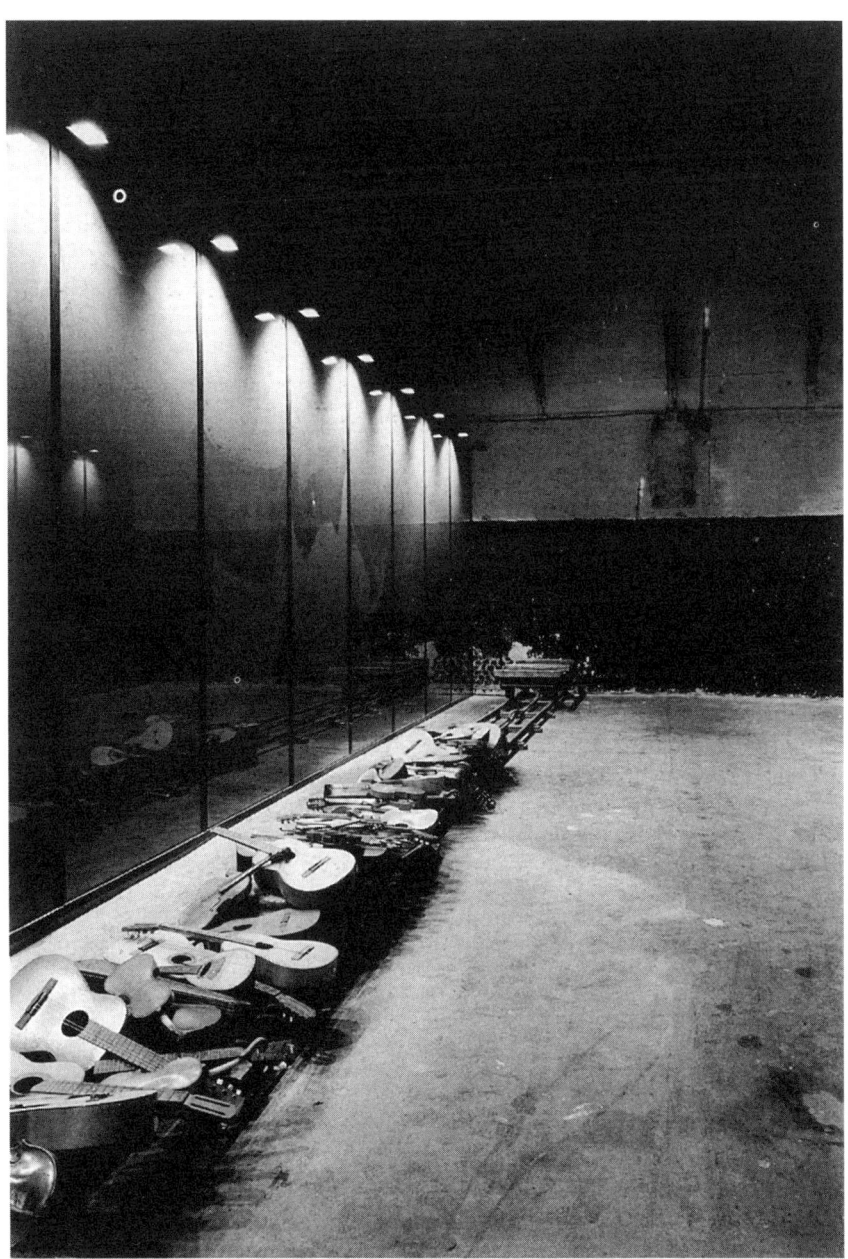

1.4 利百加·郝恩,《布痕瓦尔德的音乐会》,1999,第一部分:电车厂版权,利百加·郝恩,DACS;照片来自利百加·郝恩的《布痕瓦尔德的音乐会》一书,斯卡洛出版社,苏黎世

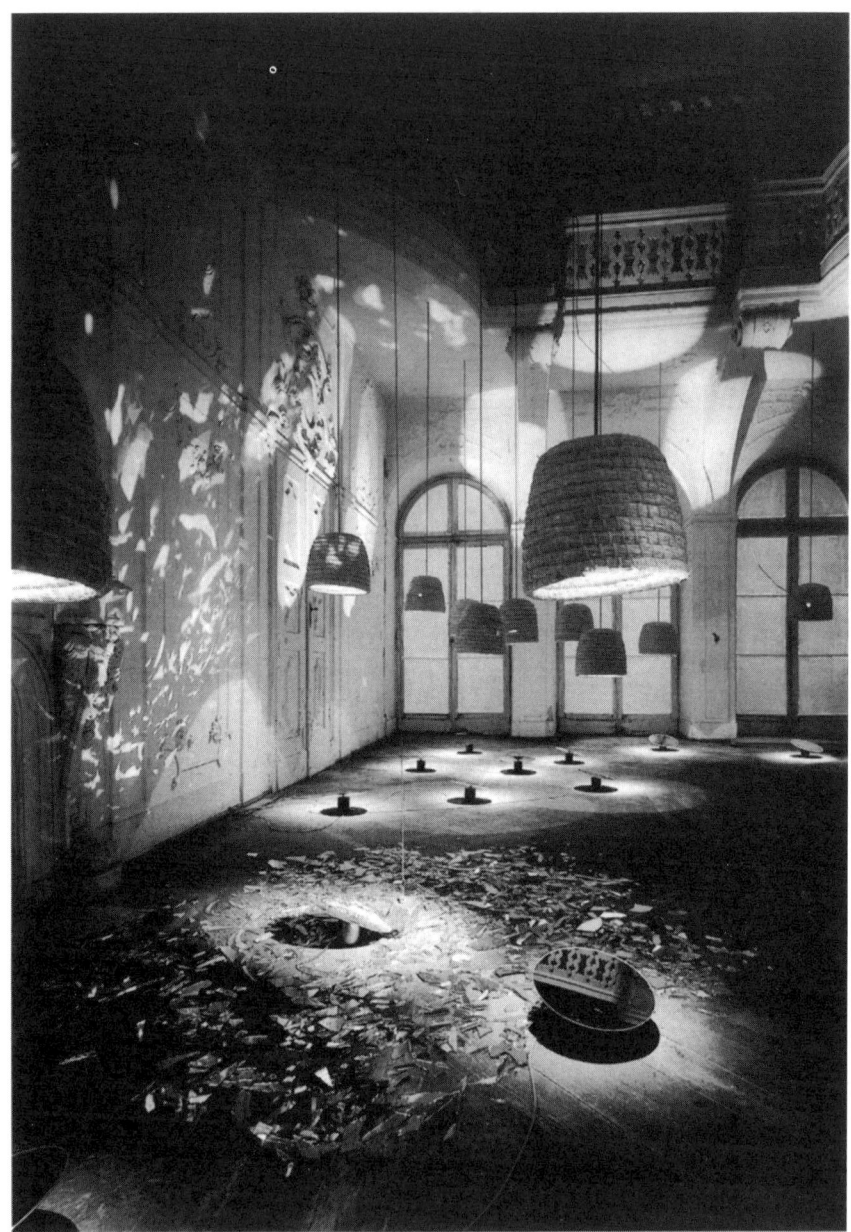

1.5 利百加·郝恩,《布痕瓦尔德的音乐会》,1999,第二部分:埃特斯伯格城堡版权,利百加·郝恩,DACS;照片来自利百加·郝恩的《布痕瓦尔德的音乐会》一书,斯卡洛出版社,苏黎世

劣根性上,还会产生很大的分歧。正是其文化的劣根性,在大屠杀期间才使犹太人以及其他人种被当作异类而加以残酷地根除。

郝恩利用沙龙这一特殊场所质疑精英文化的现实意义是非常深刻的。作为公众文化和私人生活的交汇点,欧洲沙龙是女子能够自由参加社团文化生活的场所之一。郝恩不是利用这种特有场所探求性别差异、资产阶级文化和历史的唯一女性艺术家;英国艺术家蕾切尔·怀特瑞德(Rachel Whiteread)与她不谋而合,在维也纳她设计了"大屠杀纪念馆"(1996—2000)也是利用了这种场所特有的意义内涵。

怀特瑞德的作品安置在贾登普莱茨,其基础是一个倒置的图书馆,[29]里面的书被反放在书架上,以至于书脊被隐没了。并且该馆的门一直是锁着的。怀特瑞德凭着她的另一件公众作品《房屋》的优势,而受邀参与竞标,并赢得了这件赫赫有名的定件。她本人善于利用家庭生活中一些为人所忽略的空间,来引发有轰动性的社会纪念。在此方面,她已经具备了丰富的实践经验。怀特瑞德把贾登普莱茨本身解读作一个家庭场所,一个带有门和环绕回廊的巨大房间,然后把这个纪念馆按照一个资产阶级沙龙的布局进行设置,包括诸如天花板上的饰物、格子门等。[30]维也纳大屠杀纪念馆和贾登普莱茨的诸多沙龙有密切关联,同时它又把乡土和家园联系起来,以此纪念该城惨遭杀害的 65,000 名犹太人,以及他们重要的公共所有物。这些所有物是维也纳人资产阶级文化生活的一部分。

怀特瑞德的"图书馆"的下方,就是犹太人会堂遗址。该会堂在中世纪反犹太主义行动中遭到破坏。因此,目前的这座纪念馆吁请记住这段久远的历史,并且超越了把犹太人等同于圣经的观念,从而使人深刻领悟承载历史、宣扬历史和解读历史的这些关键场址,在材料和空间两个方面,给人带来的深刻启示。在修辞学中,把记忆活动和所想象的空间、物体联系起来有一个传统的例子。记忆是由相互关联的、丰富的思想组成的;人们可以设想这些思想就像物品一样"贮藏"在房间里;等到要"取回"这些思想时,就好比人在房间里移动挪出物品一样,被贮藏的记忆就这样带回到现在来了。这种形象描绘的记忆过程,是把个人丰富的想象

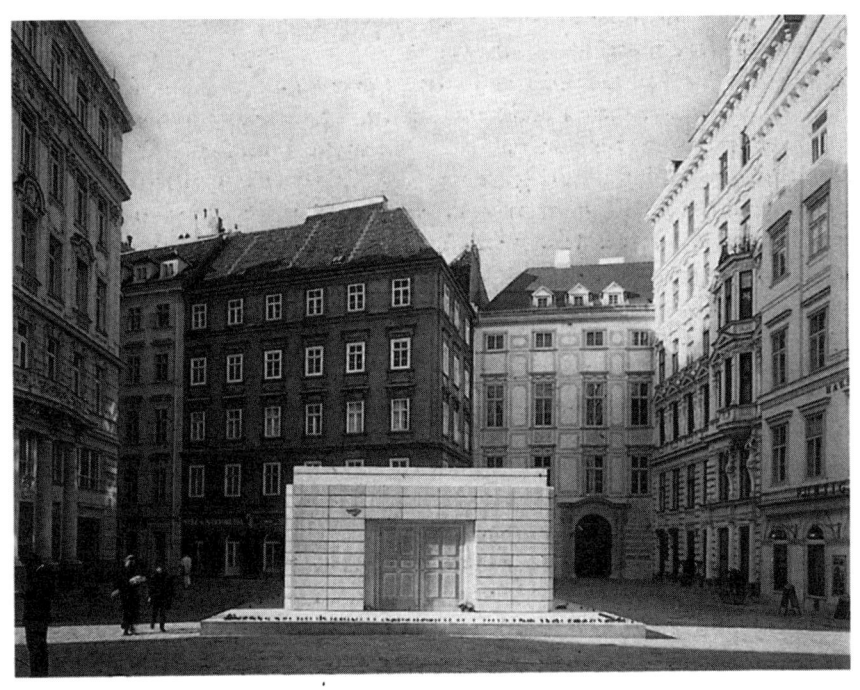

1.6 蕾切尔·怀特瑞德,《大屠杀纪念馆》(1996—2000)版权,蕾切尔·怀特瑞德;照片,安东尼·都菲画廊,伦敦

力和一定的知识储备,以及与上述相类似的运作系统联系在一起,而不是对差异性的抹煞。[31]我认为怀特瑞德的闭锁的图书馆和郝恩的《布痕瓦尔德的音乐会》的召唤性的"房间"就是凭这种具体情景记忆法,才创造了形象展现空间和物体、避免遗忘的文化助记形式。

很明显的一点是,怀特瑞德和郝恩在她们的艺术实践中都一直追寻现代主义精神。不过,这种精神倾向于被用来证明消除差异和构建大一统的历史和艺术实践形式的正当性。这种令人不快的霸权精神的一个特别方面,在此令我很感兴趣。苏茜·加布利克(Suzi Gablik)追随着其同事帕特丽夏·卡托(Patricia Catto),将这种排除异己的精神称为"糟糕的现代主义"。[32]这种现代主义精神的主旨是疏远、隔离自我实际情形,鼓吹同化,维持个人优势和特权。正是现代性或现代主义的这一部分精神实质受到了电车厂里那件百折不挠、坚忍不拔装置的挑战。然而郝恩的作品并没有简单地彻底否定或者排斥现代主义。

电车厂的装置作品明确表达了那种非人为的、机械程式的前进,其结果就是不停地运输直至毁灭。这令人想起哈特曼的疑问:"行政的和器械化的运营在现代时期到底有怎样的威力?"[33] 很多评论家敏锐地指出,郝恩在此以及在其他的机械研究中,强调在技术力量体系和工业化暴力中个人责任性的丧失。[34] 我完全赞同他们的看法。我认为电车厂这件作品深刻表现了死亡营技术的残酷性,正是这种技术暴力剥夺了人的个性存在,并且以一种方式把人定义为"非人",从而圈在一起,而加以随意处置。我也同意郝恩的灭绝工厂是源自于邪恶和破坏性的现代主义的奇思乱想。这些想法曾在布痕瓦尔德、奥斯威辛和其他地方的焚化厂里达到高潮,画了一个令人痛苦的句号。

然而,郝恩的装置赋物体以生命,且安置在房间里,它探求现代主义、技术和生命体等广泛而丰富的话题,它摆脱了传统的范式,把它的批判思想形象地展现在具体情景之中。例如,在电车厂里,一堆堆废弃的乐器并不缺乏人的情感介入,或个性特色。这些乐器是最好的提醒物,向我们昭示着它们的生命曾是多么活泼,它们的声音曾是多么美妙。如今,它们成了废品,但我们仍然可以通过它们的残骸想象它们曾经的旅程。由于偶然抑或必然它们告别了它们的主人,流亡到这里。在寂寞里,它们吐露着无尽的渴望与思念……当那辆匆匆行驶的电车碰撞到远处的墙上时,一个小的火花就会跃上雅各布的梯子,同时,释放出电荷,一种无形的力,进入无垠的太空。郝恩的作品灌注着希望,历经百炼的精灵们最终上升到死亡工厂之外,获得了自由。

我并不是第一个认为郝恩的机器和物品赋有生命意义的人。米娜·罗斯塔伊(Mina Ronstayi)就曾说郝恩的装置物品带有"灵魂",她指出郝恩真正感兴趣的是炼金术和万物有灵论,而非什么高科技现代主义。[35] 万物有灵论是冥冥中召唤起我们特别情感的本源力量。布鲁斯·W.·弗古森(Bruce W. Ferguson)则说郝恩装置具有多面性,它既冷漠无情,又清晰传达着人的欲望、动机和对尝试沟通交流的犹疑不决。[36] 我认为郝恩的装置本身是和现代主义者的做法相矛盾的,它有令人难以置信的活力,同时又有极大的摧毁力。例如,我们应该记得在欧洲和美国内战的那些岁月,正是女性文化的繁盛期,[37] 也是最早承认男女同性恋者权利的时期,也是在此时期犹太人在智力和政治领域起到了绝对重要的作用。现代主义能包容差异,但那些为现代主义摇旗呐喊的更有权威的组织却不能。像怀特沙龙一样,电车厂也反对企图根灭其内部差异的文化所酿制的祸患。然而,《布痕瓦尔德的音乐会》的两个部分,是紧密相关的两个场所,这样就使得物体和广泛存在的差异性有望联系起来或达成协议。郝恩写道:"它们共存于人的内心世界之中/像催化剂一样/融汇各种思想/在转化的过程中/细心地写下新符号语言。"[38]

莱夫科维茨的《沉默的间断》和郝恩的《布痕瓦尔德的音乐会》宣扬的都是遭受蹂躏摧残的主题,但它们都响应加布利克"联系"美学的观念,因而能够在差异中达成协约,纠正现代主义思潮中不合理的因素。加布利克的话近乎描绘了郝恩的二重装置:

"联系美学反对在现代时期自我和世界之间所盛行的机械式的划分,反对人与人之间的疏离间隔。世界完美融合就是以群体间的相互钦慕而拉开序幕的。"[39]

《沉默的间断》和《布痕瓦尔德的音乐会》并没有表明在大屠杀后重塑文化、审美或者社会机构的不可能性,而是主张把艺术再创造作为一种重要的社会力量。面对虚空寂寞,尝试沟通交流,意欲创造能明确表现家园和乡土放逐期历史的有效策略,在此过程中莱夫科维茨和郝恩并没有忘记过去,或否定未来。波洛克曾满怀希望地说:

"在现代主义思潮中,女子和犹太人均被所谓的主流标准排斥在外,是'异类'或'他者'的代表。他们身份暧昧,被主流社会视为可有可无,因此常招歧视或迫害。但我们高兴地看到人类在进步,在努力创造一种新的社会模式,在这种新社会模式中多样性将得到真正的褒扬和尊重。"[40]

2　形象展现:英语区非洲裔女性艺术家

  重编历史的时候,正如我现在所做的,重要的是,不能太拘泥于文字或传统的叙述方法,那样做会丧失奇妙……这就是作为一名艺术家真正的力量所在。我们能够使历史的一幕幕画面形象地展现出来,或看上去令人感到真实。

[费思·灵戈尔德(Faith Ringgold),关于《法国藏品》故事织锦(1992)]**1**

  很多西非的戏剧表演都含有一种特别的幽默……这种幽默不是简洁明快或直截了当的,而是包蕴丰富,耐人寻味的。我想我的电子材料将有助于增加这种幽默的情趣。

[索卡瑞·道格拉斯·坎普谈论她的活动雕塑(1988)]**2**

  费思·灵戈尔德的《法国藏品》故事织锦*的系列绘画作品的开篇就是《在卢浮宫跳舞》(1991),小说主角是维列·玛丽·西蒙,她的朋友玛西娅和玛西娅的三个女儿,最终抵达卢浮宫悬挂莱奥纳多《蒙娜丽莎》的展厅。刚一到达,玛西娅的三个女儿就情不自禁地跳起了欢快的舞蹈。

---

  *　费思·灵戈尔德(1930.10.8.——)非洲裔美国女艺术家。她的创作在很大程度上受她和母亲在一起时针黹女工的影响,她惯于使用布绸材料进行艺术创作,她的代表作品就是图绘的故事织锦,在故事织锦中她把绘画、布绸材料和故事内容等结合在一起。——译者注

在这一专为悬挂文艺复兴时期杰作而保留的神圣场所,西方美术的鉴赏传统,被这种舞蹈所改写。玛西娅·塔克(Marcia Tucker)深入探究这一具有颠覆历史传统作用的行为作品,她写道:"毕竟,文化艺术属于我们中的每一个人;应该允许我们以我们愿意的任何方式来赞颂它。"[3] 但是,以欧洲美术为代表的文化并不总是属于每一个人。灵戈尔德的作品就是对那种残暴地排斥非洲移民,尤其是黑人妇女的历史传统的有力鞭挞。[4]

索卡瑞·道格拉斯·坎普(Sokari Douglas Camp)1986年的活动雕塑《鼓掌的女孩》,也使用舞蹈为她们社区文化传统中的女性重新定位。坎普所描绘的一个年轻女孩欣赏节日舞蹈的情景,是具有半自传性质的。这位艺术家创造的一系列卡拉巴瑞人物形象,全是参照在尼日利亚南部,在她的故乡布谷马村她所参加的几次化装舞会完成的。尽管坎普是卡拉巴瑞人,但她在英格兰和美国接受教育,在伦敦完成本科和研究生阶段的美术专业学习,至今工作生活在伦敦。她的作品具有双重性,既关涉到卡拉巴瑞的化装舞会,又关涉到欧美活动雕塑,它是由一位具有跨文化历史背景的非洲人创作出来的艺术佳作。尤其难能可贵的是,作品是出自一位女子之手,赫然印记着女性的感同身受。正如她本人所阐释的,她的作品存在于这种关系之中:"其主要影响是卡拉巴瑞的节日欢庆和在西方允许女性制作雕塑这一事实……反映卡拉巴瑞人的生活是我作品的主题,然而……'艺术'一词和能否成为一名艺术家全都和西方息息相关。"[5]

灵戈尔德和坎普的作品展示了艺术创造历史和艺术介入历史的力量。不是"文字式"的或"直观式"的描述,她们的历史是创造、表演、想象、"纠结"和"填补"的结果。因此,黑人女性丰富的主观感受和非洲的地理状貌、风土人情就得以形象地展现。我认为她们的作品采用的是一种形象描绘的方式,是一种探索历史形成过程的艺术。这一历史是在主体和地域间的微妙关系中得以展现的。同时,这些主体和地域绝不是固定的,或同质的,但它们也不是分散、空幻而毫无联系的。斯图尔特·霍尔(Stuart Hall)认为:"文化特征会在主体身上留下一些烙印,一些在历史和文化语境中形成的不稳定的可变的烙印。这些烙印不是主体的本质特征,但却可以表明主体的身份和地位。"[6]

从本质到定位的转变,或者从目标到过程的转变,对于女性主义者重新认识女性的主体性也是至关重要的。女性主义理论家确信西方形而上学的结构逻辑和认识论,是以矮化"女性/他者"来确立男性的权威话语的。在受到性别和种族双重歧视的女性中,被矮化和无力获得应得权利的问题,变得尤为突出和急迫。[7]因此,给参与艺术创造的黑人女性定位的过程,就改变了历史上、理论上把她们边缘化的惯常做法;她们的艺术探索旨在重新构想西方知识体系,改写大一统的历史叙事。

对于非洲裔女性艺术家而言,要完成从客体到主体的角色转变,就需要她们积极参与艺术史的创造,并对否定黑人女性创造力的意识形态和学术制度加以深刻批判。在一次反西方传统主流艺术,并特别名之为"图绘:黑人女性艺术家的十年,1980—1990"的图片展活动中,露白娜·希米德(Lubaina Himid)对传统艺术史进行了尖锐的批评:"欧美艺术史能写上我们一笔,对我们而言就是皇恩浩荡了,问题是他们完全埋没我们的艺术创造。"[8]同样的,阿德里安·裴波(Adrian Piper)描述了"有色人种女性艺术家"遭受"三重否定"的情形——对种族、性别和艺术才华的否定。裴波认为这三重否定是当今欧美主流艺术界,和以"后现代主义"为基准的它的孪生兄弟艺术批评理论的主要特征。欧美主流艺术及批评否定女性的创造力及她们作品的价值意义。[9]

我们不妨提出"非洲女性中心论"或"黑人女性主义"理论与批评,以对抗西方世界对她们的歧视。弗里达·海伊·W.·特斯夫乔伊斯(Frieda High W. Tesfagiorgis)号召对非洲女性的"种族、阶级、性别和基本欲求同时加以增殖",在此基础上再来理解"黑人女性艺术家的生活、思想、作品和创造力"。[10]米歇尔·华莱士(Michele Wallace)认为黑人女性主义者的艺术是"无与伦比"的,显示出"丰富的内涵",完全有能力在批判历史的同时创造历史。她们的研究总是利用历史材料,把人物和其生活的地域联系起来考察。对此,华莱士写道:"在主流话语中被忽视的一个个空白区域,可以绘成一张交通图,标明一直被忽视或否定的艺术家所在的位置。在主流话语中她们和其所在地区一起被埋没,无人问津。"**11**

《法国藏品》故事织锦正好采用的就是一种形象描绘的方法,它加深现代主义艺术史中的沟堑,以便于恢复黑人女性艺术家文化创造者的身份和地位,而非把她们看作被文化所创建的消极因素。在这一系列故事集中,灵戈尔德研究了小说中的一位人物维列·玛丽。玛丽是以舞台表演的形式,而非拘泥于"文字叙述"的形式,和历史人物进行交流对话。这些历史人物包括欧洲现代主义的"奠基人"(文森特·凡·高、帕布罗·毕加索、亨利·马蒂斯),著名的非—美作家、艺术家、激进分子(哈利特·塔布曼、左拉·尼尔·赫斯顿、兰斯顿·休斯),艺术领域当代女性主义者(莫伊拉·罗斯、约翰特塔·科尔)以及她本人的家庭成员。她在艺术标准许可的范围内对历史存在进行了精心的建构,这让我们想到了奥德勒·劳德(Audre Lorde)的名言"大师的工具决不会拆毁大师的房子";**12** 灵戈尔德不用大师的工具,她抗拒既定的艺术原则,对历史上粗暴排斥黑人女子的那些材料重新编排利用,她以此拆除"大师的房子"然后重新加以构建。

坎普的《鼓掌的女孩》本身就是一幅形象鲜明的画面。该作品将媒介、展演和主题三者特别结合于去殖民化的复杂地缘政治背景中。这种去殖民化的过程,目前正为当代非洲女性所关切。作品反对单一而宏大的主题,或种族、性别、民族和文化间的简单结合,旨在表明艺术能够描绘主体和地域间无比丰富复杂的关系。艺术通过审美描绘的方式谱写历史的重要意义绝不应被低估;坎普的作品不仅揭示了真实的非洲移民女性的主观世界,而且还以积极的姿态参与艺术史的创造。在这种艺术史的创造中,我们全都要被重新审视。

为了推进对这些思想的研究,我要从灵戈尔德的《在卢浮宫跳舞》和坎普的《鼓掌的女孩》中,归纳一个特别的主题——舞蹈。这样做,我不是说舞蹈是所有非洲移民艺术的根本主题,也不是说它是形体展现艺术实践的唯一方式。我是使用它作为一种能引人产生共鸣的诱因,以此研究灵戈尔德和坎普在她们特定的作品中质疑历史的某些方式。[13]舞蹈在艺术表现中除了赋有特别意味之外,在西方社会风俗中它还另有象征性。西方对非洲移民文化的态度是模棱两可的,既说不上好也说不上坏。在这样的态度下,西方世界往往把舞蹈和原始、粗野相提并论,把舞蹈看作一种流俗或低级的肉感表现形式,认为舞蹈展现的是一种低等文化风貌。然而,正是因为舞蹈遭受的低级、肉欲、女性、边缘文化等的不公正评价,才使我对舞蹈格外垂青。作为表演艺术的舞蹈,它是多种感官、多种艺术形式的综合,所以舞蹈有望瓦解固定的艺术分类,以令人耳目一新、匪夷所思的方式确切表达主体的复杂感受。[14]

非洲移民女性主义艺术家、作家、电影制片人和理论家对舞蹈的开创性运用,是使她们的艺术充满活力,把肉体和精神联系起来从而给观赏者以深刻触动的一个有效策略。恩特拉克·山葛(Ntozake Shange)呕心沥血创作的作品《献给当彩虹隐没时就想自杀的黑人女孩》,就是以"舞蹈诗"的形式呈现的。她本人的阐释十分精彩:

"我曾致力于研究女性的心灵世界,在舞蹈中,我对自己身心的感受比我想象的还要丰富得多……我能把一个黑人女子无意识的情怀,巧妙地通过可知的日常情景展现出来。"[15]

恩特拉克·山葛在此谈到了一种体态认知,一种由身姿、运动和身心间的密切关系铭刻的形象记忆,或者说谱写的形象史。恩特拉克·山葛认为具象化对于表现主观感受,舞蹈对于体验与表达具体情景都是无比重要的。这一观点已经被越来越多的评论家所接受。对他们而言,身体和认知被看作是紧密相关的。[16]这些思想让我们想到舞蹈具有广泛参与性,它吁请观众参与创作,共同享受身姿摇摆带来的愉悦。这正是舞蹈独具的魅力之一。很多女性艺术家在她们的创作中,使用表演元素以招引更多观众的参与,这并非巧合。对此,劳瑞·斯托克斯·西姆斯(Lowery Stokes Sims)一语中的:"非洲裔美国女性艺术家经常诉诸表演以和观众互动,她们以能够影响、触及、感动观众的各种方式介入政治活动,从而促进了问题的解决。"[17]

在这些方式中,舞蹈是探索《法国藏品》和《鼓掌的女孩》中所展示的形体内涵的一种有效中介。灵戈尔德把非洲裔美国妇女的演说、舞蹈和艺术创造等活动图绘成现代主义的故事绘画,其创作目的就是要把"重大"和"细小"、文献和传奇等各式材料综合使用,以改变单一书写历史的形式。坎普的装置作品也是如此,她的这件作品是利用各种材料做成的,能够移动,一直处于行进状态,挑战了文化和艺术领域中的片面、静止观念。传统观念下的作品是静态的、被动的、一成不变的,而这些新的女性作品吁请我们参与叙事,鼓励我们创想她们召唤起来的历史情景。

舞蹈者、母性和现代性

这十二幅作为一组归为《法国藏品》故事织锦的绘画作品集,是对非洲裔美国女性在亲身体验的基础上评论和重述欧洲现代主义历史的记述,也是灵戈尔德对此进一步思索的结晶。从一个重要的方面而言,这部集子也是高度个人化的。它探讨了灵戈尔德在现代主义思潮的影响下,艰苦卓绝地进行艺术实践的情形。同时这部集子,也是艺术家为追思自己母亲维利·普茜·琼斯,一位时装设计师和编织行家而创作的。在《法国藏品》故事织锦中,灵戈尔德的家庭成员发挥的作用很大,她们是小说中人物的原型。比如说,《在卢浮宫跳舞》这一幅,最有名的人物维列·玛丽本人和三个孩子,就是基于灵戈尔德的孙女们创造出来的;这些孩子们"始终活跃"在灵戈尔德的脑海中。[18]维列·玛丽试图找到她作为一名艺术家在传统艺术中的位置,比如说在卢浮宫这一特定场所,毕加索和马蒂斯画室,格特鲁德·斯汀沙龙以及艺术家咖啡馆这些艺界名流雅集场所的位置;一边倾听着灵戈尔德在其母亲和两个小女的陪伴下,在1961年游历欧洲城市和博物馆的故事,她作出了毕生献身艺术的最终决定。

然而我们应该谨慎地对待将《法国藏品》故事织锦干预历史的深刻性，降为只是过分简单的精神记录的看法。对此，我已经在别处表述过我的观点：[19]世俗的观点认为女性艺术家的作品纯粹是个人化的、直觉化的或者感情化的，故而是低俗的；从而尊崇公众的、普遍的、有训导意义的艺术。裴波此前关于"三重否定"的警示和我的观点类似。裴波认为反对黑人女性艺术家艺术作品的那些各种不同的做法，关注的都是她们的艺术缺少严肃重大的主题。对此，裴波认为黑人女性艺术的开拓性，恰恰在于她们的作品具有看似不重要的鲜明的个性特色。[20]

虽然探究这组文集的材料来源是重要的，但是灵戈尔德作品的魅力不仅仅在于其"鲜明的个性特色"，记住这一点同样重要。她的作品的深刻性在于锻铸了个人和历史、虚构和事实之间的有力纽带，描绘了个人和社会之间的复杂交互关系。这个社会是她们组建的，反过来又塑造她们。在《法国藏品》故事织锦中，文本、图像和材料间的结合，是通过编辑中巧妙安排的相关审美联系形成的。这种结合使得黑人女性主观体验，作为在一位非洲裔美国女性艺术家和20世纪早期欧美艺术、文化以及殖民地分割的历史之间，一个虚构而又真实的对话而存在。这就是形象展现，在严肃庄重的同时，它又是抒情的，高扬的。

在《法国藏品》故事织锦中有一段记述灵戈尔德女儿的文字，写了她总结母亲在一些甚至艺术主张不同、风格抵触的艺术大师们的精神指引下，进行艺术实践的情形：

"而是，她（灵戈尔德）主要依靠一个不管是什么境况的角色拼盘，其中一些当然不是有意地选择做她的精神导师（比如帕布罗·毕加索、亨利·马蒂斯和文森特·凡·高）；其他的人来自黑人历史（比如苏哲讷·特鲁斯、哈莉特·塔布曼、玛丽·麦克利德·波土恩、凡尼·路·海姆、艾拉·贝可），对于如何才能成为一位视觉艺术家，这些人还没有明确的思想；再一些人就是她的家人，尤其是她的太祖母苏茜·姗昂和她的曾祖母贝特西·宾汉姆，两人都曾是奴

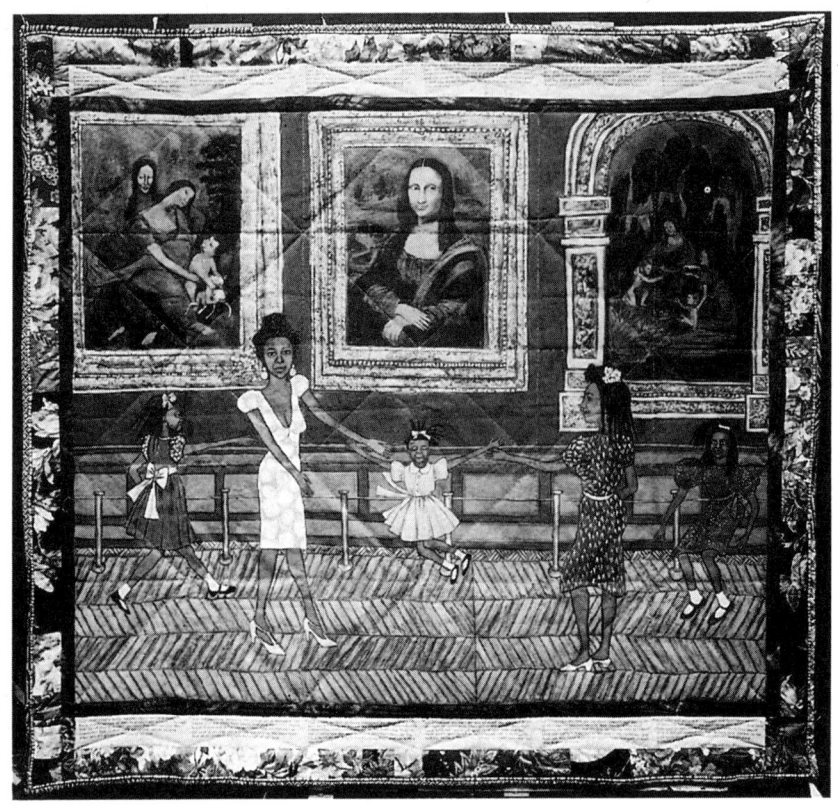

2.1 费思·灵戈尔德,《在卢浮宫跳舞》,第一部分,no. 1,选自《法国藏品》,1991,承蒙费思·灵戈尔德提供

隶,做过缝衣工,还有她的母亲莫玛·琼斯。琼斯曾想做一名舞蹈家,但最终成了纽约哈莱姆黑人区一位时装设计师。鉴于她所处的历史时期,这是一个比做一名艺术家更切合实际的选择。可见,这三类角色并非完全不相关联。" **21**

这种"不管什么境况的角色拼盘"综合了巨大的创造力,据此反对排斥或矮化非洲裔美国妇女的传统历史叙事。恰如灵戈尔德对这套文集所作的评述:"我的创作目的是给我们这些'有色人种同伴'和女士们,一种美国梦想真实可信的感觉。由于大家都反对艺术创作中的因循守旧、按部就班或老调重弹等,我就决心另辟蹊径。" **22** 在《法国藏品》故事织锦中,"创意"就是进行具有高度技巧,充满政治激情,并且能够传播历史讯息的艺术实践。对此,莫伊拉·罗斯(Moira Roth)指出,这种艺术实践起到了"重新诠释非洲裔美国人历史,赞颂不同成长背景下黑人妇女间形成的牢固纽带"的作用。**23**

《在卢浮宫跳舞》是这十二幅故事绘画中的开篇之作,首先展示了《法国藏品》中的舞蹈主题。接下来,在另外两幅绘画中舞蹈主题又得以重现。它们是第五幅《马蒂斯的模特儿》(1991),和第十幅《乔·贝可的生日聚会》(1993)。尽管这三幅故事织锦情节各异,但它们分列为第一、第五和第十的编排秩序,却保证了舞蹈、跳舞和舞蹈者成为把这十二幅故事绘画作品缝合在一起的持续线索。《在卢浮宫跳舞》编排了孩子们在艺术圣殿里欢快舞蹈的情节,以唤起文化存在的愉悦感。《马蒂斯的模特儿》以维列·玛丽的话语"每一个小女孩都想成为一名芭蕾舞女,我现在仍想"开始,探究黑人女子、高雅文化、美丽、欲望和主观意识间的复杂关系。《乔·贝可的生日聚会》把著名的非洲裔美国女舞蹈家乔·贝可,安置在20世纪20年代现代主义背景中,就是在这个特定背景下她成为了我们的主角——女画家维列·玛丽的榜样和缪斯。

在这三件作品中,西方美术的传统既有令人满意的呈现,又有些令人捉摸不定的传达。既是主体表现又是客体再现的非洲裔美国妇女的舞蹈,以优美的律动描绘了一段新的历史。例如,在《马蒂斯的模特儿》中,乔·贝可生动展示了她年轻时所在的非洲裔美国人社区内的美的等级,"黑人女孩在学校意识到她们不是上等阶级",她们无法享有同龄白人女孩应得的优越和青睐;但是乔·贝可天生丽质,她渴望成为西方艺术中女性裸体美的代表,"我喜爱把自己装扮成美丽的女子,并且我有志于绘画史的研究"。的确,她立志做一名模特,做一名文化艺术史的创造者和诠释者,"我身上存有一种魔力,它使我醉心于把自我形象传移到画布上去。"这幅作品中的核心图画就参照了马蒂斯的作品《舞蹈》,同时肯定在以画室为基础的男性现代主义艺术中,裸体女模所起的至关重要的作用。

在欧洲现代主义历史中,女性形体、男性创造力、性能量和所谓的

"原始主义"之间的重要关联,也是这套绘图集要研究的内容,并且这些因素自然而然地凝聚在舞蹈女子身上,在其舞姿中微妙地揭示出来。[24]《乔·贝可的生日聚会》尤其关注上述因素的关联。它描述了乔·贝可这位在城市长大的非洲裔美国舞蹈家,成功地利用"原始"的性陋俗,在20世纪二三十年代的巴黎和柏林引发了前所未有的轰动效应的故事。维列·玛丽在叙述中坦承乔·贝可的名声很难定论,"她是如何成为一位法国名媛的?我不知道途径,但我知道原因——她没有别的选择……"玛丽被这位舞蹈者的美丽、力量和无穷魅力所打动,"她很健美,能给她画像我感到很荣幸……只要能和她待在同一个房间里那本就足够了。"在画面上,贝可看上去就像马蒂斯笔下的土耳其宫女一样,然而马蒂斯笔下的大批无名而富有异国情调的裸女(情境设置在北非,人物却又是以法国白人女子为模特),被两位经授权的非洲裔美国女性——著名的舞蹈家贝可和艺术家维列·玛丽巧妙地加以了重构。

这三部紧扣舞蹈的作品,表现了维列·玛丽作为一位在巴黎的非裔美国人,一位模特和"远古"缪斯,一位艺术家,一位围绕出身和地域的关联来创造现代主义文化的才女的光辉形象。《乔·贝可的生日聚会》尤其是形象展现活动的恰当能指。文字和视像都欲在贝可的形体上挤得展示的空间,所以她的身体成了文字和视像冲突的场所。"美国有很多黑人女子,她们太常见了,以致不足为奇。欧洲就不同,黑人女子数量有限,因此,欧洲人就想欣赏贝可的裸体。"同时,贝可身体的风姿绰约,也是作者玛丽重构否定、矮化黑人女性传统历史观的先决条件,"和我原先论及的艺术家不同,我欣赏的不是她娇柔的美而是一种力量美"。

《法国藏品》故事织锦因此认可非洲是欧洲现代派中的"原始主义"的发源地,同时重树旅居巴黎的非裔美国艺术家以及纽约哈莱姆黑人区文艺复兴的重要意义。这部作品通过列举格特鲁德·斯坦因、左拉·尼尔·赫斯顿、莫塔·沃克斯·瓦利克·富勒作为现代主义的女性奠基人(founding mother),以取代现代主义的奠基人(founding father)的提法。当代女性艺术家和评论家为了争取话语权以及优势地位,曾设想了这样的场景——艾玛·阿莫斯、米歇尔·华莱士和劳瑞·斯托克斯·西姆斯坐在草地上(其中毕加索是裸体),构成了一幅新的《草地上的午餐》。意义非凡的是,这部作品集所提的"现代主义之母"是由一群女子组成的:灵戈尔德的家人,维列·玛丽的朋友和家人,历史上非裔美国女激进分子、艺术家、作家等。她们形成了能够使黑人女性的话语得以显扬的女性自助体制。

但是,这部作品集并没有将女性状况简单化。从《在卢浮宫跳舞》开始,我们就逐渐领会到女子从事艺术制作有许多不便之处,她们往往缺少追求艺术的必要自由。就拿维列·玛丽来说吧,她有两个孩子,她之所以能在巴黎专心从事艺术创作,是因为她的两个孩子留在美国由她姑妈莫丽莎负责照看。《在卢浮宫跳舞》中,玛西娅女儿们欢快的舞蹈,以书信体的形式讲述给莫丽莎姑妈。在信中维列·玛丽流露出不会听从朋友建议,把孩子接来与她同住巴黎的想法。莫丽莎姑妈这一人物是《法国藏品》中母性系列形象的一部分。尽管画面上没有这一角色,我们见不到她的形容举止,但《法国藏品》故事织锦中的文本部分,有七篇都是以书信的形式写给她的文字;另外三篇则提到她对维列·玛丽的影响。可见,仅有"两幕"中没有她;除了维列·玛丽本人以外,没有哪个人物比她更重要了。我认为一个既存在又缺失的"莫丽莎姑妈"的构想,对于《法国藏品》故事织锦所图绘的历史来说至关重要。非洲裔美国妇女的历史是一部血泪斑斑,充塞着流放、苦役、强暴和种族歧视的历史;同时,也是黑人女子奋起自卫,不分年龄结成牢不可破关系以求生存的历史。

有两幅和莫丽莎姑妈相关的故事织锦清楚地表明了这一点——第六幅《马蒂斯的小教堂》和第四幅《阿尔的向日葵纩织锦会》(阿尔为法国南部城市;纩织锦会是女子集体劳动、娱乐的集会——译者注)。在法国旺斯的马蒂斯的小教堂,绘画故事集的中心人物维列·玛丽在给莫丽莎姑妈的信中曾提到过,是玛丽梦想的所有离散家人能够得以重聚的地方。谢世的家庭成员是故事集作者灵戈尔德自身的,从太祖母到母亲,以及她的祖父母、姑婶、叔伯、兄弟姊妹等。这是一份形象的家谱,对这个家庭的渊源谁也没有太祖母苏茜·姗昂了解得透彻,她曾讲过有关奴隶制的故事,而她本人就曾是一名奴隶和缝衣工。这件作品把家谱和太祖母的故事并置一起用意是深刻的。正如乔夫雷·哈特曼所说的,约六千万非洲人在被贩运的途中丧生,除此之外,奴隶制还破毁了家系,好多完整的家庭零碎支离,惟有一张张卖据似在诉说着离去者的名字。这是一次毁灭个人、家庭以致族群发展的大灾难。[25]因此,要使在奴隶制中毁灭的家系,形象地展现出来,在对往事的唤起中,激发生存者的决心和意志,使女性的话语得以有力的宣扬,这就是重新谱写历史的意图。

《阿尔的向日葵绗织锦会》还唤起了另外一种母性优良传统,就是所有母亲联合起来努力抗争,为她们自己的女儿改变世界,创造美好的生存环境。这幅故事织锦的前言是一段"虚构的历史":莫丽莎姑妈要求维列·玛丽在法国组织一次美国向日葵绗织锦会集会活动,维列·玛丽就把历史上所有非裔美国女性自由斗士都组织到法国阿尔地区,她们就在那儿的向日葵田野里绗织锦。而此时,文森特·凡·高正在那儿采集向日葵花,他就是因画向日葵而名扬天下。凡·高向女士们走过去,维列·玛丽介绍道,他就是闻名遐迩的大画家凡·高。但是她的话立刻被哈莉特·塔布曼打断了:"叫他走开,一看到他我就想到了奴隶主。"

虽然对种族歧视和奴隶制历史事实的控诉冒犯了这位白人男性天才,但是这些女子最终还是吸纳了他,在其创造性的作品中对他做了重新定位。在田野里她们制作了一床美妙绝伦的向日葵织锦。她们的工作是杰出的,富有创造性的,她们在为自由而奋斗。[26]绗织锦会以莫丽莎姑妈为精神偶像,组成了一个亲密的团体。在团体的力量之下,维列·玛丽乃至非裔美国妇女才有能力创建她们的艺术才华会受到重视的历史。在一次重要的交流中,苏哲讷·特鲁斯对维列·玛丽说:"我们全是艺术家。缝纫就是我们的艺术……我们要做的就是在田里辛勤地劳作了一天之后,能使我们的精神康健,使我们的床铺温暖,同时把美带进我们的生活……现在我们能进行我们真正的缝纫,这就是我们真正的艺术:要把这个世界缝合完美。"

必须塑造多才多艺的母亲形象是非洲裔美国女性作品的永恒主题。

这在艾丽丝·沃克(Alice Walker)和托妮·莫里森(Toni Morrison)的作品中均有体现。正如莫里森所说的,欧美种族主义是在奴隶制下母子关系遭到破坏的基础上造成的。"女奴没有母亲身份,她们只是生育机器,无论对其子女还是对其双亲都没有什么义务和责任。"[27]沃克在其著名的文章《寻找我们母亲的花园》中,反对种族主义的根本逻辑。她从美、个性化和政治活动三方面举证,以说明几代非洲裔美国女性在毫无优势的情况下仍保持她们的创造力,并将这一创造力融合着爱和自由传递给她们的儿女。[28]沃克的文章很有名,灵戈尔德的艺术受其影响,常从她那儿汲取精华。但我并不认为《阿尔的向日葵绗织锦会》只是对《寻找我们母亲的花园》的单调的字面上的解释阐发。相反,非裔美国妇女创造性活动史和政治运动史中彰显的,且直接和灵戈尔德自己的母亲有关的主题、女性形象以及绗织锦形式的采用,足以使《法国藏品》故事织锦成为历史上黑人女性主体性和制作力的一个充分证明。

在《法国藏品》故事织锦中,维列·玛丽向向日葵绗织锦会成员保证,她将使她们为自己的作品而感到自豪,并会将成员们劳动的结晶传递给她的女儿,从而在她本人和这种艰难赢得的女性自由传统之间制作了一种联系。在这部绘画故事集的倒数第二幅作品中,维列·玛丽发布了她的《有色人种妇女艺术和政治宣言》,作出郑重承诺要将自由传统在她和女儿马琳娜之间薪火相传;并且在最后一幅《摩洛哥假日》(1997)中再次作了保证。我们也不应忘记莫丽莎姑妈给她的帮助,对此她一直深怀感激。[29]从孩子们在卢浮宫的第一次舞蹈到母女间所锻铸的纽带,《法国藏品》利用出身和地域的特别关系谱写了新的历史篇章。这样,黑人女性才有可能成为历史认知和艺术实践的主体而非客体。

跳舞:地点和人种志

索卡瑞·道格拉斯·坎普的活动雕塑以卡拉巴瑞的假面舞会为题材,同样关注出身和地域的联系。这些雕塑也创造了以黑人女性为主体的历史。坎普的艺术实践以两个相关的但是不同的地域为背景,一个是她在尼日利亚布谷马的出生地,一个是她成为艺术家的地方英国。因而她的视野和创作之间的对应关系正是她雕塑的关键点。非洲和欧洲文化传统本是不同的、对抗的,雕塑的材料也千差万别,但在坎普的作品中却得到了表面上完好的统一。[30] 她的雕塑同时具有两种文化特征,这一点再明显不过了。这些活动的、由多种媒介制成的舞蹈者和观众,它们的状态和谐一致;而当时非洲移民的身份和历史背景却很复杂,迁徙者的种族、性别、民族和社团等的界定总在不断更变,这是造成复杂性的根源。这种和谐与作品所传达的主体的复杂状况是对立的。

在此,我要表明的是在坎普的《鼓掌的女孩》中动感和多媒介组合的巧妙结合,促使我们去探究由同时代的非洲移民女性所制作的历史。这些女性的创作理念超越了基于"确凿"的文化认同和稳定的文化分野所形成的惯常认识。在某种意义上,我不认可在历史过程和结果中所展现出的对流亡和文化混融主题的通常表现。也就是说,不能简单地认为坎普的作品是把非、欧结合在一起,表现文化混融特征,或者认为她的雕塑展示的是以非洲移民体验为典型的流亡主题。而是,我致力于寻求理解诸如《鼓掌的女孩》这样的一件作品完成的方式,以及不同文化理念的具象化对于重新思考宣扬变动的主体和地域的历史会产生什么影响。

坎普的卡拉巴瑞雕塑的机械运动不仅仅是表现舞蹈者或观众的活动,以及伴着表演的节奏小女孩拍手喝彩的情形。在这件作品中,人物的运动唤起了观众的参与意识;一个小女孩进入了艺术实践领域,通过仪式、歌曲和舞蹈勾勒出她所在的社区情形。观众的参与和化装舞会参加者的表演同等重要;每当在这些区域中表演舞蹈的时候,社区观念就会被重新构建。这种参与活动是至关重要的,因为它既可以展现历史和文化发生的过程,又认可主体一方面受凌驾于她们之上的社会结构和规则制约,而另一方面又能够通过她们自身的创造力反作用于这些制约。

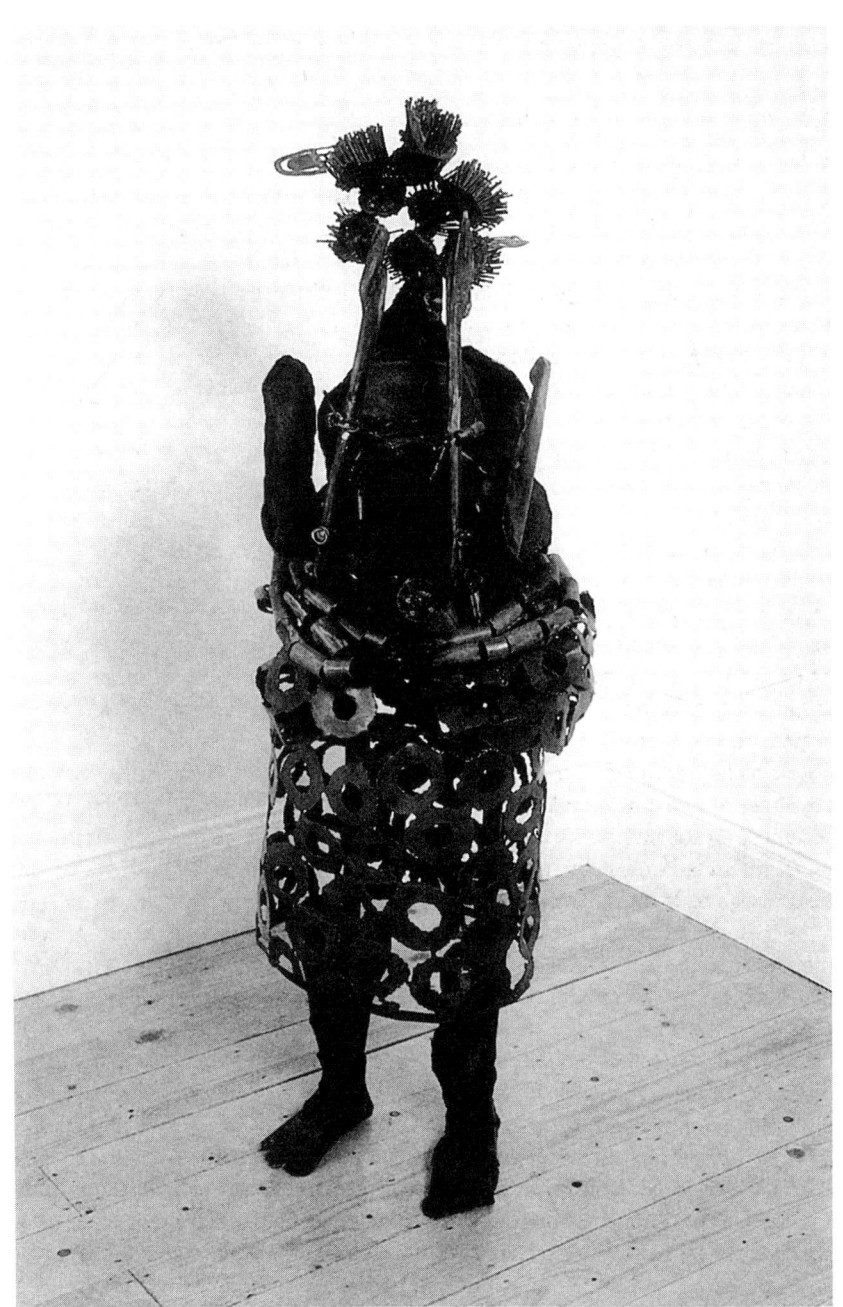

2.2 索卡瑞·道格拉斯·坎普,《小伊丽波》(《鼓掌的女孩》),1984,承蒙索卡瑞·道格拉斯·坎普提供

为了探索艺术具象化和积极参与发展历史的能力简要研究一下《新查尔斯顿》(1991)这件装置作品是有用的。**31** 它被安放在美国南卡罗来纳州查尔斯顿的非洲裔美国人历史中心——阿维瑞中心。《新查尔斯顿》是诗人、激进分子伊斯特拉·康威尔·马约罗（Estella Conwill Májozo），她的兄长雕刻家休斯敦·康威尔（Houston Conwill），以及建筑师约瑟夫·德·佩斯（Joseph de Pace）三人合作的结果。这件作品采用了"宇宙结构"模式，"宇宙结构（cosmogram）"一词是这三位艺术家创造出来用以描述相互感应的、以图绘为基础的装置作品形式的专用词语。

《新查尔斯顿》这件作品是在一块地板上，综合运用图像、文字和空间元素绘制中央航路以及强行贩运非洲人口到南卡罗来纳州的运输情形图。图中文字的排列是有特别指向性的，一系列舞蹈说明文字层层叠加在混有水和大团泥块的地图上。这是一种特有的绘图方式。从这张地图上走过，一边做着有名的20世纪20年代的舞蹈——"查尔斯顿"舞，参观者自然就会被带进非洲移民时期那段惨不忍闻的历史，同时又会对这一特别的场景留下深刻记忆。

《新查尔斯顿》最初设计是用作意大利斯波莱特节的一件临时装置，但它作为阿维瑞中心，教育和展览方案的一部分是如此成功，所以自从1991年起，就留在那儿永久性地展出。这件作品已经载入历史，它表明艺术家们有义务创作出能和公众互动的艺术，有义务积极参与政治活动。伊斯特拉·康威尔·马约罗深刻论及了艺术在当下重新描绘历史和改变未来的力量，她使用了三段式布鲁斯音乐结构（呼唤、应答、释放）的隐喻手法：

"呼唤由我们对世界的体验，由人自身的境况所激起……它存在于引起我们兴趣或意识的范围内。接下来是应答，艺术家的创造——试图命名、认可和鼓动变更……随着参与者体验释放，即一种振奋人心的鼓舞，这一过程继续进行。在释放的快慰中所获信息鲜活生动，并且在主体范围内开始激起变化。" **32**

查尔斯顿是在特别相互感应环境中的一件巧妙的机械装置,这件装置特别强调舞蹈的群体参与性。它既能激起个人自身的体验,又会产生社会效应,表现了文化和历史发展前进的轨迹。舞蹈表明并在一定程度上揭示一个共识——即,知识体系影响获知者,并"打动"他们,改变他们对自身的理解,改变他们对世界的关系。这种蕴含在舞蹈中的情境认知是社会变化和激进运动的深层动因。

坎普的《小伊丽波》用意并不是直接介入现代非洲移民史,而是它的以活动方式吸引观众的能力,具有了和上述康威尔·马约罗描述的"呼唤、应答、释放"三段式结构惊人的相似。例如,坎普承认对卡拉巴瑞人的文化习俗不可能有完全的理解。这种习俗或者由表演化装舞的"内部人士"(赛可阿普信徒的男性成员们),或者通过当地观众,卡拉巴瑞的广泛群体(主要是参加节日舞会的女子)生动地体现出来。[33] 卡拉巴瑞人通过对"召唤"的"应答",通过参加舞蹈、讲述和倾听故事、重新确立族群历史以及重新确立和过去的联系,逐渐认识到了她们自身就是文化必不可少的一部分。活动雕塑不断重复的动作映照了这种"应答",但是它们作为"艺术"的物质显现,是处在和布谷马村节日舞会显著不同的语境中,因而把它们带进了一个崭新的王国。

我认为"释放"以笑声的形式呈现——形形色色的观众被卡拉巴瑞的雕塑逗引得开怀大笑,这并非偶然,而是作品的必然因素。确实,坎普竭力强调以她的作品诱发笑声的意义。我进一步认识到这种幽默的策略把观众带进了一个陌生的领域,使他们能够跨越文化差异进行交流。坎普雕塑中的活动元素并非一个撩人的花招,也非作品的一个附带意义,它此处复原记忆和认知形象性的能力,从外观上吸引形形色色观众的能力,是一种思维方式。这种思维方式是经由非洲移民女性制作艺术过程中,所呈现的变动的文化风情引发出的。

以某种方式吸引不同文化背景的观众,坎普的作品因而拒绝设置一种文化认同的"真正的"或本原的观念;而是认可一种生机勃勃的各种文化的杂交混融。她的雕塑作品是各种文化源头不同的材料的拼装,从而使上述观念得以增强。坎普的雕塑通过衣饰、姿势和举动的巧妙布设赋予了人的形貌,但是这些雕塑既不是简单地与人相像,甚至也不是利用与肉体、裙裾,或戏装相关的材料做成。小伊丽波,例如,就是由木胳膊和手,金属腿,一件略具裙形的衣饰,一个由精铜纯钢制成的饰珠腰带,以及由钉子做成的一团乱蓬蓬的头发为主形成的头颅暗示,构成的一个合成的人体。这些材料中没有一件是"传统的",坎普的卡拉巴瑞人物,并非是为了如实重造化装舞会中的人们的面具或服装才产生的。它们是对那一事件的诠释,并且它们同时在当代西方象征性雕塑的语境中得到认可。

坎普艺术作品最直接的材料来源是多样材料活跃混融的结果。例如,《小伊丽波》就是半自传式的,但它把化装舞会作为向青春期过渡的一个标志:"我按照我的角色要求扮作了一个假面人,但我仍在青春妙龄,身姿窈窕。"[34]再则说,坎普对卡拉巴瑞题材的研究是在英国人种志博物馆里着手做的。在那里,她把对她而言本来不可能得到的物品(比如祖先的屏风之类)的详细材料分析,和对传统展示方法的积极怀疑结合起来。正如她所说:"许多人种志博物馆展示非洲艺术只是东鳞西爪,让人难以获知全貌。这让非洲人很不理解——就像要尽力向外国人解释,如果只展示女王的鞋子,那么女王对英国人而言意味着什么一样。"[35]

这种关于人种志博物馆展览碎片化的观点,对于理解坎普作品的历史意义是重要的。人种志博物馆是在西方帝国主义语境下形成的,其文化中的历史文物是陈列在他们的展览馆里的,从属于一种去历史化的特别形式。它们被当作圣物和崇拜物理解,与古代永恒不变的神话和仪式相匹配。博物馆的藏品是经典的、同质的,是外在于历史之物;在"文明"的西方,我们就是这样看待的。然而,坎普对人种志材料的利用和批判,加之,通过当代艺术对她村庄的节庆和化装舞会的真正历史情景再现,挑战了人种志博物馆的常规,挑战了视非洲为无历史背景的传统观念。

欧洲中心论尤其把舞蹈和仪式表演归为去历史化的过程,并且将它们一直和异国情调、神奇、迷信联系起来。然而,布谷马的节日总在不断变化,以应对尼日利亚广泛的社会经济发展;事实上,坎普使用作为主题的节日之一是该村的建村百年纪念庆典日。甚至舞蹈者和观众的本性也易受历史变动的影响,这是坎普作品另一个关键因素。卡拉巴瑞变动的历史气候的一个重要例证,可在一位女祭司的生活方式中得以发现。坎普还是一个大学生的时候,就研究过这位女祭司;在此,值得稍详引述这位艺术家的观点:

"我研究过一位卡拉巴瑞的女祭司,阿莫涅·郝思芙,那是我攻读文学学士的第三年……她跳舞,把男子舞步和女子舞步结合在一起跳。那真是异乎寻常……因此,我对她很感兴趣。事实上她不仅是一位有孩子的女士,还要照顾她丈夫,还有一桩生意……因为我和她结成了很好的关系,我就制作了这些精神物品,我想,是由于她跳舞的方式触发了我想象的结果吧。"[36]

在坎普和女祭司本人之间有一个惊人的类似。坎普作为在伦敦的一个尼日利亚学生既把研究郝思芙作为她课程的一部分,也据此研究制作精神作品;而女祭司则专注于研究她社团的传统,又把这种专注研究和作为一位女商人的独立生活结合起来。把男性舞步和女性舞步相互混融,郝思芙要表现的就是历史的、杂融的非洲女性题材。

我在此决然强调非洲女性历史题材,一方面是反对把黑人女性身体广泛物化的做法,另一方面又旨在表明在欧洲和美国支配的知识体系中所存在的根本的种族和性别差异。从科学和审美两个层面研究非洲的殖民统治,以及移民题材,必然会涉及性和种族的话题——黑人女性承受了最具有破坏性的同化她们个性差异的做法。查敏·尼尔森(Charmaine Nelson)动情地指出坎普的新古典主义象征性雕塑是煞费苦心做成的,以此质问种族特性决定论的观点。在对黑人女性团体的描绘中,这种质问得以最好的宣扬。[37]不是探求艺术作为一种再现"种族"的方式,而是,我赞同纳尔逊的观点,把艺术作为一种述行场所,以此"种族"(性别差异)得以形象展现,这才是最为有效的。

坎普的卡拉巴瑞雕塑就是这样的一个场所,作为一位非洲女雕刻家,在英国进行象征性艺术研究,她致力于表现黑人女性的主观世界,而非仅仅描绘黑人女性躯体。这一点相当明显。就像当维列·玛丽图画约瑟芬·贝可时,在《法国藏品》故事织锦中呈现的以小说手法描绘的现代主义旗下的原始主义一样,坎普和在其作品中赋予女性主人翁地位的阿莫涅·郝思芙的合作,把创造力牢牢地握在非洲女性手中。而且,在舞步、艺术实践以及活动雕塑本身中明确表达的多样而变动的主题显示出混融是文化协商的一个过程,而不是既定的事实。就是说,这些主题不是某种固定的生物意义上的交合,而是适应于它们栖身其中不断变化的社会、文化和政治形势的情景主题。

在这一意义上,《小伊丽波》又举足轻重。任何意义上的杂融都具有人为性,是由复杂的材料、场所和各部分的活动连接造就,不是由图画或描绘一个显在的"杂交体"造就。确实如此,根本不是让我们接触任何单一的实体,而是让我们投入过程共同互动,以此,情景主题反映的则是一个变动的世界。《小伊丽波》就是一个主体和地域环境会合的责任场域,这一场域能明确表现非洲移民女性主题的历史意义、创新价值及所赋有的权利。像《法国藏品》一样,《小伊丽波》这件雕塑是一种形象展示的形式,它认真对待过程和实践;历史就是在过程和实践中被谱写,抑或被质疑,将来可能被修正。这些作品确立了黑人女性主体在历史中的重要地位,而它们对主体和地域环境关联中明确表现的差异性的有力述说,涉及每一种历史题材,并对我们创造未来艺术具有启迪意义。

3 重新谱写历史:越战和场景再现

就以我最新的影片《姓越名南》为例吧,这部电影同时处理几个不同层面的问题:关于民族和性别的剖析,关于一种文化内以及几种文化间的转换问题,关于强调口头证词和要求"话语权"的问题,及最后关于纪录片的编排问题。

[崔明霞(Trinh T. Minh-ha),采访者普拉蒂巴·帕玛,1990][1]

关键是要明白以名字映照出你自己。

[林璎(Maya Lin),关于她为《越战纪念碑》所做的设计,1983][2]

《姓越名南》(1989)和《越战纪念碑》(1982)都表现冲突——民族内和民族间,跨越不同语言、文化和身份,以及在再现层面作为政治和审美之间活跃相互作用的冲突。这两件作品都对再现生发质疑,这一事实不足为奇。对民族、身份和文化一致性的挑战是深嵌在越南殖民地独立过程中的。要调查冲突各支各派的情形有必要问及谁代表谁,经由什么样的权威,到达什么样的结果。然而,在此令我感兴趣的事情是,这些艺术作品是怎样重新谱写那段历史的,以什么样的程式它们能够揭示场景再现的艺术实践,并且相伴而生,它们构想了何种新的历史和政治视角。我认为崔的电影和林的公众纪念碑都提供了一个研究民族、政治机构、差异和再现之间联系的绝好机会,这一研究以越南反对国际帝国主义的斗争为背景;³而且,这些作品开创和展示的女性主义的艺术实践是干预社会生活的关键。

民族和再现的概念不是那么简单,因此,在此有必要简要澄清我对这两个词语所持的看法。谈及民族主义,本尼迪克特·安德森(Benedict Anderson)认为民族是"一个想象的政治团体",想象为"固有权限和主权"。⁴强调"想象的共同体",安德森并没有低估经济力量、种族盟约、语言或社团纽带等对确立民族权限的重要意义。而是,安德森对想象的强调有助于解释思想、言语和实践活动,比如艺术创作,在形成政治的、文化的和主观本位的民族特性观念中的作用。安德森有关一个权限团体(民族边界以及它的成员间的内部友情)和该团体的主权(统治"异族"的力量)的双重界定,使我们能够在对民族不断的重新阐释中,领略到民族内外活跃的交流互动。

正是这种"民族发展前进"的必然性,正是文化标准、形式和分野的不断演绎和磋商,在个人和公众两方面,与本章要探讨的崔明霞和林璎的作品休戚相关。艺术家既没有认为民族权限也没有认为构建政治主题和民族特性中再现的作用,是理所当然的事情。再现是一个多层意义的词,例如,它可以指称为一幅画像,也可以定义为代表或代理。在这些丰富的词义中,审美和政治意义上的再现,用的是它最保守的意义,意指对一个代表性的准则如实的反映和客观化的构建。然而,再现也是活跃的、能动的,是一个可以撼动习俗之见强有力的依据,或是一个清晰界定的思想或概念。⁵换句话说,再现既是对客体的如实反映,同时又体现为参与的过程性。我想说的是《姓越名南》和《越战纪念碑》对再现重新进行了表述,以致主体间的参与成了思考越南内外民族、冲突和历史问题的一种政治和审美的力量。

崔明霞经常精彩地谈及再现"他者"的困难。她尤其认为只关注"谈话的内容"、"谈话的目的"或"谈话的角度"就把主体认识的复杂性减弱到看上去毫无歧义的大一统状态。⁶反对这种同化性的再现模式,她强调"谈话的区域",这一做法是为了构建主体间各种牵连、丰富多彩的互动。"话域"对崔而言不仅是一个理论上的提法,还具有实践意义。她本人的经历就具有多层面性——生长在越南,在美国和法国接受教育,在美国和非洲生活和工作;她致力于写作和拍摄有关后殖民地题材的剧本和电影,反映了那一时期风云激荡的生活。

崔明霞的《姓越名南》电影对纪实材料"合理设想"的制作手法,强调了"附近区域",和客观再现不同,重新给观众定位,把越南妇女定位为富有创造力的、积极参与政治活动的人。这部电影也真实再现了传统习俗的维护者的形象,通过把现场访谈、纪实镜头、"真切"画外音、字幕等结合起来的形式,从而使传统习俗维护者的思想发生动摇。我们很快发现最初上演的几次访谈,是来自英文剧本。这个英文剧本是自法文译本而来,而法文译本则译自越南语。主要内容是对在越南我们从未谋面的妇女进行的几次采访。后来对电影演员的"现场"采访,当然,同样被上演,这些电影演员就是镜头前的越南妇女。纪实镜头本身是蒙太奇的,在纪实画面中又插入、演播了其他画面,因而破坏了它的鲜明的报道风格。当国家名称的各种历史变体出现在屏幕上,并且以土著人、殖民地统治者和革命斗士的各种腔调大声读出的时候,甚至国家名称也受到质疑,也要接受审查。**7**

电影中蒙太奇画面的刻意重复创造了一种差异空间或者崔明霞所称的一种悬隔:

> "如果我们忽略通常所用的采访在很大程度上属于真实性范畴……或者能够理解这一事实,我要说采访的最大优势是抑制演说的力量、创造间隙……吁请一方同时介入多方的一种手法。正是在采访者和被采访者之间的悬隔中,在听说之间的转移中……我强调了采访的必要性。"**8**

然而在《姓越名南》电影中蜂拥而至的阐释、声音和画面,对具有明确意义或典型事实的文献、证词和形象画面的简易程式构成挑战,但它们决不意味不存在政治活力或创造动力。

确实,《姓越名南》一片特别把女性作为社会和政治活动的积极参与者加以宣扬。由于女性能适应民族内外新的权力制度,所以此片通过柔

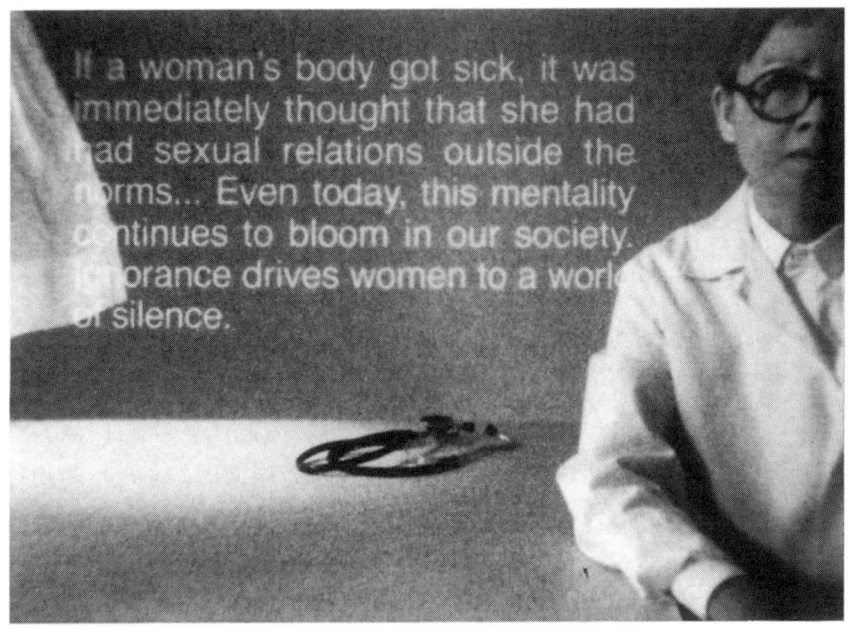

3.1 崔明霞,电影《姓越名南》剧照,1989,承蒙崔明霞提供

和的声音宣扬了女性的抗拒、坚忍和生存,描述了越南文化变迁的多重情形。然而,虽然崔的电影结构是通过女性主体身份地位串接起来的,但是这些女性的身份地位绝非是等同或均质的。本片并没有显示单一或统一的女性主义/女性的审美,也没有表明有一个有关越南冲突、民族认同或文化再现的独立的,而又和传统历史同等地位的"女性历史"。而且,它的魅力在于揭示政治危机、民族主义和文化变迁本身,是通过主体间所进行的复杂的交流活动,形象生动地展现出来的。这些主体的情况千差万别——其中的一个关键成分是性别的差异性。

《越战纪念碑》*显示出对主体间相互交流的关注,而作品的意义则

---

* 作品简介:美国越战老兵要求政府建一座越战阵亡者纪念碑,美国国会 1982 年应允并在全国征集设计方案。在 1441 件应征作品中,林璎的作品脱颖而出。林璎(1959—)著名美籍华裔建筑设计师,姑母林徽因,林璎当时是耶鲁大学建筑系四年级学生,21 岁。她将纪念碑设计为一个平放的"V"字,黑色花岗岩构成的两面墙体,就像打开的书,墙面如镜,墙顶与地平面齐平。该设计曾在美引发强烈争议。该纪念碑现为首都华盛顿最具观赏性的场所之一,设计者因之获得殊荣。林璎曾获 2009 年度国家艺术奖章,奥巴马总统为其颁奖。——译者注

生成在该作品和参与它的观众之间的互动中。在此纪念作品中,作者展现了丰富多样的历史题材,而且没有遮蔽材料间的差异性。这件作品涵盖了在越南军事行动中阵亡或失踪的大约58,000名[9]美国男女军人的名字。林璎获取了这一有代表性的数据,并且通过给那些名字排序填补了一段历史空白。她排序没有按字母表的顺序,也没有按人物的地位身份,而是依那些军人牺牲的日期为序。不诉诸地位等级而是依时为序刻记名字,就给人一种清晰的时间框架感,并且会让人体会到人类罹难的巨大程度。虽然没有身着猎猎军装的威武的军人形象,但仅凭一行行名字和日期就足以显示那些军人出去设伏或巡逻,但再也没有回到军营中来的悲壮情景。当我们读到这些名字的时候,我们一边看到映照在光滑的黑色花岗岩表面上的形象和空间,那正是在纪念馆里我们这些人以及周围空间的形象;这些形象和墙上所刻名字和时间珠联璧合,使得现场可触可感,使往昔情景适时再现。

  纪念碑的形状,一个巨大的"V"字形,在公园的地面上形成一条水平的大裂痕,意在把越南冲突的历史时期描绘为一个伤疤,一个裂口。这条裂缝确实能让参拜者有身临其境的感觉。美国参战的第一年,1959年,被设置在纪念碑最高处的右侧,逐年的伤亡沿墙而下一直向右延伸直至墙的尽头;然后又从左侧墙的尽头开始向内运行,最后,刻有1975年和1959年的数字石板在中轴线首尾相接。只有当我们置身在这个场所,亲身追寻这一破碎而又复原了的时间线索,我们才能体验并领会到这些伤亡是多么惨重。

  林璎的纪念碑在表现参观者在一个公众参与空间,乃至参与民主状态下所产生的多种反映方面意义非凡。它的建造能够使所有的市民有机会参与、体验社会政治活动。[10]这件作品对那些传统的纪念建筑构成坚实犀利的挑战。传统建筑是基于一个同一的系统,以单一的、代表性"市民"为参照。这个市民具有众所默认的白人、男性、中产阶级以及其他标准化特征。然而,这件作品不只是推翻了传统的范例,它还以女性标准取代了传统的男性中心地位;而且,它所体现的女性主义精神既不是那么粗率也不是那么片面。然而,当林设计这件作品的时候,她充分意识到《越战纪念碑》和华盛顿明显男性语言的公共纪念雕塑间的差异。当问及纪念碑是否存在"女性化倾向"时,林璎的应答是,"在一个充满像男性阳具般向上挺起的纪念性建筑的世界,它当然具有女性倾向。但我的用意并不在于征服这一世界或打败它……"**11** 这座纪念碑对场址、权威话语、民族特征等的不同探求,体现出鲜明的女性艺术风采。南希·浩特、伊莉恩·齐默尔曼以及丽达·艾尔布柯克等人的作品也是这种艺术的典范之作。**12** 像《姓越名南》影片一样,林璎的纪念碑既没有展现一种理想,也没有鼓吹单一的女性主义形式,这和传统公众雕塑的审美理念完全不同。它的魅力在于开放性,表现多种主题,这些主题往往为传统的艺术准则所弃而不取。

《姓越名南》和《越战纪念碑》围绕民族、性别和介入问题,通过一定的审美程式,重新诠释了艺术再现问题。为了进一步探索这些审美程式,我想论及如下两个方面。首先,研究文献和大众媒介在建构一个确实能代表"他者"的国家主权方面所起的作用是有价值的。其次,纪念碑、纪念馆和民权运动之间的关联涉及国内公民主体间内部联系的展示问题。就拿美越战争来说吧,美国的军事介入延长了越南摆脱殖民奴役的过程。对这一历史冲突场景的再现,女性们的艺术手法和男性的不同,她们以女性特有的视角对这一历史事件进行了新的诠释。当她们在最广泛的意义上探求再现的艺术性时,媒介和公众空间都是必然要关注的要素。

大众媒介、纪录片和新闻报道

在《姓越名南》一片的结尾,我们听到了这样的画外音:

"战争总离不开一系列特殊事件;在战争故事被搬上银屏之前,它已经是很好的电影题材了……如果在某种意义上说战争是政治的继续,那么电影画面也可以在某种意义上说成是战争的继续……

没有什么能把越战,和过去拍摄的以及将继续不断拍摄的关于它的特别影片分隔开来。据说,如果美国人失去了某样东西,他们就一定要在其他方面赢回来。"[13]

一边听着这些话语,我们一边看到越南战争西方纪实照片的电影蒙太奇画面:幼童紧紧依偎在已经死去的母亲身旁,妇女和儿童挤进壕沟,难民们逃离村庄,愤怒的僧侣们自焚以抗议惨无人道的战争。在《时代》杂志1975年版的封面上,我们能够看到三张分别为死亡、负伤和难民的照片。这些照片呈现出破碎的场景,并且衬以当时烽火硝烟的背景,所以具有惊人的视觉效果。我们在评论照片中战争场景的同时,一边还传来了直升机的声音,并且听到断断续续的对话:"这些画面唤起了人们对陷入战争国家的同情","它们能改变你的思维方式","这些画面场景极其惨痛"。[14]

这一系列画面的效果给人的震撼是强烈的。正如卡洛·麦科米克(Carlo McCormick)所说:"在讨论越战和它的文化冲击时,不能被忽视的一点是,越战首先是一场媒体大战。"[15]由于日本新闻界在1967年投票表决这场战争为本年度最大历史事件,[16]所以该战事在全球范围内被广泛报道;兵燹画面充塞报纸、杂志、电视新闻和纪实影片中,这种情况达八年之久。可以说,对特别事件的报道实际上改变了军事行动的进程——在1968年1月对越南春节攻击的成功,以及对美国士兵在1969年11月在越南马莱村所犯暴行的报道,都起到了这样的作用。下列特殊画面现在已经成了战争的同义语:僧侣们的自焚;尼克·尤特拍摄的一个叫金发克的赤身裸体的小孩,沿着凝固汽油弹造成的熊熊燃烧的公路狂奔的照片;埃迪·亚当斯拍摄的一名越共囚犯被一颗子弹射中头部,惨死刑场的画面等。

对上述画面用电影手法加以处理,以和无处不在的直升机的声音相契合,再加上对媒体和电影中冲突场景的调整,以及对越南女性画外音的采用,就和画面初衷大相径庭,极富感染力。大众媒介对越南军事行动(其实对任何战争都是这样)的报道,往往因远近亲疏、"我们"和"他们"关系之不同而有不同的倾向性。报道者必然要支持本国主权,这种意图再明显不过了。正如我们现在所知,美国对越战的报道就曾严重违背史实;美国人通常持有的战争相当遥远的推断破灭了,战火无情地烧及自身。

欧洲、澳大利亚和南北美洲的女性艺术家们对来自越南的信息和图片迅速作出反应,并且她们利用媒体的力量反对媒体本身。澳大利亚艺术家艾尔萨·欧康纳(Ailsa O'Connor)把金发克的形象改做成一个富含情感的政治形象,这与凯特·克尔维兹(Käthe Kollwitz)创作的《燃烧的汽油弹》(1970年)的风格近似;南希·斯佩罗(Nancy Spero)的作品把美国直升机描画成丑陋的阳具状的杀人魔鬼;大野洋子(Yoko Ono)和其丈夫约翰·列农(John Lennon)一起发起了一场媒体反战运动,他们利用在阿姆斯特丹的蜜月之旅,在时代广场竖起了一个招牌,大力宣扬他们1969年的圣诞颂词:"如果你想要战争结束的话,战争就会结束!"早在1966年,卡罗莉·舍尼曼(Carolee Schneemann)就把军事主义和她的影片《越南火花》中所描绘的暴力、色情联系在一起。这部影片把越南惨遭兵燹的画面,和巴赫、莫扎特、甲壳虫乐队、越南和老挝歌曲的乐声巧妙地结合为一体。演出时,随着电影画面的播映,演员们在舞台上尽力把火车的声音和各种激烈亢奋的声音交织在一起。[17]

虽然这些女性艺术家对媒体狂轰滥炸的反映是多种多样的,但是拒绝把反战作品和女性主义以及公民权活动相分离,是她们的共同主张。由于在文学创作中一直有把妇女的反战活动看作"政治活动"的倾向,同时把女性参与民权和女性主义运动归入社会、道德抑或伦理领域,因此视女性运动、民权运动和反战运动内涵一致的观点尤为重要。现在有名的一句话是:"每个人都是一个政治体。"它的意义正如艺术家梅·斯蒂文斯(May Stevens)所言:"我的社会生活,我的政治生活,以及我的艺术生活全都是一样的。"[18]

玛莎·罗斯乐(Martha Rosler)在纽约也卷入了民权和反对核武器运动。当女性主义和反战运动不断高涨的时候,自然就驱使她把自己的艺术创作政治化。**19** 正如亚历山大·艾尔波罗（Alexander Alberro）所认为的，对罗斯乐而言"……女性主义阐明了日常生活、反战作品以及为民权、政治和社会变革所作的种种奋斗之间的直接联系。" **20** 在1968年移居圣地亚哥之后，罗斯乐采用拼贴、照相蒙太奇和低技术含量录像制作的方式，使其作品和大众媒体图像相适应。这种实践模式利用一种布莱希特式的特有语言风格和语境化方法，使魅惑人的媒体形式简明易懂，并且有助于激发观者的政治意识。罗斯乐认为大众影视倾向于使观众成为"被动的观者而非积极的参与者"， **21** 她对传统影视的批评，就是在一种特有的语境下讲述的。她作出的重构而非抛弃媒体的选择，使其作品成为《姓越名南》一片的一个有趣的先例。但罗斯乐把民族、性别和参与媒体活动联系起来，正是她的非凡能力。凭此能力，她最有力地阐释了有关再现的问题。

从1967年到1972年，罗斯乐做出了二十张蒙太奇照片，形成冠以"引火烧身"的一个系列集。**22** 这些作品是根据报纸上有关越战的纪实照片，再和国内时尚和设计类杂志上的内政图片结合在一起创作出来的。这些蒙太奇画面不是用于画廊展示，而是在地下的反战杂志上发表，然后再把这些经历了不同语境的图片，回归大众传播媒介，加以广泛传播。赋有"引火烧身"之意的蒙太奇照片，呈现了无处不在的士兵、死尸、伤残难民的情景。这些图片集中放置在一所美国展览厅中。《气球》（源自《引火烧身：漂亮的房子》），例如，就是用蒙太奇手法描绘了一位惊恐的越南难民抱着一个受伤的孩子上楼梯的情景。这是一所中产阶级的错层式房屋，它靠近郊区，漂亮雅致。由于第一世界的繁荣昌盛无可争辩地和其武力维护国外殖民统治相关，因此，任何把"我们"和"他们"分割开来的做法都与霸权主义与强权政治不无关系。

罗斯乐的作品把冲突的场景向观众拉得更近，同时又使观众远离平庸画面，远离对它过于熟悉的、自然化的解读。这是一个依赖"亲密距离"的策略，**23** 一个积极的，然而又是批判性的介入，超越了知情人和局外人、主体和客体之间的边界，以至于这些边界不会再被保持。《引火烧身》挑战了西方媒体描绘"他者"的权威。西方媒体描绘"他者"是通过一套简明的程式进行的。设计这套固定程式旨在使战争和其被动的观众之间保持一个安全的距离。罗斯乐则与之相反,她的系列作品对观众自

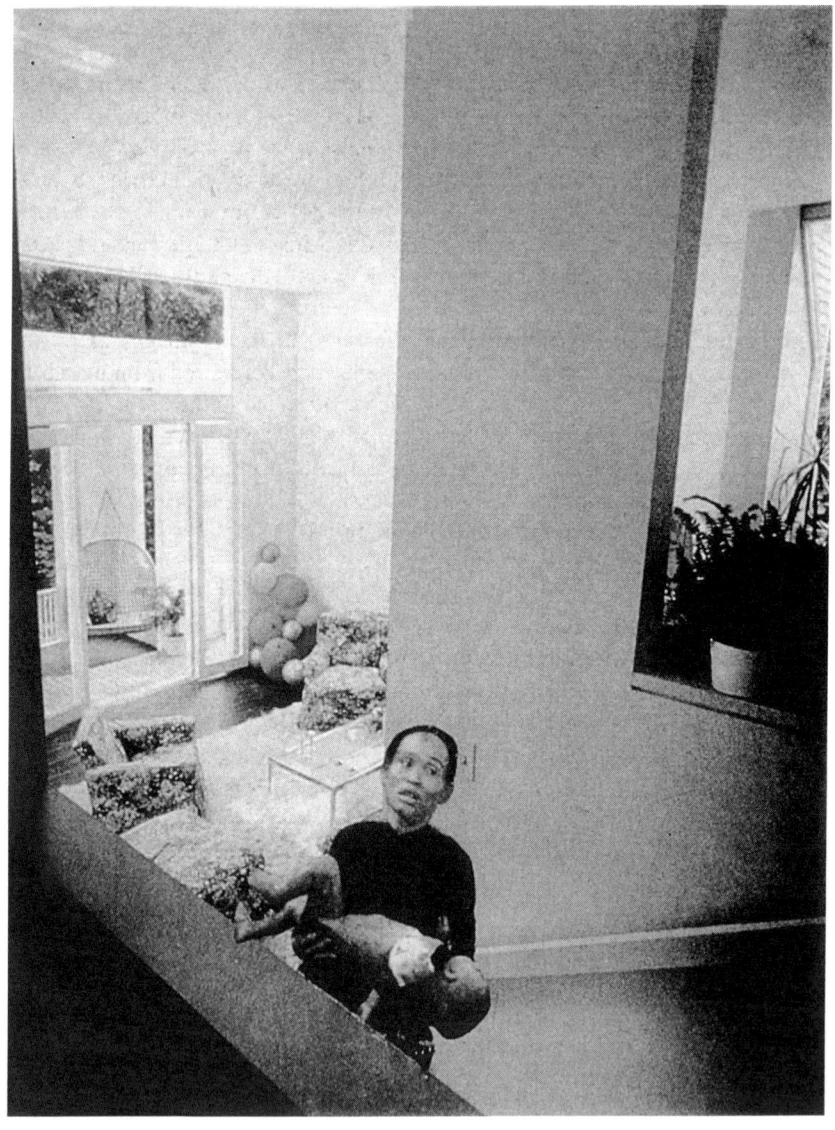

3.2 玛莎·罗斯乐,《气球》,源自《引火烧身:漂亮的房子》,1967—1972,承蒙玛莎·罗斯乐提供

身的情况造成了困扰,比如通过检验争议来感知主体。经由这种方法,相似的图像建构了某种稳定的性别、民族和文化认同的假象。**24**

崔明霞和艾萨克·朱利雯(Isaac Julien)谈起关于《姓越名南》一片时,曾做出过类似的表述:民族特征不易从一种文化的外部界定,同样,也不易从这种文化的内部界定。崔认为:

> "这部片子由文化认同的多种策略所结构,它主要是关于,甚至尤其对内部人士而言,他们自己文化(民族史诗)的命名如何保持多元变动的问题。越南不会取消文化多样性,或者被纳入到一个无所不包的大一统的文化之中。"**25**

崔明霞利用美国媒体所摄战争系列画面,除了作为《姓越名南》一片中的一小部分之外,还对第一世界在越南外部构建其民族史诗或文化特征的权威进行挑战。崔的影片驳斥了关于越南同质的画面,尤其抗拒千篇一律地把越南妇女描绘为受害者的做法。例如,在美国有关军事冲突的纪实图片中,经常展示的是越南女性遭受凌辱的形象。然而,影片并不仅仅在于颠倒权威表述——这种权威旨在使我们接触单一的越南"内部人士"通晓的民族史诗,或让我们认识一位有代表性的越南"女子"。文化内部的转换问题和那些来自外部的转换问题一样明显;并且为了解决这些问题,电影创造了恰如霍米·巴巴(Homi Bhabha)所说的"重新谱写的历史"。这种历史运作就像以旧瓶子装新酒一样,利用传统的再现形式反映了历史情形的差异性与杂融性。**26** 在《姓越名南》一片中,民族和性别状况通过女性的声音、形象、叙述和记忆得以重新呈现。这部片子,无论就女性主体,还是其和不断变化的民族构成之间的相互影响而言,都根本不存在单一的或是稳定的叙事。电影中有越南女性在法国殖民统治下,在街上一起步行或骑自行车的特写镜头;有女子们在市场和舟艇上劳作的场景;有女性参加革命军和示威游行的镜头;当然,不可或缺的还有女性难民背井离乡的画面。可见,文献材料相当广泛。构建理想女性状态的象征性结构,看上去也同样是多样化的、富有生机的、有历史意义的。有关理想女性的儒家思想，以及越南19世纪的民族史诗——《金云翘》，都把女性的自我牺牲和坚忍不拔，和国家民族观念联系在一起。但它们却和古代女英雄传奇，以及近世毛泽东主义者把女性称作"同志"的思想相左。在西贡陷落后，女性的同志关系更加稳固。无论是搬上银屏的，还是"现实生活"中进行的女性访谈，都关注她们对殖民地瓦解、军事侵略、共产党执政以及移民等的多样性体验；虽然没有一种体验是主导的，但每次对不断变化的政治气候的适应，都是对理想、意识形态、传统和实际生活的必要性等进行的一次特定性的商榷。

在美国移民区曾举行过一次"越南小姐"选美大赛，以此事件为核心的一串困扰人的概念"女子"、女子们、民族特征、文化内和文化间的转换等被一起提出。在本次大赛的"才艺"展示部分，我们看到越南女子们穿着西方的晚礼服在舞台上一边曼舞，一边演奏着传统的乐器。演奏完毕之后，她们要走到麦克风前介绍自己，还要回答评委们的提问。我们曾听到过这样的一段对话："请回答在美国社会我们应该保留的越南文化特征是什么？""……就我们女性而言，应该保留我们越南传统和四种美德：德、容、言、功。"[27] 这四种美德，即女工要娴熟、举止要娴雅、语言要谦和、道德要无暇。随即，这四种美德就被转移成英文，并且意义确凿、形象生动地进入了另一套文化领域中。在影片中我们所看到的妇女，以及我们所听到的受采访的女性，都被看作激进分子，并且在崔明霞的整个作品中，她们都被作为外国侵略的受害者而令人悲悯。这些女性并非古代纲常所称颂的逆来顺受的木偶，也不是一种她们无法左右文化的被动接受者。她们是这种文化的积极介入者，是参与全部民族观念锻铸的政治代理人。

正是在这一点上，《姓越名南》一片最有力介入了电影再现和国家主权的逻辑。崔明霞自己关于一部纪录片是"构成"而非"鼓吹"政治作用形式的认识，[28] 在这一层面上是很有意义的。这部电影由越南女性构成，电影中的那些角色决不会在外部报道、纪录片和超级电影的操控领域，作为意义的主要诠释者，给民族下定义。但是她们绝不是同质的、本

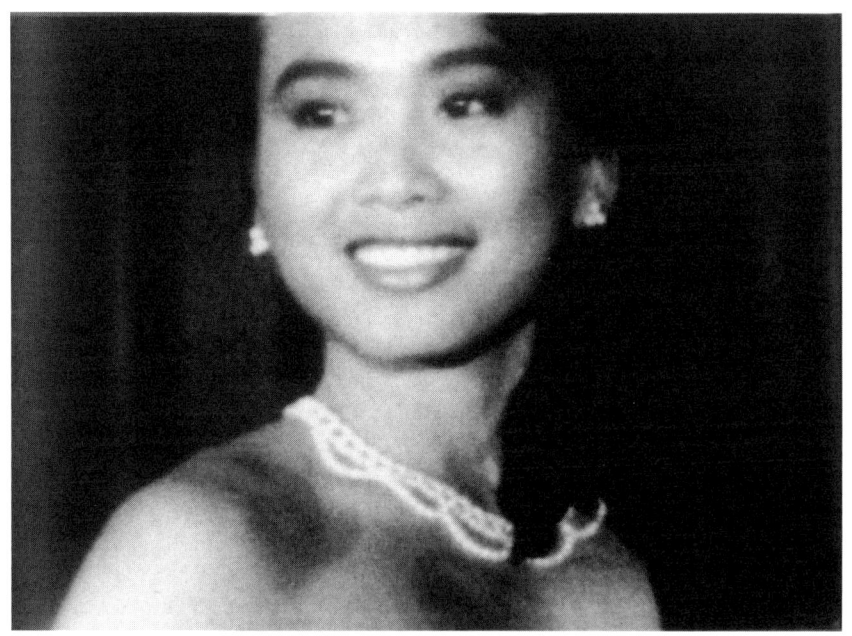

3.3 崔明霞,电影《姓越名南》剧照,1989,承蒙崔明霞提供

质化的或者和她们所宣扬的复杂历史相脱离的。不是在所有意义形式的两极之间做出选择,或者是对意义、政治活动和主题本身的完全排斥,《姓越名南》一片围绕市民参与的问题详细陈述了她们的主观认识。

当我们开始考虑《越战纪念碑》,考虑国家公共空间的展示传统时,迈克尔·丽诺维(Michael Renov)的有关女性主义、主体以及文献策略的评论,看上去尤为恰当:

"但是究竟是什么使这种新的主体富有新意的呢?或许答案部分在于目前文献本身的记录所设定的身份特征——流动的,多样的,甚至是矛盾的——同时在公众演说中又是充分混杂的身份特征。"[29]

民族、差异和身体政治

在政治上和文化上控制越南的长期斗争,威胁到国际上不止一个宗主国的主权。但这些斗争在任何国家都没有比在美国对一个民族的内聚力破坏更大的了。当林璎的《越战纪念馆》的设计首次揭幕时,它所引发的论争焦点在于再现本身。正如维多利亚·怀特(Victoria White)指出的,"选择她的设计点燃了一场公众战火。有人咄咄逼人地指责这座纪念碑是不合适的,它不能再现它应再现的人"。[30]但是在此语境下"再现"真正意味的是什么呢?它是再现艺术(形象艺术)对非再现艺术(抽象艺术)的字面问题吗?是再现宗族、种族和老兵自身的性别混合的问题吗?是一个支持或反对战争的立场的选择问题吗?抑或它再现历史是否可行?

浏览一下围绕林的设计所引发的论争话题是不无裨益的。对此,作品首要的公众反对者来自越战老兵汤姆·卡哈特,他的担忧后来很大程度上被扩大化了。在1981年举行的关于这件设计的公开听证会上,卡哈特说:

> "一个没有任何艺术教育背景的人,都会明白这座纪念馆的设计意图:一块黑色的伤疤。黑色,通常意味着悲伤、耻辱和堕落……在华盛顿当今有三座纪念碑,可称之为黑色的。但那些全都是英雄形象……然而我们面对的是这一令我们倍感耻辱的、降格的壕沟:越战老兵就是与众不同的——一道黑色的耻辱和悲哀的伤口……"[31]

新权利政治代表在后来的反对意见中呼声越来越高;反女性主义者菲利斯·施拉夫利和保守的专栏作家汤姆·沃尔夫都把这座纪念碑看作是一座"珍妮·芳达(美国女演员——译者注)纪念碑",沃尔夫则进而反对它的精英主义,称其艺术为"现代主义的毛拉"[32](毛拉,穆斯林宗教和圣法的教师——译者注)。腓特烈·哈特,一位后来被委托设计了这座纪念碑具有折中色彩的具象附属物的艺术家(这些附属物和林的作品相隔一些距离),对这座纪念碑和它的设计者也出言不逊。他把林璎的纪念碑称作是"蔑视生活的艺术",指责林璎"以自我为中心、傲慢自大";

同时他也恭维林璎,把她称作"一位天真少女"和一个"惹人爱怜的姑娘"。当提及他自己作为一位越战老兵观点的代表资格时,他说,"我曾经和很多老兵是好友,在酒吧里和他们觥筹交错,挥霍谈笑。"33

从那些反对者评述林璎的场馆设计的语言上,我们能够感受到,那些含有种族和性别歧视的弦外之音,在当代政治家、评论家身上依然存在。不过,我们也能听到相反的声音。黑色花岗石,例如,曾被将军乔治·普赖斯,一位非洲裔美国军官,用作休息之石,他就反驳说:"黑色不是一种耻辱的颜色。我讨厌听你们这样评论黑色。在朝鲜和越南战场,颜色并不意味什么。"34 但是林璎发现作为一名青年华裔美国女性,在华盛顿公共艺术场所的竞争领域,确有不同的意味:

"在我成长的学术界,我的女性身份,我是一位东方人的这一事实,从来都无关紧要……然而当我第一次来华盛顿的时候,我最大的震惊是没有人愿意倾听我的表白,因为我没有权利——没有男子气概。"35

关于她的纪念碑,这一充满才气的作品,玛丽塔·斯特肯不仅指出在建筑形体以及林璎的设计说明中,所深蕴的反种族和性别歧视的内涵,而且还指出这件作品削弱了男性霸权、崇尚勇武乃至民族权利的观念。斯特肯认为它的"反阳具"的形态,与象征权力和荣耀的直立纪念碑相反;并且认为"它是对传统烈士纪念碑风格的一次猛烈冲击,很明显,是一场对传统再现战争场景的纪念形式的战斗。"36

尼古拉斯·米尔佐夫(Nicholas Mirzoeff)认为《越战纪念碑》质疑了20世纪末国家的代表作用,他认为"那种国家既有代表全体公民的可能性,又有代表未来新的可能性的提法,看上去不再明显。"37 对米尔佐夫而言,林璎的纪念碑是对既成的国家统一体的根本挑战;这个统一体,是通过官办艺术和共和政治理想下的新古典主义传统锻造的。他研究的一个至关重要的方面是关于官方的暴力(比如战争)和"博爱"之间的悠久联系;以及那些构成了民族范围的公民之间的横向联系。

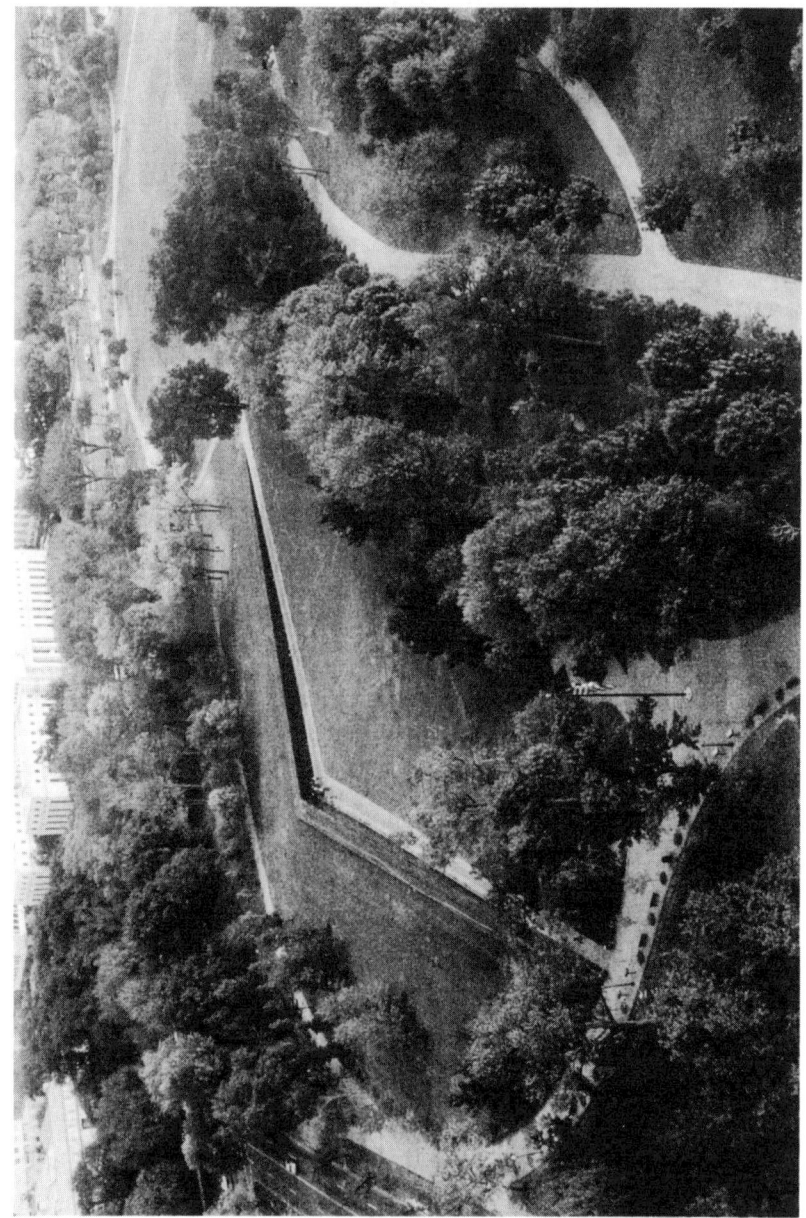

3.4 林璎,《越战纪念碑》,1982,版权,林璎;照片,全美公园服务协会,华盛顿区

莫伊拉·纪登斯(Moira Gatens)指出承诺维护国家利益,就可能需要一个人做出牺牲。[38]纪登斯确信国家观念依靠两种再现形式——比喻性的,或者基于一个理想政体的形象建构;和借代的,"那一政体的一个优势部位所表现的复杂政体的再现"。[39]在政治、法律和艺术语汇中,理想体事实上并不是中立的,而是富有男性化色彩,并且相应地,富有男子气概;男性体构成了政治、法律和艺术的规范传统。纪登斯进而认为,尽管政体早已过时,并且被边缘化的"团体",诸如女性、工人阶级和有色人种的不断斗争所削弱,但是它的排外性仍然构成了很多社会政治不公正的基础。

我坚持认为《越战纪念碑》给予了提供这样一种空间的可能性,在此空间里各种团体的政治观念可以以不同的或参与性的方式再现出来。对于民族、性别和再现观念而言,纪念碑的这种构造重写了纪念性建筑史,重树了自由民族和参与公民的实际理想。《越战纪念碑》是一种交织,一种交错配列,在此,主体和客体、这里和那里、过去和现在相遇,并且在他们的交换中,重新构成历史。例如,姓名的安排,就把来自多种不同背景的军人和女士联系在一起。这样做并没有隐藏这一事实,即非洲裔美国士兵、芝加哥、拉丁美洲或土著美国士兵的数量是不均衡的;然而标记他们"位置"的是他们一起牺牲的地方,而非他们在国内由种族、权力和威望所划分的地位。[40]

弗里德曼(D. S. Friedman)认为观众们投射到这座纪念碑光滑表面上的映像,产生了另一种交互形式。[41]把参观者的形体和雕塑形式结合起来,是这一纪念碑的重要特征,它公然挑衅了具象形体的必要性。这样,这座纪念碑就能够使各种不同的群体在反映和参与之间的互动中,制作再现艺术。这一成功纪念性建筑的一个负面问题,在1990年,当越战女兵要求创造一个雕塑群用于纪念她们牺牲了的伙伴时出现了。她们坚称正是这一场馆附属的哈特的具象雕塑群,如此明显地把她们女性排除在战争话语之外;在林璎的设计中,她们说,她们感到了自己的存在。[42]

这座纪念碑实现的更进一步的交互是过去和现在的交叠。在一定

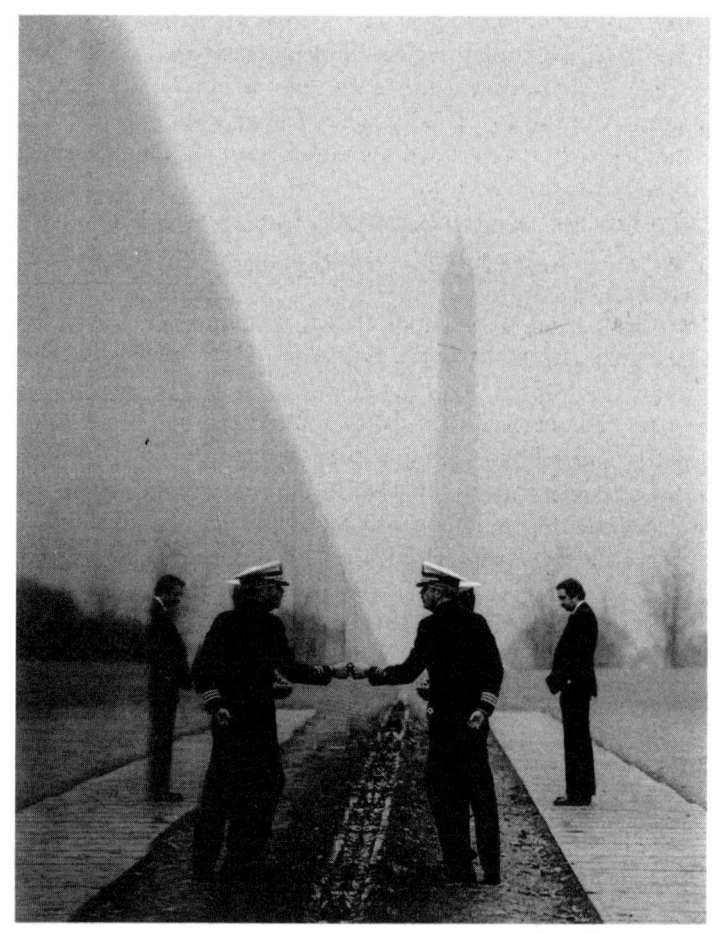

3.5　林璎,《越战纪念碑》,1982,版权,林璎;照片版权克里斯托弗公园

程度上,它是起到这样一种作用:走过断裂的战争时间线索,在长长的名单中,审视着映现在其中的你自己的形象。但这件作品由于它指向华盛顿纪念碑和林肯纪念馆——联邦统一叙事和新古典美学传统的关键象征,所以也镌刻了一个历史的交互。很多评论家已谈及这件作品的选址,以及它和现存两个纪念建筑的相互感应问题。一些特征是明显的,华盛顿纪念碑和林肯纪念馆借鉴的是古希腊和罗马的建筑样式,并且兼顾城市整体布局的统一。华盛顿是美国的首任总统,象征着美国民主的创始叙事;林肯,美国南北战争时的总统,把分裂的联邦统一起来,并且

通过立法使非洲裔美国人获得了解放,拥有了平等的人权。

但是这两件作品的历史性并不很突出。华盛顿纪念碑在1848年开始建造,它是作为联邦政府的一个象征性地标,同时也是为了使摩尔区草地广场充满生机的一次积极尝试。[43]建造这样一座纪念碑有若干必要的理由:各州的权力对联邦制的威胁在潜滋暗长,华盛顿本人有一定程度的乡帮观念,以及反对把摩尔区用作再卖逃跑而在北方捕获的奴隶的市场的呼声不断高涨。如果联邦想拥有代表性权威的话,摩尔广场就需要被重新设计。华盛顿纪念碑就成为了这一新的建设方案的核心,但它的建造在内战期间(1860—1865)停止了。在1876年,联邦体和黑人解放获胜的日子,它才又开始建造。

林肯纪念馆更直接象征了美国内战期间所赢得的统一和解放,但是它直到1922年才被建成,在建造期间发生了第一次世界大战。一战意味着美国孤立主义的结束和在外国领土进行一系列漫长战争的开始。它也是把选举权扩展到女性的标志。20世纪初,新古典主义成了美国联邦代表、国际主权以及自由国家同质政体的标准文体语言。自由国家的同质政体包含女性和有色人口,但不承认他们的差异性。

林璎的《越战纪念碑》标记着三个时间轨迹:它关注美国南北战争后,一个有代表性的政治和文化的政体组建的构成问题;它激起了对20世纪60年代期间,由女性主义者、民权和反战积极分子(他们经常在摩尔区游行)所建构的权力话语的挑战;在过去二十年作为一个重新调解和商榷公民身份的地方,它起到了重要作用。为《越战纪念碑》提供框架的这三个历史时期是聚焦接纳、身份和权力话语的具有代表性冲突的时期。在反映这些历史时期的各种艺术形式中,唯有林璎的设计通过审视联邦体建构中不可避免的缺陷,重新构建了政治问题。

新古典主义引入纪念性雕塑和公众纪念场所的必然发展并不是一步到位的,而是有一个过程性的。美国内战是触发这种纪念活动的首次战争。内战后,摩尔区逐渐被建成风景化的纪念区,一些纪念性的标志物也在曾经的战场上树立起来。我认为尤其是安蒂特姆的战地纪念碑可以作为参与性的、以时间为序的《越战纪念碑》设计手法的一个重要先例来看待,同样,安蒂特姆战地纪念碑也十分关注观众的反映。安蒂特姆战争是在1862年9月的一天之内进行的,却导致了在内战期间一次战斗中的最大的伤亡。正是因为这场战争才迫使林肯在1863年1月发布了《奴隶解放宣言》。在19世纪70年代中期,美国内政部标记各个战场,以便于到这些场地游历的大量参观者能够"亲历"这些战斗。绝大部分标记带有一些简单的说明,上面写着时刻、日期和士兵们的名字。这些标记就设置在士兵们宿营、冲锋、受伤或死亡的地方。这样,从纪念本土战争的最早时期始,就有了公众参与再现历史场景的传统。慢慢走过"越战纪念碑"中的那些名字和日期,比起走在摩尔区,确实更像走在安蒂特姆一样,有身临其境的感觉。这些正是来自南北双方的民众聚在一起寻踪联盟命运的地方。

同样的,19世纪古典主义的雕塑语言并不占统治地位。在1867年,埃德莫涅·刘易斯(Edmonia Lewis)创作了《永恒的自由》,一座具象群雕,展现的是一对非洲裔美国男女砸断铐着他们的锁链,以解放的姿态向上飞升的形象。这件作品当时就被公认为既是新古典主义雕塑的典型代表,又表达了不分种族人人都拥有平等权利的主题。此外,该作品直接印证了林肯的《奴隶解放宣言》,间接地,那个跪着的被缚奴隶的著名形象,是来自韦奇伍德瓷器协会为废除奴隶贸易所作的图章(1788年设计)。后来,这件雕塑非常有名,因为它既是一位有着土著和非洲裔美国人混合血统的成功女性艺术家的作品,又是这一时期产生的最鲜明的反对种族歧视的艺术作品之一。它也是政治和审美再现的各种元素的一次巧妙运用。它使新古典主义能作为一种宣扬差异的风格,然而又不会和盛行的艺术批评标准发生冲突。新古典主义承认要具体展现种族和性别差异,并应努力摆脱千篇一律或一种同化性的通则。我们在此发现新古典主义再现本身的范式,作为参与性的和多面性的,由一位经受过不同身份、地位转变的艺术家在其艺术实践中做出了鲜明的展示。

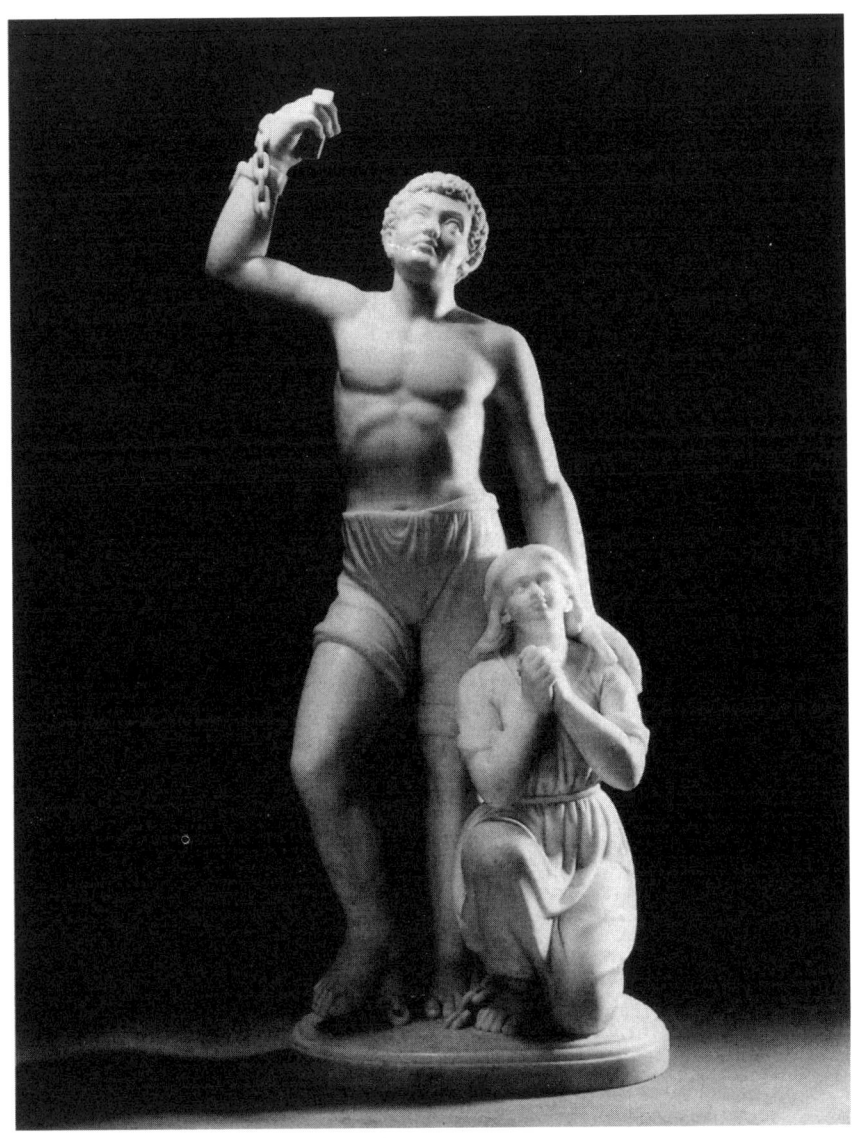

3.6 埃德莫涅·刘易斯,《永恒的自由》,1867,承蒙华盛顿区霍华德大学美术馆提供

同样的,对艺术实践中或通过艺术实践而相互联系的团体或不同政体的艺术塑造,也出现在一个世纪之后另一位非洲裔美国妇女的作品中。在1968年,伊丽莎白·凯特蕾特(Elizabeth Catlett)制作了《向我的青年黑人姐妹致敬》,这是一件木质雕刻,这件雕刻遵循一位现代主义者

的雕绘语言,同时还显示出对"原始主义"的潜在依赖。**44** 再次,这件作品明确表现了差异性,通过协调当代美学、政治和观众介入的参数,为边缘化了的人物诉求再现的权力。凯特蕾特的雕塑把矛盾的,然而又是强有

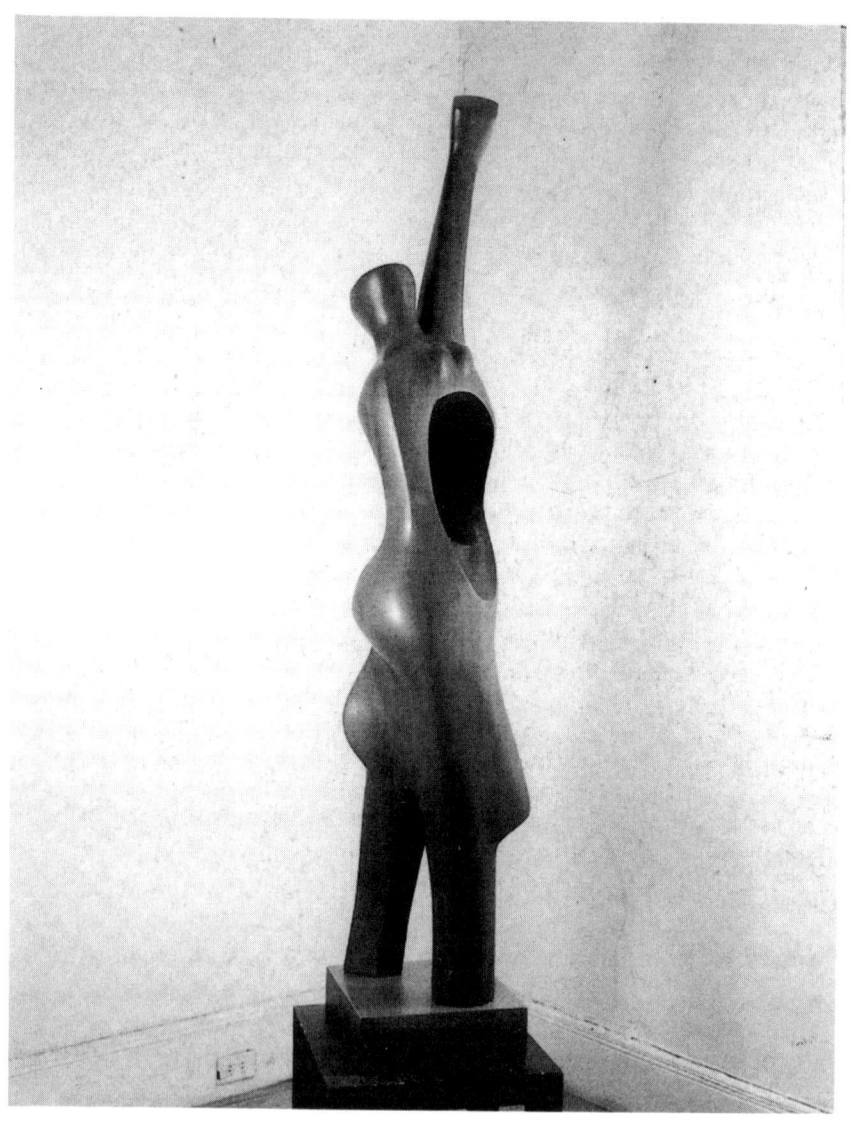

3.7 伊丽莎白·凯特蕾特,《向我的青年黑人姐妹致敬》,1968 版权,伊丽莎白·凯特蕾特;照片,琼·凯利美术馆

力的元素结合在一起:女性形象富有现代意味,而她的姿势,向黑人权力敬礼,则标志着这位女子形象是作为当代政治动因的一个符号。对黑人姐妹关系的强调,挑战了既是主流美国政治又是黑人权利运动自身的男性偏见;而由一位非洲裔美国女性艺术家,对非西方("原始的")主题传统的审美改造,是对移民中创业和适应过程的一个有目的的陈述。

我认为凯特蕾特和刘易斯使用的用于对抗国家在其边界、边缘和权限内的独有形象的策略,和纪登斯的观点产生共鸣。纪登斯认为"对这些'他者'而言,他们从来没有体验过让其形象'整个'或'完全'回溯到自身的满足,然而对这一梦想的迷恋也并非如此魂牵梦萦"。[45]当然,《越战纪念碑》所赋予的局部的以及整体的远景般的"反映",通过不同形体、多样性、多重性以及参与性,同样表达了国家观念。在这个意义上,这些作品既利用又批判了再现的传统惯例以及国家观念,并不是只作为无用物抛弃它们。然而,在它们或利用或批判的程式中,它们摆脱了它们的超验性,摆脱了经由同化而统一或"代表"的霸权力量。

《越战纪念碑》被人们称之为"荧屏";[46]一个可供放映的屏幕和开放空间,它既可以触发公众的内心冥想,又可以使公众的忧伤表情得以浮现。这些情形都已经出现。自从在1982年11月该馆开幕以来,数以万计的参观者在墙下留下了他们的馈赠物,他们追踪他们亲人的名字,并直接向亡者写留言。这一场馆具有鲜明的参与性,的的确确,具有始料不及的参与热潮。它也是朴实无华的,没有花哨感。人体和馆址的相互作用激活了场馆空间,在每次互动中都再创造了生动的情景对话。

一些评论家指出这一事实,即缺少一个类似空间,去体验越南人民所付出的更大的伤亡,或者甚至可以获取到死亡的精确数字(估计在3,000,000),或者获知他们的名字。在此意义上,这些评论家似在认为《越战纪念碑》仍是文化霸权的一个特例。我的想法和他们的不同。越南人阵亡者不会被登名造册,虽然这是帝国主义侵略者的一贯做法,但是正是在随后以大一统的陈规旧式再现越战的试图中,我们发现了抹煞越南人对权威话语合法要求的传统。仅仅通过展示那些亡灵的名字,还不足以对这一根深蒂固的传统构成挑战;如果西方再现的传统做法不从内部改变,在将来就不会有机会创造真正的对话和对差异的真正认可。在民族、性别和再现的更广阔的范围中,《越战纪念碑》和《姓越名南》电影都从另外的角度重写了历史,触发了多样性的对话,并且超越同化逻辑开始了文化交流的漫长过程。

第二部分

主　体

绪　论

作为一个可以形成权威和身份的"我","自我"意识和以第一人称表达的能力,是统一主体之间的优势,这种优势是与西方推崇个人主义的历史密不可分的。但是这种"个人"中心主义和权威意识是以牺牲"他者"为代价的,以排斥差异的方式得以实现的。从文化角度来看,这让权威和创意机构观念的发展产生了明显的分歧。简单而言,创作了文本而拥有著作权的"我",能够理性思考的才学之士,和创造了高等艺术的天才,都不是一个中立的个体,而是男子气概、异性恋、白人、欧洲种族、中产阶级和体魄强健的——西方认识论和本体论的标准人物。

女性艺术制作对这些传统观念发出质疑。"女性"总离不了女性状态,因而被限制在主流边界之外。按照这一逻辑,女性就是边缘的、"客体"的标志,而非"主体",因此她们没有话语权,没有代表性并且缄默无闻。然而女性确实在表达,她们写作也从事艺术制作。这引发的一个非常尖锐的问题是,当女性拥有话语权,或者能够在视觉领域形象地传达其思想理念的时候,她们应该表达什么样的主观见解。我认为她们既不能采取一种男性的主体立场,处于某种错误认识的形式中,也不能滑入被动的客体角色;女性的主观见解消融了自我和他者、主体和客体之间的对立,从而成为看上去普遍存在的性别中立的标准"我"的典型。

然而，通过这样的标准范式就不会孕育女性主观见解了，这一事实并不迫使我们求诸彻底否定主体的极端理论支撑，或者接纳一个缺乏动力、责任感或政治潜力的分崩离析的主体。而是，有话语权、创造力和才智的女性的存在，要求我们以新的多样的方式重新考虑主体因素，这样差异和过程就会透露出更加微妙的主观理念。女性主义者处于这种做法的前沿，她们的工作已经对学术理论、审美实践和政治活动产生了广泛的影响。重要的是，这一工作已经确认并批判了西方哲学主体建构的局限性，而同时，又提出了从其他方面宣扬女性主体的可替代的理念。

关于女性主体的不同思考所引发的很多关键理念，对美学和艺术实践而言都有重要的意义内涵。例如，有关身心二元论的重新界定，就驳斥了物化"女性"的逻辑，强调了具体可感和情境显现对思考、创造和认知所起的关键作用。很明显，那些面对将女性视角对象化的作品很大程度上促进了我们社会视觉文化的重构，更精细地看，重申身体地域性主题强调了知识生产的角色，并就此将审美与性别差异进行了连接。同样的，在诉说根本差异中，这种从目标到过程的转变，既是对新的主体模式的探询，也谈及了认可制作本身必须赋有意义的艺术实践的发展。

我所认为的是，在不合常规地重新构想女性主体中形成的洞察力，对任何探索差异性的艺术实践而言都是迫切需要的；并且和视觉性、物质性有必然联系的艺术制作，有望以独特而重要的方式突破传统做法的局限性。因此，女性制作艺术，对处于根本差异中的女性主体的重新建构，起了至关重要的作用。这一点很关键；女性们的艺术并没有物化女性本质，或预设一个由因及果的主题。这种主题只需要找到一个使之显现的传达媒介即可。我认为，"女性和艺术"的特别关联要依情况而定，女性主体性应该通过跨越不同历史背景的视觉文化和物质文化的各种相互作用具体展现出来。

下面的三章构成了本书的第二部分。"主体"，密切关注的是围绕差异问题的三个特别建构：情境展现、展演和生成。这三个概念不是作为明定的理论用于艺术作品，而是它们本身被视作互有交叉的理念、实践和物质的建构;并且在各种语境下运用这些概念,以有助于思考女性主体的多样性和易变性。这三个主题各不相同,它们并不揭示对主体性的各种可能的盘诘,那或许对女性主义者有关女性艺术制作的研究有用;然而它们的确解决了二元论、形体物化、故步自封和形而上学等的关键问题。在这个意义上讲,它们作为一组互相关联的概念,对打开女性主体和有待进一步探讨的艺术实践之间的关联,起到了很好的作用。

探讨情境展现问题,关键是不能把形体看作是充满欲望的场所,也不能把形体当作传统意义上已知和确定的客观物看待。情境展现是超越了主客体,对主体性的形体协调的强调,也是对知识重要性的强调。情境展现依靠的是世上主客体间的相互作用,或者依靠所谓的"相互赋形"。有许多重要并且相互关联的见解从主体呈现过程的分支中分离出来,尤其是当其与空间、知识和性别差异相关的时候。如果"人体"是主体性的核心,那么这一主体性的实现就是通过人体和社会体系的联系来完成的。无论是从性的,"种族的",代际的,还是其他角度而言,人体都会展现出各种不同的具体情景。也就是说,人体很重要,但并不是固定的本质,而是人世上的重要潜在力量。再则,情境、自然和随意地安排性感主题,对于知识的创造很关键。因而,第四章探究的就是人体知识和空间,在此空间中,女性智力和创造力机构得以形成。这些才智和创造力,直白地说,就是通过参观画室、书房、图书馆和画廊的方式,形象地说,就是通过审视历史和女性创造力,参与女性艺术的方式而得以形成的。在这一章中,艺术被看作形体间交流的媒介之一,看作女性艺术家们进行情境展现的关键成分,而不仅仅视为这些交流的再现或图绘。

本书的第五章转向了展演的概念。它和生物学上的决定论,和通常认为支撑身份的性/性别/性欲之间的固定连结,有特别恰当的对应。然而,在处理视觉艺术中,展演的以文本或者说言语为基础的理念,没大引起我的注意;我关注的是在物化相联观念中,展演的发展性。这一章就围绕着艺术的物化潜力展开。艺术要有主题,有意义,要以坚实的物质形式完成,这对探究欲望和动力问题的女性艺术家而言,特别重要。女子的性欲,当受到必须的异性恋的局限,受到生物学上确定的性和性别一致性形式的制约时,就会被认为是被动的和疲软的。然而,本章中的作品,以女性的性欲和欲望作为强大的制作动力,完成了多样性的艺术制作,形成了一种表述主观见解的模式。这些艺术作品并不是色情的,或向一名标准男性观众展示的某种女性媚态和欲望的具象显现;但它们又是愉悦感官的。

"主体"部分的最后一章转移到思考"生成"上。在此,两个关键点是联系在一起的——主体易变性和个体与群体间的不可或缺的关系。生成和存在不同,它作为主体的基础,强调的是变动。这一事实使寻求各种方式以思考和展示过程成为必要。由于艺术品总是铭刻着被制作时的印痕,这些痕迹也会构成作品意义的一部分,所以艺术就在这一方面提供了独特的认识机会。此外,艺术和集聚有密切联系;由不同元素形成的多样、杂融和聚集,能够通过视像和材料艺术,以特别的效果表现出来。就物化的女性主体意识而言,过程性和多样性显示出"自我"或个体的"我"和广泛意义上的社会"我"之间,存在一种更加积极主动的对话。在第六章中,这种相互作用,通过艺术和科学自然而然的结合,展示了鲜明的"超越个体"的形式。

关于这几章的结构问题,以及它们引发的关于女性艺术和女性主体的认识的问题,还有最后的两点要表明。首先,这些章节旨在表明,围绕差异所塑造的主体,不是普遍的,也不是超出群伦的,最好被描绘为"偏离中心的"、杂混的或游离的,然而她们在世上又有一定的权威,可以表述自己的动机。而且,在从不同角度形象展现女性主体意识方面,艺术起到了真正的作用。艺术的这一角色,并不是作为抽象理论的解说,或作为主体诠释的客观对象而存在。

在界定和表述概念上,下面每一章所列艺术作品都起到举足轻重的作用;从理论上讲,本书中所选艺术作品和编织在它们周围的文本同样重要。为了强调艺术对形象展现女性主体意识的重要程度,这些章都是围绕特定的作品,运用这些微观历史研究个案作为思想的敏锐聚焦而加以建构的。就每个作品而言,其实践的特殊性、媒介、形式、历史地位和表述模式,对相关的理论阐释作用很大,所以要对这些部分详加研究。在此必须表明的是,这些章微观历史的聚焦所导向的第二点,即这些章中的不同案例,共同构成认真思考主体意识、艺术和历史之间关系的特定策略的一部分。

在这些章中,来自极为不同历史语境的案例,围绕着对主体意识的概念阐释结合在一起。这并不意味着主体意识是跨越历史的,或者说这些作品以及艺术家的特定历史是超越物质本体的。恰好相反,艺术作品的历史框架和物质性对于立论而言绝对必要。创作这些作品的不同历史背景和材料状况,并没有被这些章的理论概念所遮蔽。这些理论概念是对处于这些章节核心地位的主体意识的分析总结得出来的。这些理论并没有被用作阐释的坐标,迫使历史差异性进入其虚幻的统一或同质的框架。

这几章以艺术作品,和这些艺术作品在特定的历史时期对主体意识的展现为核心,旨在强调在不同的语境下,主体立场也会得到不同阐释这一事实。女性的主体性在物质化的艺术中的建构会随环境的变化而改变,它由环境塑造,并深受所处环境的影响。在女性艺术制作和女性主体意识的观念之间丰富多样的交流中,我们会关注不同的历史情形,认识到超越时间的模式,而不用寻求一种普遍的阐释结构或法则。这几章中的不同时间和不同地方的案例,的确可以归纳出一些模式,它们是理论和实践的构架,能触发我们对女性主体的重新思考;但这样做并没有使女性艺术制作处于唯我独尊的地位,并没有消弭她们作品的扣人心弦的魅力。

4 呈现:空间和知识情境

女性艺术家的呈现

在1857年,埃米莉·玛丽·奥斯本(Emily Mary Osborn)在英国皇家艺术学院,展出了她现代生活的油画《无名无友》。在英国皇家艺术学院,奥斯本是一位富有经验的策展人。这件作品是她在此场所展示的第二张画作,该画关注的是现代女性的角色问题。接下来的十年,她创作了很多探索女性人生,和她们在维多利亚中期的英格兰,在社会经济和政治生活的广阔舞台为独立而奋斗的现代生活的画卷。

《无名无友》塑造的是一位女性艺术家的形象,她是一位中产阶级的、受人尊敬的青年女画家。她以一位伦敦西区的商人身份去推销自己的作品。对她而言,这种行为实在有些冒险。奥斯本的这幅油画清楚地显示出兜售画作并非易事;画中人笨拙的姿态和举止,强调了她内心的不安与躁动,她不得不接受商人对她作品的苛刻评判,不得不接受商店里男子的严格审视。这件作品是19世纪中叶女性艺术家创作的,探究现代伦敦性别状况的少数作品之一。现在,它已成了女性进入权力和展现场所的榜样作品。底波拉·切丽(Deborah Cherry)生动地指出,"这是一幅关于性别碰撞和现代城市的经济体系,以及城市的消遣、交易和消费场所的绘画。"[1]作品中令人不安的交流场面,通过形体和环境的关系彰显出来,或者更具体一点说,通过那位女性艺术家的形貌和她周围情境氛围之间的关系显示出来。

  这件作品的意义恰恰在于既把女子看作主体又看作客体的矛盾关系上。观者既意识到中心人物是一个客体,她要被审视(这个客体是对女性有些险恶和令人不悦的物化),也意识到她是一个能审视他者的主体,一个有创造力的女性代表,一位艺术家。她的白人、中产阶级和穿着考究的形象,再加上作品的标题,使她成为维多利亚时代观众赞赏的一个对象。虽然关于上述这些阐释几乎没有什么分歧,然而作品塑造形象的方式却更为复杂。我要表明的是,思考情景展现的问题,而非典型人物的特别定义,或思考这一时期有关"女性"的绘画语汇问题,对于探索女性艺术中的性别观念,以及处理具象化和展示女性才华的诸多方式,将会是更有价值。[2]

  情境展现论认为我们所谓的主体完全是人的行为,是世上的物质存在,从而驳斥了"身"、"心"的对立。从身心二元论到情景展现的转化,对于那些在过去的逻辑中,必然被矮化和消极定位的主体尤其有效。过去的那种逻辑把妇女和"种族"偏见标记的主体,视为"完全物品"的。一个优势主体就被认为具有超验性,就会摆脱肉身的束缚,尤其会避开被"物品化"。这种分化逻辑的必然结果是男性(并且是白人、中产阶级、体魄强健等——"标准的"男性)主体可以超越肉身,获得精神上的独立。对此,唐娜·哈拉维(Donna Haraway)认为,这显示了不公正的权力结构:"只有处在统治地位的那些人,才有自我认同感、不被偏见标记、无需中介提携、有超越感、可以永存。"[3]

  但情境展现强调的是主体自身的实际根源,和整个主体状况所处的位置场景。而且,把主体情境化地展现出来,有诸多的关联因素,要通过和同一区域内其他形体的联系形成。盖尔·韦斯(Gail Weiss)发展了莫里斯·梅洛·庞蒂(Maurice Merleau-Ponty)(法国存在主义哲学家——

译者)的思想,他把这一情境展现的广泛意义描述为"相互烘托":

> "……情境化过程的体验绝非是孤立私密的事,而是始终受我们和他人以及非人物体的相互作用的调节。承认和阐述在我们日常生活中不断发生的多样形体的交互影响,要求我们必须认识到人与人之间,以及人与物之间正在进行着的交流互动。"[4]

我认为相互烘托或者情境展现的动力,在《无名无友》中得以充分展示,构图中形体的安排对重新思考女性主体性有相当大的作用。正如此前所论及的,女主角被置于一个特殊的位置,在她身上体现出一种矛盾状态:女子既是主体又是客体。但是这种女性主客体间的矛盾,在此被设置在一种特别的历史框架之内。在这幅油画的叙事和图像结构中,居于支配地位的男性主体的社会、政治和经济利益,是以牺牲中心人物对独立的要求而实现的。也就是说,作为一个感性主体的人物的情境展现问题,不会在一个真空中构造;这位女性形象就瓦解了视觉交流的表面的中立,她的形象是鲜明的,同时男性形象也得以烘托而出。画中人物的目光之所以韵味无穷,就是不同形体之间相互影响相互烘托的结果;画中每个人的位置都作了精心设计。通过这些方式,《无名无友》就把感性主体的特殊性和趣味性,有力地烘托了出来。它最大的价值意义则在于,使本属于男性活动的空间首次向女性敞开,突破了男性权威的禁域,标志着女性要求摆脱男性控制的独立意识的觉醒。

在此意义上,《无名无友》是通过情境展现把女性形象作为发生在主体间的一个过程,而不是作为一个可供描绘的物品对待的。这是一个非常微妙、重要的意义转变。我认为情境展现明显贯穿于交流过程之中,它是诸多过程的印痕,而非既定的本质、客体或物品。因此,情境展现,或确切地说,把主体情境化的活动,不能被描绘为各种物象,或实在的客体;而是,情境展现应在视觉中,通过建立一个形体间互动交流的限定因素来实现。《无名无友》中的中心人物并非某一位具体的女性艺术家的再现,如果这样的话,那就意味着有一个先于画面构成的"真实"女子的存在。实则不然,她的形象是有待商榷的,是一套潜在形体协调的结果,要在作品的空间结构中完成,并且还受具体观者的影响,要和观众互动,这样,形象才得以最终完成。帕梅拉·格里斯·纽恩(Pamela Gerrish Nunn)认为《无名无友》能被视为一幅"共同的自画像";而非仅仅奥斯本的一幅画像。通过这一画像,奥斯本巧妙地反映了维多利亚社会制度下女性、艺术和政治之间所存在的不协调的关系。[5]

研究一下《无名无友》里中心人物的姿势,这一点就会更清楚。那位女子站立的姿态很不自然,两手紧张地拧搓着钱包的带子,身体收敛,头向下歪斜;重要的是,她在躲避来自男性的目光。这些身体语言表明她是一位"正派体面"的人——无意卖弄风情,招致热辣辣的目光。但是,正如艾里斯·马里恩·扬的作品所描述的,女性的体态是其活跃的体力和施加在她身上的外部压力之间的复杂的、切实的交换。这些压力是来自她周围自然和社会环境中的。[6]为了研究画中人物的意义,我们必须想象一个先在的事情:这位女子创作了作品,然后就赶到这家画店里来;我们必须想象这是一个很有活力的女性,的确,是一位非常有决断力的女性,自我意识很强,并且能在和男性打交道中,凭借特别的机智,进行自我保护。《无名无友》中的这位女艺术家的形象,与其说是某些受人尊敬的体面女子的画像,或者说她的形貌显露出女性柔弱的禀赋,不如说它是对特定历史情景的展示。结合这些历史情景,在维多利亚社会中产阶级高度竞争的场所,一位卓尔不群的女性形象浮现出来。

围绕着女性主体性的表现问题,《无名无友》曾经并且将继续产生一些有力争论。简单地说,这些争论逐渐由对女性人体展现问题的关注,转移到关注艺术传达女性主体性的能力上来。这正是我发现切丽最近为当代观众如此信服地阐释该作品的重要意义的原因。在《超越框架》中,切丽以多种多样的、复杂的和引人注目的方式,把艺术实践的空间和女性主体性联系在一起。不是把特定时期的社会状况看作某种形式的背景语境,也不是说塑造形象需要紧靠"现实",她在艺术研究中坚持空间、人体和画面应该相互作用,才能展现女性自我本位意

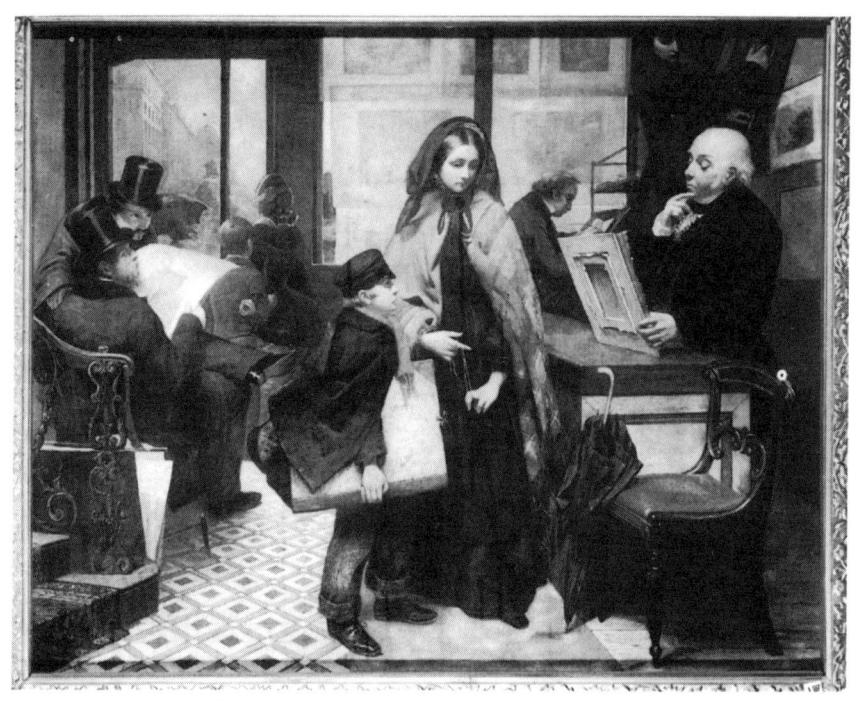

4.1 埃米莉·玛丽·奥斯本(Emily Mary Osborn),《无名无友》,1857,私人收藏。照片:考陶尔德艺术学院,照片调查部

识。虽然切丽明显谈及的是各种因素的相互作用问题,但我认为她也描述了框架内外物体交锋的互相烘托问题。[7]

《无名无友》利用视觉和空间手法强调了在这一特殊历史时期,两性之间的不平等,同时也复原了画中主体所处的当时的历史环境。但是,如果我们认真看待形体之间的互动的话,我们就应坚守这一观点:绘画本身就是我们作为物质和精神实体和周围世界间的互动的结果,绘画也是这样的实体之一。维多利亚中期的观众自身也被纳入画图,在这间画廊里以一个观者的身份出现,构成了这件作品视觉和空间结构的一部分。而且,对女性涉足教育和职业领域的广泛疑义,不用说这一时期围绕"风骚"问题所引发的各种争论了,使《无名无友》在那种特殊情境下备受关注。

《无名无友》对当时的观众而言具有双重情境展现的作用,因为创作它的艺术家绝不是"无名的"。作为一位著名女性艺术家的作品,这幅画的本身就是对一个男性标准的权力结构的介入——艺术领域的权力结构。奥斯本是一位成功的职业画家,在她的一生中,她游历甚广,在诸多大型展览中展出过作品,并且得过奖,吸引着富有的赞助人,在伦敦和格拉斯哥拥有画室。重要的是,她还参与了女性艺术家们为获得进入皇家艺术学院的权力而举行的政治斗争。进入皇家艺术学院,不仅在于促进她们的学习训练,更在于提高其职业地位。对于受过教育、富有才华和专业精熟的女性艺术家们而言,进入皇家艺术学院就意味着在学术权威中心,获取了席位。当然,在皇家艺术学院里,接纳异类性别,就意味着"艺术"本身盛行神话的破灭。

奥斯本自己的职业生涯,是在形成维多利亚中期艺术领域特征的性感化的空间中培育起来的。因此,她的艺术创作就是对这一时期视觉文化激烈竞技场中两性问题的巧妙表达。《无名无友》并没有表述她作为一名艺术家的体验,没有表达一种内在的本质,或描绘一个大一统的女性状况,然而它的创作者是一名女性这一事实,在诸多重要方面,确实使作品别有意味。在这一时期政治活动中,尤其当人们关注女性的才智和创造力的时候,它为女性争取了一个合适的地位。女性积极争取进入教育、政治和职业领域,挑战了男性特权合理性、智高一等的神话。摒弃把"女性"等同于"物体"看待的逻辑,是这一努力的关键所在。奥斯本通过艺术语言,对情景展现和形象定位进行了巧妙处理。她以自己的作品为例,说明了情景展现的魅力。这种手法是把形体放在情境中而非当作一成不变的静态物来描绘。她作品的成功之处就是把对女性主体意识的探索,对认知、权力和意义的重新阐释综合在了一起。

朱迪思·巴特勒(Judith Butler)认为,作为情境中的形体至少有两层含义:

> "……形体是一个物质实体,它在一种社会语境中被定位和限定。形体也是有待研究和诠释的一种情境,这种情境可能有几种可被接受的对它的解释。我们不能再从传统的'限度'或'范围'的意

义上理解形体,而是需要把形体看作是一个吁请解释的领域。"[8]

和巴特勒把形体看作是一种情境的双重解读有些相近的是罗萨林·狄波罗斯(Rosalyn Diprose)的做法。他从语源学的角度研究"伦理学",根据"伦理学"一词的词根,探究它的意义内涵。狄波罗斯的研究就是要发展一种认真对待性别差异和情境分析的伦理学,因此抛弃了普遍的或超验的原理,而支持创造的活力和事物间的互感互动。比如,英文单词中的"居"(dwell),作为名词是物质场所的意思,作为动词是占据地方的意思,这两层意思是同在的。狄波罗斯强调这种同在性,据此,他把伦理学放到具体的情境中处理,在具体的情境中,解释它的内涵:"根据对伦理学的根词(ethos)的理解,伦理学能被定义为对构成一个群体的生存环境进行研究和实践的学科,或定义为世上某个居住地的组织问题。"[9]

要理解构建世上某个具体地方的伦理实践,就要把女性主体认识的问题和伦理学、美学、权力和认知的问题结合在一起。正是这种结合使我感兴趣,而我特别感兴趣的是,女性们的艺术在建构这一联系中,起到了怎样重要的作用。看待这一点是研究在艺术实践中,如何把女性主体放在情境中加以展现的问题,而不是界定一种风格或再现模式的问题。当然,依靠某种风格或模式能塑造出真实的形体,或者能以某种直白的手法展现"典型形象"。而且,把形体和情境联系起来的艺术实践提供了一种方式,通过这种方式可以研究形体对主体和特定物质条件下的认识论所起的重要作用。这种进一步的联系使情境化成为尝试把女性塑造为拥有知识和创造能力主体的一种关键手段。很明显,研究有关女性艺术家的问题,这些都是必须考虑的因素。

唐娜·哈拉维(Donna Haraway)长期致力于情境认知的研究,她对情境展现和认知的客观化之间的关系,有一些深刻的洞察。她的研究很有价值。简单地说,哈拉维关注的是方式,从自然科学中借来的认识论用这些方式建构了"客观性"。客观性的特征是具有理性的、知识的严密。她所采用的方式就是一种中立的、抽象的认知模式。她还认为科学主义在两个方面有问题:首先,在科学研究中,它遮蔽了欲望和兴趣的意义;第二,它把情境化的认知,比如对女性主义的认知,驱逐到怀疑、主观臆想和激进相对论的王国。然而,和一些女性主义理论家不同,哈拉维并不希望废除认知客观性的观念,而是想把它重新用作情境化活动中的创始力。她曾写道:"因此,公正地说,客观性就是关于特殊和具体的体现……女性主义者的客观性仅仅意味着偏重于感性认知。"[10]哈拉维把客观性作为情境化、感性化的重新界定,意味着把参与性、责任感和智慧的、富有创造的洞察力重新联系在一起——这是一种认识论,一种融汇了伦理学、美学和女性主体的认识论。

如果说哈拉维的作品讲的是女性的认知问题,表现的是女性主题,那么奥斯本的油画同样如此。在第一代女性主义者为争取教育和就业权力,以及独立的政治话语权而进行的斗争中,女性艺术家们的角色尤其重要。[11]正如我们所看到的,奥斯本本人在这些斗争中,发挥了作用。她独立而成功的艺术实践的事实,加上她和以巴巴拉·利·史密斯·波迪成(格顿学院的创建人)为中心的朗海姆·普利斯协会的关系,很清楚地表明了这一时期中女性、艺术和权力机构之间的关系。《无名无友》不仅通过塑造一位女性艺术家,而且通过强调处于形体间权力交换中的具象化了的视野本质,逼真而微妙地反映出这种关系。正是在这一层面,哈拉维对情境认知的思考,奥斯本的油画以及艺术反映和承载认知的潜力发生共鸣。

哈拉维反对把视野作为一种"无形的征服的凝视",因为这种凝视意味着男子和白人的显而易见的优越地位。对女性主义者的耳朵而言,这种凝视也是诸多不快声调中的一个。这些女性主义者身处科学和技术、后工业、军事化、种族主义者和男性统治的社会。[12]再则说了,"光学是一门定位的政治学",[13]再现视野的实践,在创造力、严密性和责任感的基础上,能构建有用的认知传统。对形象化和情景化的洞察表明,形体间的交换能创造一些条件,凭借这些条件,女性主体作为充分形象化的、可知的、富有创造力的化身，就会显现在世人面前。在此意义上，艺术通过强调认知的实际根源，强调观察是女性主义者的客观认识的基础，就有能力发挥特别重要的作用。

视觉呈现：情境（主义），图书馆和工作室

哈拉维并不是唯一的一个，认为把眼中景象具象化，能给主体和认知提供一个重要对应点的人。这些主体和认知的权威是基于一个普遍的，或无所不包的观点。伊丽莎白·格罗兹（Elizabeth Grosz）同样批评了简明知识体系的设想，这些知识体系以"无视角"立场和抽象的（男性标准的）主体为前提。[14] 盖尔·韦斯则从另一个角度，看待这一问题，认为形体间关联的视觉机制是主观化的而非客观化的。她认为我们应该持有一个可以使我们沉浸于光和色彩里的凝视目光，而驳斥把视野定义为无形的、远隔的并且需要自我和他者的强硬分离才能形成的做法。[15]

一些理念，诸如具象视野、相互间的"注视"和认知形成中偏好和视角的重要性，围绕着女性主体和知识结构，再次把美学和伦理学、政治学联系在一起。与这些理念相关，玛丽亚·海伦娜·维埃拉·达西尔瓦的艺术实践，提供了生动有力的佐证。在她漫长的绘画生涯中，维埃拉·达西尔瓦不断地研究和再创城市、画室和图书馆的高竞争场所，同时通过光学知识，研究空间和透视。她采用这种方法创作的作品，积极介入了典范的现代主义智慧和创造力的领域，巧妙设计了空间和视野的元素，有力支撑了一个远距离的、形而上的世界客观化的理念。

维埃拉·达西尔瓦（Vieira da Silva）出生在葡萄牙，在20世纪二三十年代，在里斯本和巴黎学习和工作，二战期间（1940—1946），迁往里约热内卢，最后在1947年定居巴黎。在20世纪40年代，她已成为巴黎国际学派的一位重要成员，该学派是一个松散的艺术家团体，其成员有：皮埃尔·苏拉热、汉斯·哈通、阿尔弗雷德·马内西埃、沃尔斯等人。维埃拉·达西尔瓦的声望是由她作品的特殊寓意树立起来的。她的创作走

的是现代主义的两极——抽象主义和现实主义对立的中间路径,其作品的风格和主题富有鲜活的生命力;并且呈现出"热"对"冷",姿态或感情的具象表现对抽象几何形式主义的模式。在这方面,维埃拉·达西尔瓦的绘画,是对现代主义理论中固有二元论的一个成功调和。然而把她的创作放到战后巴黎艺术界不断变动的语境中,既不能解释,也不能以任何简单的方式概括其艺术实践。

维埃拉·达西尔瓦对城市、画室和图书馆空间的协调布局,并非强调这些空间在先锋艺术和文学中的核心作用;也不是抛弃这些场所对知识、文化和创造力所赋予的力量。例如,虽然维埃拉·达西尔瓦经常图绘城市,但她反对现代主义者把城市比作"女性"的陈言滥调。在一些现代主义者看来,城市是吸引艺术家或浪荡子的地方。把城市比作女性的说法,由来已久,甚至从二战后就开始了。比如,苏拉哥斯和富兰茨·凯林的作品,在对速度和抽象的强调中,就明显有这个意味。情境决定论国际语言学者,也使用诸如"强奸城市",或"我置身于鹅卵石当中",[16] 表达他们对城市的印象。维埃拉·达西尔瓦反对历史上先锋派所表现出的那种男性中心主义的自高自大,在她的作品中,她把城市描绘为物质交换的关系场,这样,就使女性透视城市的独特视角得以展现。

除了城市风光,维埃拉·达西尔瓦也经常描绘图书馆和画室,并进一步探索这些场所之间的联系;这些场所的力量,无论是学术的还是艺术的,都是通过某种求知的范式建立起来的。维埃拉·达西尔瓦一再的从不同角度图画图书馆和画室,把这些空间描绘为女性求知和视野展现的关键场所。我对维埃拉·达西尔瓦的图书馆和画室的绘画之所以感兴趣的原因是,她的作品认可这些场所在培养知识分子和有创造力的人才方面所发挥的作用,并驳斥了把它们抽象、物化处理的做法。她的作品有一个重要意义,就是把画室和书房,或者说艺术家的工作室和图书馆再次联系在一起,重申了文艺复兴时画室作为广泛的文化和知识交流场所的本源意义,并在20世纪再次确认了这一文化传统。[17] 无论从历史的还是理论的角度而言,这一联系对女性来讲都是很重要的。我们不应该忘记曾经的对女性的傲慢与偏见。在 20 世纪上半叶,当女性在职业领域寻求提高自身地位和努力获取更多机会的时候,这时对女性而言求知的重要场所图书馆和画室却对她们关闭了大门,使她们失去了那些本是很容易得到的学术培训。

维埃拉·达西尔瓦作品中的城市、图书馆和画室作为实验之地的密切关联,正是女性主观见解和情境认知间的密切关系的体现。她的艺术实践大大拓展了我们的视野,加深了我们对情景认知的体验。维埃拉·达西尔瓦画中的城市、画室和图书馆,具有一种承认观察者和具象视野重要性的认知模式。在一篇把画室看作"一个工具"而非画法研究之地的优秀论文中,斯维特拉娜·阿尔伯斯(Svetlana Alpers)发展了一些与维埃拉·达西尔瓦作品中的空间处理有强烈共鸣的理念。[18]阿尔伯斯认为画室是"……工作的必要条件……在此条件的制约下才能获取认知。"[19]根据现象学,阿尔伯斯认为我们是在画室里思考幻象,将其视为"如何获取世间体验"的一种演练。[20]

物质间的联系是绝对清楚的;如果画室能被理解为现象学主观化的一个工具的话,这是因为我们所谓的情境化依靠的是梅洛·庞蒂所谓的"可逆转性"。[21]这个词在此指的是自我和他者之间的相互构成问题。在微观层面,可逆转性指的是把各种感官结合在一起,尤其是由视觉到触觉的转化,反之亦然;具象视野就是自我和他者之间互映互动的展示。恰如梅洛·庞蒂所写:

> "由于看和触都发自于同一个主体,所以可见的和可触的就属于同一个领域。这是一个未引起注意的奇异现象:我的眼睛的每次移动——甚至,我身体的每次转位,都在同一个可见空间中有它的位置。对此,我做了分条列记和研究。相反地,每次注视都在可触空间里的某处发生。"[22]

维埃拉·达西尔瓦在 1949 年创作了《图书馆》,这件作品摧毁了形而上的主观认识和一点透视以及网格绘图所构成的两件重要视觉略图的最后痕迹。这些视像以网格绘制,然而又借鉴了文艺复兴之后线性透视的传统,以及现代形式主义的结构感构建而成。《图书馆》的空间是多重的、变化的和诱人的,而在构图上并不依从几何学的惯例。正如20世纪六七十年代她所敬佩的一些评论家所称赞的,她迷人的"幻想空间充满神秘色彩",[23] "景色不知来自何处,却又显得真切,因为维埃拉·达西尔瓦赋给它们生命。"[24] 维埃拉·达西尔瓦的作品中存在着一些超常规的元素,这些元素未引起当时的一些评论家的注意。萨奇·居尔波特(Serge Guilbaut),一位优秀的修正主义者,对此,做出了精彩的评述。他认为达西尔瓦:

> "……提出了一个不同的观点。在笛卡尔透视的独特眼睛里,所缺少的正是一种感情的成分。这种感情成分在网格技术下是不能显现的。画家和观众的肉身形体,在绝对理性之眼中,是会被全然忘却的。"[25]

我认为《图书馆》不仅仅是一个假设之地,它还进一步强化了居尔波特关于笛卡尔理性视觉逻辑中遗忘形体的观点。《图书馆》色彩和空间里的观者的视觉浸入,使形体间的情景再生成为作品的一大亮点。马丁·阿尔诺(Martine Arnault)写道,正是在"注意透视灭点中,获知了透视的不同变形,掌握了相互交叉的手法,欣赏到作品为观众呈现出的色调的微妙。"[26] 视觉交锋的情景在作品中得以展现,而对主体意识的表达也是强劲有力的。这件作品的整个尺幅,和其引人入胜的多变形式相契合。它把透视作为交流过程的一个组成部分,或者如哈拉维所说:

> "阐明一个'真实'的世界,并不依赖于'发现'的逻辑,而是依靠强有力的'对话'关系。世界既不解说自身,也不在一个精通它的解说员面前消失其价值。世界的法典不是静态的,只等待着被解读……世界在认知过程中生成,它是一个活跃的实体。"[27]

哈拉维在具象化和情境认知的过程中审视世界的构成,她的见解也

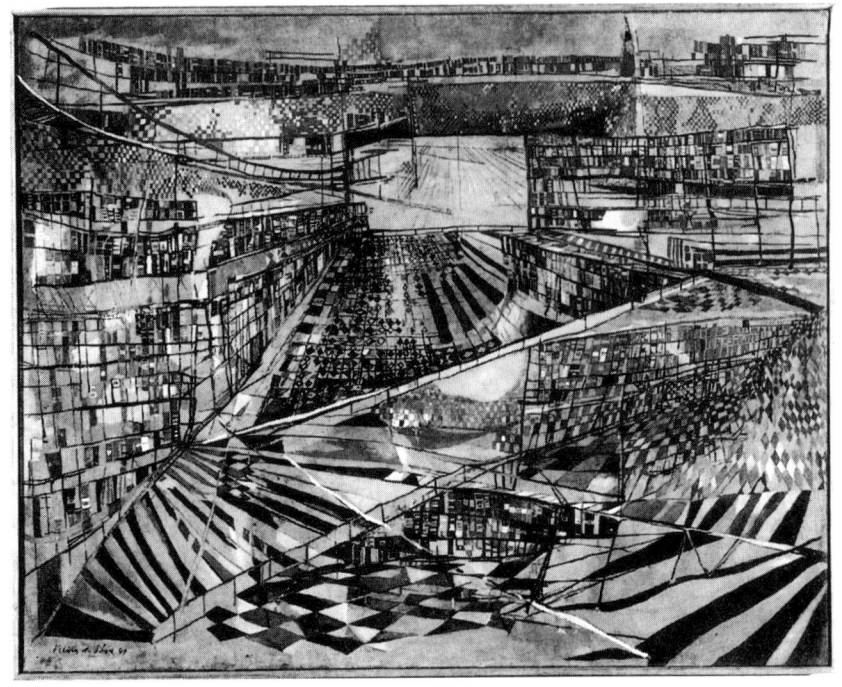

4.2 玛丽亚·海伦娜·维埃拉·达西尔瓦(Maria Helena Vieira da Silva),《图书馆》,1949 版权 DACS;照片,R. M. N. 照片代理公司,巴黎

近乎与维埃拉·达西尔瓦绘画中所体现的情境生成的思想相一致。世界并不适宜被在其范围之外的主体,用器具化严格的手法图绘,它的"真实"的支撑结构也不应该通过艺术家客观的视野来揭示。相反,艺术实践是一个"认知工程"。

对此,居尔波特的评价是"维埃拉·达西尔瓦做出的与其说是对蒙德里安理想造型的强烈批判,不如说是对它的丰富,她的作品比可视性而言,更有可触感,效果反而更佳。"[28] 维埃拉·达西尔瓦的作品恰恰关注的是"可触空间"里的这些视觉活动;在她艺术实践中的物质互换,实际上指的是感性之眼在世界上的奇异活动。在与世界的联系中对主体的探究,正如韦斯所认为的认知的可能性、思想和语言都基于相互主观认识间的可逆转性。[29] 维埃拉·达西尔瓦所运用的光学效应不仅摒弃了传统透视体系、现代形式主义和战后先锋派艺术中所存在的虚假的"客观性",而且这些光学效应使视觉在具象化活动中深嵌进可触空间里。这样,光学效应就把自我和世界的交织互动形象地展现了出来。当梅洛·庞蒂这种互相缠绕的观念因假设某种普遍性的,性欲化的身体,而不是通过消除世界上性别主体的不对称性而备受批评的时候,通过交叉对比来描述呈现、语境、知识和视觉之间的关键性连接对于女性主义者主体的观念重构和客体新范式的重构明显要清晰很多。

维埃拉·达西尔瓦以一些能促进其探索空间和主体性相互影响的方式,重新建构了艺术的视觉喻义和归属权有争议的场馆。这些研究有助于人们理解战后巴黎先锋派中的一位女性艺术家的处境。这并不值得大惊小怪。维埃拉·达西尔瓦对城市、画室和图书馆之间联系的深刻探究,也同样是情理中的事情。维埃拉·达西尔瓦作品所显示的场馆和视野的结合,有力召唤着情境中的客体;反过来,这些结合,又显示出具象化的视觉策略能促进对一个求知的、有创造力的女性主体的研究。

皮肤、边界和混血身份

在哈维拉关于情境认知一文的最后,她简要谈及了边界的问题:

> "边界是由测绘形成的;'目标'并不是预先存在的,目标是设定边界时的计划方案。但边界是从内部转换的;边界是很诡谲的……设置(观测)边界是一项冒险的活动。"**30**

哈拉维的这段话指出了设置边界的两个相关的现象:首先,边界是由内部物质间的关系构成的,是其关系的外在显现,具有随意性和变动性;第二,设立边界是有风险性的,因为不同主体之间的力量分配不均衡。并且我们所说的边界通常是由支配、夺取、控制的手段划定。鉴于这些原因,思考具象化、情景化和有风险边界的问题,对提高那些在权威体系中受排挤主体的政治地位而言是非常必要的。

质疑物质间的边界在形体之间设立的方式,就导向了关于"表面物"

的富有洞察力的研究。萨拉·艾哈迈德（Sara Ahmed）和杰基·斯泰西（Jackie Stacey）把"表面物"称之为"边界物"；他们认为表面物不仅是形体的覆盖物，而且还是"相互体现，具有相随性和目的性的模式，在此，自己可以触摸，也可以由他者触摸"的一种形式。**31** 这样思考表面物就拓宽了物质间具象化活动过程的重要性，并且拒绝把形体当物品对待。因为形体的自身意识不是一成不变，在一定区域内的互相联系中会变化调整。和哈拉维一样，艾哈迈德和斯泰西也把边界看作是关系物，他们的研究同样指出了设立或观测形体间边界的困难性。因为边界本身始终是不稳定的，有各种差异交织其中，从而对其发生影响。**32**

与边界相关的风险，或作为相互烘托活动结果的表面物的重要意义，没有比在激进的奇卡诺女学者、活动家和艺术家所发动的边境地女性主义运动中，更被强化的了。格洛丽亚·安扎杜阿、切丽·莫拉和其他的奇卡诺女性主义者在关于设立边界问题上的深入探究，可以引发人们对混血儿地位的思索。混血儿*的皮肤也是表面物，但她们的肤色，却使得她们始终要对抗地缘政治的压迫、对抗性别歧视和种族主义。有色人种妇女的权利受到种种限制，她们被降格为可供役使的物品。把这种精辟分析和关于边界的巧妙隐喻以及奇卡诺女人的情况结合起来，边境地女性主义运动据此拆除了不公正的传统陈规陋习，而坚决主张建立一种新的认知范式。**33** 在此范式下，各种主体是和谐融汇的，没有歧视和偏见。这种新的融汇就成为主体、认知以及自由批评汇聚的多重场所。

---

* 原词 mestizo（混血儿），在此主要指生活在美国的墨西哥人，他们在历史上是倍尝生存艰辛的一个族群。边境地（border），在此不仅意味着分离两个国家，它对人还会产生社会和心理的影响；它分隔好与坏，安全与非安全，我们与她们；历史上，墨西哥人等有色人种穿越边境无论合法不合法都会受到迫害甚至枪杀，白人穿越边境无论是否合法，则可以自由自在，随心所欲。——译者注

的确,奇卡诺女性主义者＊尤其批评了英裔美国人中的自由女性主义者,这些自由女性主义者在平等、友谊的共同旗帜下,却全都容易依从于这样一种立场,就是居于中心的、富有知识的主体必然优于"他者"的立场。这些"他者"指的是非西方人、非白人、"第三世界"人民和工人阶级中的女性。这些批评是令人信服的。认真对待具象化、物质化和情境化的问题,意味着承认女性间的差异。由于女性所处的物质环境、所接触到的资源、所接受的意识形态结构的不同,她们之间必然存在诸多差异。正所谓"鉴肤识人",人们的肤色往往是其身份的标志;而主体的表面物实际上就是其标志物。女性主义者一直试图打破这种陈规陋习,她们主张每个主体的认知都具有特异性,而主体间认知的互动是过程性的活动。这一过程强调的是主体间力量的不断调和。[34]

由探索新一代女混血儿有关边界的主观认识问题所引发的对主体和认知的思考,会引发某些挑战性。而这些挑战性,并不仅限于一个边缘化的小群体。风险恰恰是相反的。事实上,我们全都与我们自身边界的差异、位置以及相互间主观认识的结果相牵连。为了使这一点更明确,我想求助于奇卡诺艺术家阿玛莉亚·梅莎-白恩斯(Amalia Mesa-Bains)的一件装置作品,《维纳斯的妒忌第二章:闺房和闺中物品,索尔·胡安娜·伊内斯·德·拉·克鲁斯的图书馆(1994)》来加以佐证。这件作品具有多重隐射,内涵十分丰富。但我要探究的仅仅是它的一个特殊的方面,审美和政治动力的方面,即作为奇卡诺族女性认知主体存在的活跃场所,它的边界和空隙物化的方式。这并不意味着限制了这件作品,而是依从于梅莎-白恩斯自己的主张"文化转型需要审美语言的发展"。[35]她把自称之的"风化",用作一种手段,以此发展了"奇卡诺/墨西哥人历史的个人和集体的叙事"。[36]

"风化"是梅莎-白恩斯为一种女性化的"风情主义"形式所造的词,[37]是奇卡诺亚文化(也可称之为"次文化"——译者)、流行风尚的一

＊ 奇卡诺人:指墨西哥裔美国人或在美国的讲西班牙语的拉丁美洲人后裔。——译者注

种典型。³⁸ "风情"在轿车和家庭装饰中、服装款式中有明显体现；重要的是，它也可以指一种行动姿势，一种"把你自己的身体和个人推举为一种风格"的行为方式。³⁹ 风情也往往为盎格鲁-美国文化人士误读为一种流俗的东西。梅莎-白恩斯指出，"风情"和"风化"都不应该裹缚于流俗的标题之下，原因有两点——首先，它们不仅没有吞食商品文化的残羹余炙，而且还以对立的姿态出现；第二，它们也不是来自境外"低级文化"的代名词，而是从所使用的各种材料的内部生发出来的审美倾向。⁴⁰

在梅莎-白恩斯的艺术中，"风化"把家中女主人常常保留供坛的传统，和现代装置实践的做法结合在一起。这样，她的作品就把空间和材料紧密联系起来，以一个伦理的、政治的和审美的立场问题，去构建显在的女性主体意识：

> "挑战性作品中空间的暧昧和隐喻，能起到动摇艺术中男子中心地位的作用。'风化'通过探索女性化的空间开始重新确立女奇卡诺人的位置。" ⁴¹

在《索尔·胡安娜·伊内斯·德·拉·克鲁斯的图书馆》中，重新确立奇卡诺人/墨西哥人的位置明显是一个展示过程的问题。据此，历史、记忆、艺术和仪式，与边境地知识女性的空隙形象联系在一起。索尔·胡安娜·伊内斯·德·拉·克鲁斯（Sor Juana Inés de la Cruz）被誉为"美洲第一位女性主义者"或"第十个缪斯"，她是 17 世纪西班牙语世界最具有影响力的学者之一。她写诗和尺牍体散文，在作品中探讨神学问题，并且她还具有天文学、音乐和自然科学方面的知识。她在新西班牙世界（墨西哥）是一位修女，她的身份与她的成就并不矛盾。《索尔·胡安娜·伊内斯·德·拉·克鲁斯的图书馆》把索尔·胡安娜的书房设计成一件装置/祭坛，它使用一系列物品、图片和文本，展现这位墨西哥才女的风采。这件作品既把她当作一位历史人物，又把她作为一位重要的女混血儿自我实现的时代原型来加以塑造。这件作品诉求的"地方"是一位女子的工作室/书房，在此，作品在画廊装置和家庭供坛的联系中，重新构建了这些场所,再次强调了据有这些场所的女性主体的重要性。才智、文化和艺术权威是通过这些地方锻造出来的。

这件装置的物品和空间使过去和现在、历史和记忆、场所和认知得以形象展现。它的中央是一张大桌子(这位学者的书桌),上面放置着与索尔·胡安娜学识追求相关的物品——乐器和科学仪器、书和书写工具。这些物品和虚空静物画里常用的典型元素,比如一个头盖骨、一个沙漏和几支熄灭的蜡烛,以及和"风化"近似的现代物品:装帧照片、几束草和小巧的装饰物等,共同享有这一空间。这些物品承载着历史,具有丰富的象征意义,能诱人进入时空隧道之中,从而体验鲜活的过去。天体仪、前哥伦布艺术品和椅子,从政治上、材料上和观念上,在美洲殖民地化的形式下,强调了过去对现在的影响。

詹妮芙·A. 龚佳尔(Jennifer A. Gonzáles)曾对梅莎-白恩斯的作品作过深入探讨,她把梅莎-白恩斯的作品看作是"独立地貌"的一种形式。她认为那些放在书房里的、祭坛上的、祭坛后部高架或壁龛里的不同种类的物品,能形成"一个象征符号集,从而启示个人与其他时间、地点、人物的联系。"[42] 冈萨雷斯对此作了更进一步的说明,下面就是他的著名观点:

> "因此,再一次发现物品和记忆栖居于同一个空间——一个不仅包括最新的'科学'发现,而且拥有物质史、个人记忆,……这样的一个再现空间。它是可知的,的确,是一个完整的关系宇宙论,既是人的也是神的关系宇宙论。在此,记忆成为了一个情境化的过程。"[43]

强调情境化的过程,而非固定的情形,实际上重申了主体被具象化的实践。那些实践是在不同形体之间,人与非人之间,凭借物质间互相影响互相生成的关系才产生的。在《索尔·胡安娜的图书馆》中的具有丰富召唤力的物品,是这些形体赖以栖身的领域。据此,富有智慧和创造力的奇卡诺族女性的多样主观见解,或许能在多层思想和内涵的空隙

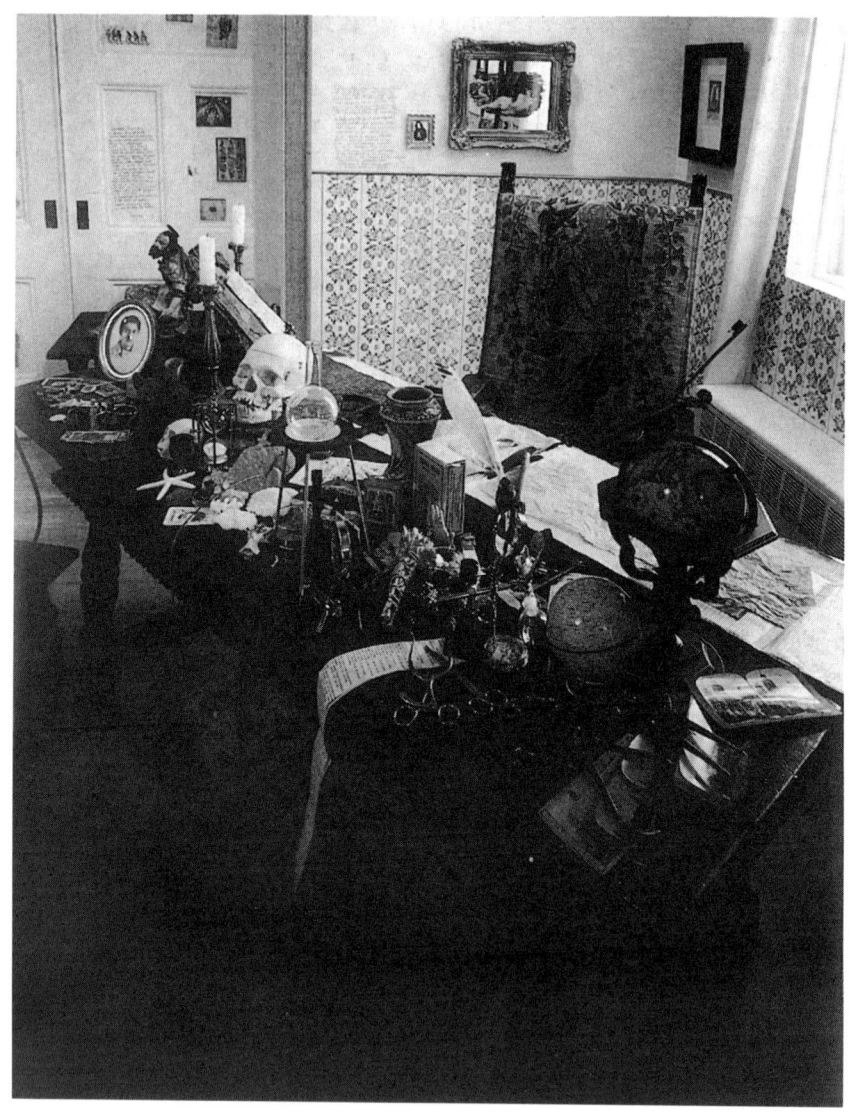

4.3　阿玛莉亚·梅莎-白恩斯(Amalia Mesa-Bains),《维纳斯的妒忌第二章:闺房和闺中物品,索尔·胡安娜·伊内斯·德·拉·克鲁斯的图书馆》,1994 收藏:威廉姆斯学院艺术博物馆,威廉姆斯镇,马萨诸塞州;承蒙阿玛莉亚·梅莎-白恩斯提供

得以一瞥。而且,当参观者移动、阅读、观看,并且他们的意识逐渐被牵引进作品情境中的时候,在这一装置内他们就会有他们的形体也成了作品的一部分,他们是作品的合作者的多样化的感受。在这一特殊层面,

我认为《索尔·胡安娜的图书馆》,是思考具象化和情境认知内涵的一个特别重要的场所。而具象化和情境认知是适合女性的,与女性行为相契合。在这件装置中间的桌子的四周摆放着若干文本、图像和其他物品,包括索尔·胡安娜诗文的西班牙语和英语的手抄本,装有委拉斯开兹的《鲁凯比的维纳斯》以及索尔·胡安娜和圣女调停人肖像的一些镜框。这些文本和画图再次介入了有争议的边界,因为它们都标记着这位墨西哥学者的"权威话语",同时又使她的形象被周围物品和意识形态结构所环绕,而在这种意识形态下"女性"是被作为一种哑然无语的供人认知的物品看待的(她的自画像放在一幅镜像三联画的中央,但她画像上的玻璃已粉碎)。记住这一点是重要的,就是索尔·胡安娜既是一位知识女性,又是殖民地罗马天主教的一位修女。虽然她能够利用她的空隙位置拥有一些优势,比如,成为一名修女而非已婚女子,在女修道院里她有几个仆人和一个奴隶,有几个贵族赞助人的支持,并且作品可以在西班牙出版发行,但是这种空隙位置所带来的优势也导致了她最终的跌落。在其晚年,在和教会中权力在她之上的反对派的一场唇枪舌剑之后,作为一名殖民地的女性和修女,当时要求的是要有传教的热情,而非以超拔的才智缔造其独立的学术生命,索尔·胡安娜最终卖掉了她的图书馆,放弃了她的学术追求,重订了誓约,并且没过几年,在 1695 年就撒手人寰了。

梅莎-白恩斯的装置探询的是 17 世纪女性的求知问题,那么这件作品是与人物自身的历史场所还是与我们现今的场所相关呢?索尔·胡安娜并不是在梅莎-白恩斯作品中出现的第一位奇卡诺/墨西哥历史人物,在她的《岩洞圣女》(1987)中,她做了三个临时祭坛,一个献给弗里达·卡洛,一个献给多洛雷斯·德尔里奥,一个献给她的祖母。索尔·胡安娜在她著名的给索尔·菲洛特亚(她以前的拥护者,曼努埃尔·费尔南德斯·德·圣克鲁斯,普埃夫拉的主教)的复信(《答复》1691)中,也唤起了女性的连祷。这篇文章旨在证明,她作为一名女子追求知识权力的正当性。她巧妙地使自己置身于历史上那些德才兼备、功业辉煌女性的长长队列之中。文章最后,她不仅列举了圣母玛丽亚、圣凯瑟琳和圣保罗,而且还提到了伊希斯和希帕蒂娅。索尔·胡安娜的女性的连祷和梅莎-白恩斯对女性传统的召唤,都不是以简单的线性发展叙述模式进行的。两者都采用了高妙手法,把她们自身以及其他女性情境化地再现于权威位置中。她们的作品肯定了女性创造力以及一个杰出女性家系存在的重要意义。

然而这些巧妙手法自身并没有把富有才智和创造力的女性主体"类型化",而是对女性主体有完全不同的建构,和她们各自所属的历史时期相一致。也就是说,对索尔·胡安娜而言,重要的是为女性有能力超越性别限制,能够掌握理性的、修辞的技能和知识而辩护。[44]与之相反,当代奇卡诺女性主义者关注的是表现不同的物质材料场所,以便于重申具象展现的重要意义,而反对盎格鲁-美国人理论中所普遍盛行的抽象做法。梅莎-白恩斯本人既主张教育对新一代奇卡诺活跃分子的重要性,同时又重申了这一事实,就是这些理念必须关系到整个社团,为整个社团所理解,无论他们有无高等教育的特权。[45]这种立场的对比强调了,建构女性主体的观念不是静止的,而是在特别环境下,在调和的过程中发展的。

回顾埃米莉·玛丽·奥斯本在《无名无友》中对女性艺术家的描绘,以及玛丽亚·海伦娜·维埃拉·达西尔瓦的油画《图书馆》,我们就会发现物质间的互动过程、具象化和场址展现出的一种相似动力。在维多利亚中期的英格兰,由白人、中产阶级女子作出的为进入权力中心和教育领域的挑战,有助于建构一个女性求知主体的特别模式;而20世纪中期维埃拉·达西尔瓦的触觉现代主义,是从一个民族主义者的、男性标准的氛围内,对主体创造力限度的调和。这些作品中没有一个所塑造的知识女性主体形象,或所赋予知识女性主体的喻义,与其他的雷同。它们每一个在艺术的视像和材料语言中,介入的都是具象化和创造行为的千差万别的情况。而且,每一个都显示出物化边界的风险性。边界是指在物体间交互活动中产生的限界。并且每一个反映的都是艺术和知识会聚的重要场所——城市、画店、画室、图书馆和画廊——从另一个角度讲,这些地方都是可以提高知识女性的地位的地方。

呈现具有双重理念,因为它既指物体间互相影响互相生成,又指的是情境化认知。通过把形体的观念从物到过程的转移,女性创造力和智力活动的各种各样的模式,呈现出特殊的、变动的状态,而非大一统的、固定不变的样式。在本章所探究的女性艺术的各种范例中,这样的多样性既是生动有力的,又在策略上有价值意义。知识女性不能被视为一成不变、千篇一律的同质团体,而实际上她们是一个活跃的域场,能够担当重任;她们是美和智慧的化身,有丰富的感性认识,而不是固定的,独立在世界上的物品。

5 表演性:欲望和身体铭纹

从表演到物化

在1930年,克洛德·卡亨(Claude Cahun)发表了《无效的自白》,一大本不同文体作品和蒙太奇照片集。该书把优美的诗句,隽永的格言,跳跃的叙事和复杂的图片,结合在一起,起到了自传形式的作用,清晰表现了一个活跃的,令人渴望的女性对象却从没有最终界定'她'。就像这件作品一样,在色情作品中,跨越性别的边界是常用的策略,原因在于既定文学样式通常不能有力表现女性积极、特殊的欲望。[1]在《自白》中,卡亨理想地利用这种越轨策略,把文本、图片、人体和演说结合在一起,以塑造她心目中的"自我"形象。在20世纪20年代,她的艺术实践拓展了广阔的领域。

卡亨文艺上的联系非常广泛;她的中产阶级犹太家庭中有很多人是作家、编辑或出版人,当她在1922年移居巴黎时,她和一些超现实主义作家来往,并且在整个内战年代,她和沙龙艺术圈的名流阿德里安娜·莫尼埃、西尔维亚·贝奇、她的朋友们以及她的伙伴马塞尔·摩尔(Marcel Moore)交往密切。此外,在整个20世纪20年代,卡亨都卷入到巴黎实验戏剧中,既参与表演,又设计戏装和舞台布景。在这一时期,她和摩尔合作完成了一系列未公开发表的个人肖像的图片,她因这些作品,现在名扬天下。卡亨和摩尔也都属于激进的左派,在30年代和二战期间特别活跃。他们是巴黎作家和艺术家革命协会和后来反攻击组织的成员。[2]在1934年,卡亨发表了一篇关于在政治生活中美学作用的论文《开放的巴黎——致托洛茨基》。卡亨交叉体裁的实践和她活动的艺术圈,就这样和她极大关注表现女性主体性与欲望密切联系起来。她把女性的欲望看作是积极追求美以及参与政治活动的力量。

卡亨的作品并没有表现一个普遍的或本质的女性状态,而是特别指向于左翼艺术家、巴黎先锋派和当时地下女同性恋者的。[3]正如伊丽莎白·米斯(Elizabeth Meese)认为的"女同性恋本身"就能最好地被视为一个过程,视为身体和文本之间,或者她形象称之为"字面和本体"之间的一种相互感应。[4]因而,表现有欲求女性的主体性的任何模式,都是在字面和本体的接合处进行的,从而把身体和文本在特定的历史构架内结合在一起。这样,卡亨在《自白》中的艺术实践,对于她作为一名20世纪20年代巴黎的先锋派艺术家、作家和表演家的处境而言,是特别适合的,同时又对总体上探寻女性欲望的表现有广泛的影响。

《无效的自白》没有把女性主体意识固定在性——性别——性欲单一的轴线上,而是建构了一个有力的、令人满意的女性话语权。这一事实使该作品能够和当代女性主义者关于展演性的哲理思考产生共鸣。朱迪思·巴特勒(Judith Butler)在重建性——性别结构中,有关表演性的研究是有名的,在此重申她对展演性的阐释是不无裨益的:

> "在'我'演说,因而产生一个演说效果之地,首先就有一个先在的、能够激活'我'的话语。该话语在演说中受它自身意图的约束。因此,并不存在一个超越演说之上、对它颐指气使的我。恰恰相反,这个'我'是通过被召唤、被命名、被探问……才存在的。"[5]

《无效的自白》中的"我"是有关女性主体性的各种界定互相冲击的

结果;然而,不存在最终的界定。在此作品中,主体既没有显示出是处于语言"背后"的支配者(发挥抗拒的意志力),也没有表现为主体完全缺失。《自白》中没有塑造一个超越历史的或普遍意义上的"女性",而是表现了一个符合其时代传统,受其特定时代局限的女性主体。卡亨利用当时性学流行词汇以及她的先锋派朋友中常用的姿势语等,把她自身构建成一个特别的主体,同时又指出了召唤她的散漫结构的不足之处。

杰芙乐·爱伦(Jeffner Allen)把对主体的简明再阐释看作是合乎情理的"虚构"而非毫无根据的凭空"幻想"。这一点也对理解上段所论有帮助。爱伦写道:"身体是一个运动物",她认为处在虚构的位置讲述主体,不用暗示存在一个身体或身份的核心真实。[6]《自白》就是通过这些有价值的虚构建构起来的;它采取的是自我剖析,然后再否定掉,给文本和图片标注名称和作者,随后又使名称的真伪发生混乱。本书的题目,例如,能转译为《虚空的自白》,[7]就显示了最直接的自我剖析,然后又以非个人的、合法的语调抹煞掉。这种"自白"很易让人想起这一时期性学中常见的、有关个人的个案研究,也容易让人想起有关罪孽的忏悔。把这种"自白"和"虚空无效的",或者说从法律角度看来莫名其妙的话结合在一起,是对作为问题和过程的自我的一个复杂、巧妙的阐释。这种阐释就超越了一般意义上"文化应该简明易懂的范式",[8]也超越了社会确认的框架。

《自白》是以克洛德·卡亨的名字发表的,这个名字是露茜·斯克沃波一生中最常用的笔名,也是当今她广为人知的名字。但这并不是她唯一的笔名,这个名字也不是随意创造的;她也以丹尼尔·道格拉斯的名字发表作品,那是为了纪念奥斯卡·魏尔德的爱人;她还有笔名克洛德·柯莉丝。很多评论家已经指出,"克洛德"在法语中,既指阴柔的女性又指阳刚的男性,因此解读者就会在性别立场之间做出选择。"卡亨"是姓,来自于克洛德的曾叔祖利昂·卡亨,他是一位东方艺术家,博物馆馆长。对此罗莎琳德·克劳斯(Rosalind Krauss)指出,以"卡亨"为姓,是有意强调她的犹太血统。[9]卡亨的终身伴侣苏珊·马莱尔布也声名卓著。她精选的笔名是马塞尔·摩尔;"马塞尔"源自卡亨的叔叔马塞尔·

斯克沃波。他是奥斯卡·魏尔德艺术圈的一位象征主义作家。马塞尔也在性别上别有寄寓，书面上，指的是男性，而听起来则是女性化的。虽不足为奇，但这两位女性笔名的开头字母确实又是头韵相谐的。

卡亨和摩尔都认真对待笔名，广为引用历史和文学上的先例，同时揭示了在对性别的描述上，语言表达上的不足。这种表述性的命名由于在《自白》中她们的合作关系，而得以进一步的强化。如果卡亨的身份和权威由于她的笔名和变换的语调而令人心生困惑，那么这件作品中归于摩尔的视像材料（摩尔的名字出现在第一张蒙太奇照片上，而未加注），就引发出另一个命名和真实性的问题。在合作完成的文本和图像页码中，由于"作者"把思想和形象置于很多破碎的图片中，而又没有在图片上签署姓名，所以自传的确信度就受到了削弱。这些名称游戏反对的就是建构真实的自我，然而她们的做法却为她们同时代的人所理解。表述行为的语言依靠的就是引证和重申，它从历史的先例而非流行的做法中获取力量。

的确，历史的偶然性对于述行性策略而言是至关重要的，并且决定了它的理论轨迹。重要的是，随着学者们致力于反对在历史上和理论上把同性恋视为胡作非为、生理上错误或者心理上错乱的做法，颠覆性，首次在女同性恋女性主义和奇怪论中得到展示。这两种压迫性的历史批评理论揭露了他们一再试图将性—性别进行固化捆绑的企图，而且这种企图还带有某种从它自身的历史中分化出来的渗透性政治暴力。然而在这一章，我并非寻求给一个女同性恋或怪异的审美下定义，我也不希望遮蔽支撑欲望、美学和女性主体意识等问题的政治力量。我很清楚对这些问题的研究是历史上早就确立好了的；异性恋标准是性——性别轴线的基础（男子/男性因而物选"女子"）；这一标准的自然化是历史过程的影响，在历史过程中标记、限制和界定形体、欲望以及身份。正如伊丽莎白·格罗兹（Elizabeth Grosz）所写：

"我的问题是如何孕育欲望。尤其是如何把欲望视为女性分内的事。这一问题能被简洁陈述的最巧妙的方式就是问:如何怀有女同性恋者的欲望,鉴于它是女性欲望突出的并且是最明显的范例(对其他女性而言)?"[10]

要怀有女性欲望就要探究身体和话语间的接合点,承认欲望是感官享受和感觉力之间的一个过程,这是与通常的异性恋者把"女性"描述为默然无声的(男性)欲望之物的做法截然不同的。这种从物到过程的转移也是巴特勒关于物质化研究的一个关键成分——他坚称形体很重要,物质性对意义而言至关重要:

"所谓的形体至关重要,并非无足轻重的评论;成为物质意思就是物化,物化的原理恰恰体现在关于形体的重要性上,这一点很明了。在这个意义上,了解某物的重要性就是要了解它为什么重要,怎样重要,'重要'既指'物化'也指'有意义'。"[11]

如果我们认真对待从物(受制的默然无声的物品)到物化(赋予有意义的物质性的过程)的转变,那么我们就必然会超越抽象的、普遍的主观认识的模式,而倾向于充分表现主体欲望、感情和真实面目的实验探索。有鉴于此,从物到过程的转变看起来就势在必行。我进而认为物质化和女性主义者的审美、女性的艺术有密切联系,并且认为物质化对女性的艺术有深刻有力的影响。

物质化的概念并不只用作能更有效"解释"艺术的阐释框架,艺术作品也不仅仅提供了使复杂理论更容易理解的有用"图解"。正是在视像和材料艺术的领域内,身体和话语接合产生的欲望表现,感官、欲念和情感之间的联系,超越主客体对立逻辑的形体再建构,以及再现的关键重组,才找到它们最巧妙的、几乎不为人注意的形式。艺术实践不仅展示出物质化在传达女性主体性上所起的重要作用,还有能力凭借和物质、意义、欲念的直接交锋,扩大理论框架本身,并使之实际发挥效力。

在此,我想要说明的是"物质化"和"物质主义"之间的进一步的联系。这是鉴于述行性作为一种概念结构常常倾向于理想主义,或抽象

的、无关政治的理论化所致。吉恩·道(Gen Doy)尤其批判了这种倾向,她有关卡亨的表述行为观念的评论很有教益:

> "根据假面、化妆舞会和举止行动而言,卡亨的自我雕像制作并没有强调'女性'行为,其目的是为了隐匿无意识的或含混的内容,因此,保持了性别稳定的表象。而她的自画像则相反,在与摩尔的合作中,一再地把其自身塑造成一位她的合作者所满意的,然而又没有拜物化的多面性的主体。"**12**

我赞同这些作品没有表现"女性",没有复苏性别稳定性,或对卡亨顶礼膜拜;的确,在展演和物质化过程中,差异性通过重复和重申得以浮现。但我并不认为,物质化和物质(形体)、材料(艺术)、物质主义(社会和历史条件所在)或重要性(有意义)没有联系。而是我视物质化为设定的、是有关差异性不断重复的具体的调解。这些调解对世上的主体而言有重要的影响,尤其是对那些地位从属,没有进入支配领域的主体影响更大。

正是在这一点上,《无效的自白》中的视觉元素,由卡亨和摩尔所制作的十张蒙太奇照片,才具有独创意义。这些复合照片(每一张都用作文章各部分开头的插画),是构成文章总体的一个完整部分,并且参与了变动的女性/女同性恋者/艺术家形象的塑造。然而,此处令我关注的不仅是识别卡亨/摩尔在图像中引用的(和一再引用的)视像标志和象征物,诸如镜子、眼睛和面罩,而且在于研究,在内战年代,在欧洲现代主义的特别语境下,建构这些标志和象征物,以实现抗拒欲望的方式。从这一层面来说,我对艺术构建"物品"的方式并没有多少兴趣,我感兴趣的是审美激发过程的方式。过程,虽然情境化于历史特别的意义框架中,但也可能扩展我们同代人关于性别的主观认识的眼界。

分析卡亨自画像的安排布局是研究这些理念的一个有用方式。从20世纪20年代中期到1954年卡亨去世,她和摩尔合作完成了一系列非凡的摄影"自画像"。在这些自画像中,有卡亨身着戏装、置身舞台布景中的形象，它们是来自卡亨在戏院工作的那段时期；其他的，很明显，与她参加不分性别的假面舞会有关。[13]在卡亨一生中，这些肖像并没有展览过，也没有被公开发表出来，但它们却在私下里传布，在卡亨和摩尔活动的剧院和沙龙圈内，引人注目。[14]在20世纪20年代，卡亨也开始了她的《巾帼英雄》的创作，该作在1925年发表了几部分，其他部分则在私下里传布。《巾帼英雄》是由一系列虚构的短篇人物"传记"构成，人物是来自神话和历史上的杰出女性——特别是那些被视为敢于摆脱被动压迫地位，敢于抗争对她们进行性和政治剥削的男权统治的女性，诸如萨福、朱迪思、夏娃和大利拉。[15]在卡亨和摩尔照片中不断出现的"自我"，其运作的方式，与《巾帼英雄》中文本作用于历史和传记"事实"之间的方式完全相同。——这两件作品都把合理想象作为生成意义的前提。用这种方式，她们建立了一个视像和材料的"模仿"规则，或巧妙利用虚构情节的规则，以此作为对身份特征的一种审美探求。这一探求要求合作完成，并要不断重复，还需要志同道合朋友们结成的相对隐私的安全活动领域，才会达到《自白》的程度。[16]

由于在20世纪20年代所作的肖像，与其说它们自身是物品，不如说是"自我"的一种规则，所以它们在《无效的自白》中，通过蒙太奇的过程，重复出现，重新构成，这一点不足为奇。卡亨和摩尔的复合照片，使用照相材料、零星的打印文字、手写的断笺残篇和绘制的图像，作为图文审美的一部分。图文审美是介于书写和绘画、机理和形体之间的一种审美。[17]使用这种图文照相蒙太奇的模式，并通过削弱照相术和印刷术与在巧妙的再语境化过程中体现的"真实性"之间的联系，从而强调了卡亨和摩尔形象的理念结构。卡亨和摩尔的作品不是以一个基本事实为基础而构建的一种自我揭示的审美，而是把自我作为像蒙太奇自身一样展演的、调配的、已构成和正在构成的一种审美。这种审美和20世纪20年代女性主义者对性学的反映，有很多共同之处。

到《自白》一作完成之时，卡亨已经写了若干关于女性性欲问题的文章，包括翻译哈夫洛克·埃利斯的一篇文章；一篇刊载于激进的同性恋杂志《情谊》上的,为同性恋也为异性恋者,捍卫个人性自由的文章;一篇关于憎恶同性恋案子的文章,这个案子与莫德·艾兰在1918年对王尔德的《莎乐美》的行为有关。[18]卡亨自己的观点融合在根本的性——性别统一性的观念中,在此观念中,没有绝对的男性或女性,男性化或女性化;在确定性和性别时,也不存在任何固定的关系。卡亨所持的这些立场不是独一无二的,类似的思想广为流传,尤其是在这一时期欧洲先锋派中,比如《乌拉尼亚》杂志就是其中一例。[19]女性艺术家们经常研究视像和文本上性——性别变动的情况——从弗吉尼亚·伍尔夫《奥兰多》中著名的跨越历史的性别杂混,到20世纪20年代珍妮·麦姆门创作的柏林地下女同性恋场景的画面。

《自白》中的复合照片,通过反对主体/客体对立的特别的视像结构,形象展现了女性欲望的变动情况。例如,《自白》中的第二张复合照片就通过注视、反注视和映像之间的对立而显得别有深意。[20]"自画像"照片中的碎片形成了卡亨注视和"被注视的状态";[21]在这些碎片中,这位艺术家的目光是直接向外,朝向观众的,然而她的肖像又是嵌在镜中和眼睛里的。这种把"他者"视为"物"的视像构成,通过这种蒙太奇手法反复制作——镜子并不能充分"映照"或捕捉它欲显示的形体,而眼睛里的形象又是颠倒的,似乎是显现在照相机透镜里的。当然,看卡亨自我展演的第一只眼是她的伴侣摩尔的,是通过照相机的透镜看的。图绘的那只眼睛就这样复制了第一次所显现的注视,通过女性之间欲望、视野和行为的交换,激活了主体。题目叫"同我"的这第二张复合照片,能被解读作"我自己"或"同一个我";卡亨和摩尔之间的交流合作(卡亨把摩尔戏称作"他我")显示了一种亲密的主体间的相互关系,一种通过视像和材料形式对自身的满怀渴望的探询。这些复合照片是按卡亨的意图由摩尔设计的,也是在卡亨指导下,由摩尔拍摄的。那么,我们现在所看到的是谁的自画像呢——自我是谁,同一个我是谁?以这种方式重新构想注视的行为,就把欲望物化为一种审美的力量。这种力量能够动摇主客体之间的清晰分野。

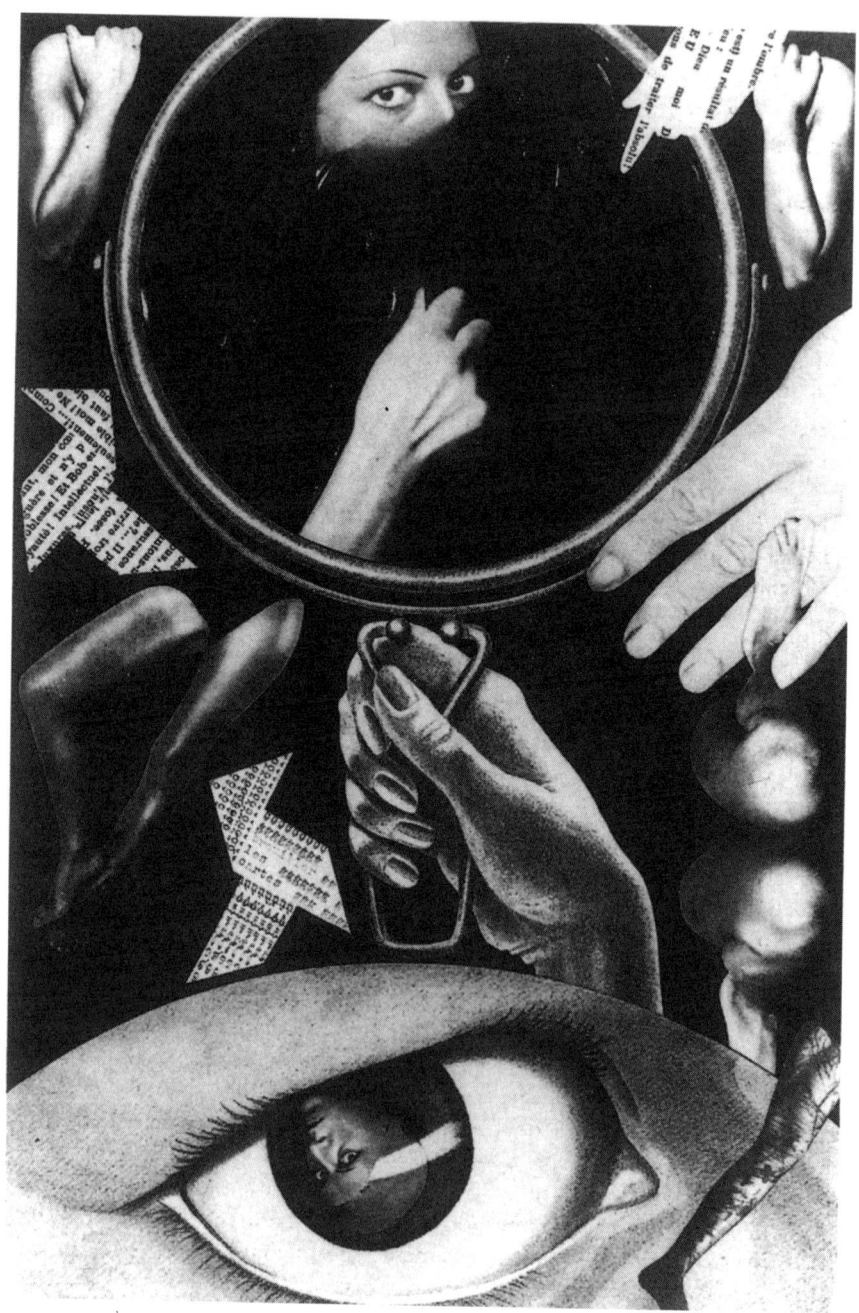

5.1 克洛德·卡亨(Claude Cahun)和马塞尔·摩尔(Marcel Moore),'我自己',蒙太奇二,来自《无效的自白》,1930,凯尔福出版公司,巴黎

《自白》中的第九张复合照片 N. O. N. ,甚至使自画像的形式更加突出,它展现形体的方式,突破了传统的模仿再现和框架的限度。这件作品几乎完全由两张"自画像"照片构成,这两张照片复制、反转、叠加,就构成了一幅迷人的肖像作品。然而,这件"肖像"使用传统的东西来反对传统自身,表明传统是可以突破的。这件作品塑造的主体形象就是不合常规的。例如,肖像重复排布,却没有强化一个中心的,或统一的"我",反而突出了差异性和不和谐性,从而消解了主体。这件作品采用模仿再现或镜像写实的手法,在作品中央,形体横折,但形体间却不互相搭配或有规律的重复,而是多样化的。这样产生的主体就成为视觉建构的一种效果,而非由这种建构生成的一个实在的客体。

同样,这张复合照片对框架逻辑的也有一个重大突破。框架,当然,是一个可分解的视像结构,凭借着框架可以使主体保持对客体的优势。而且,框架的传统力量和女裸体画的历史有密切联系。女裸体画就是性别差异的标志,是西方美术的代号。[22] N. O. N. 挑战了传统的框架,对框架划分内、外、主、客体的作用,不屑一顾。在这张复合照片中,最分散、零碎的肖像元素被矩形的框架框住,而最显而易见、"完整的"卡亨形体的照片却突破了框架。这个"完整的"形象既没有被框在框架中,也没有完全脱离框架的束缚。卡亨的形体对框架的突破,形成强烈的视觉冲击力。这张令人目眩的复合照片,形体元素重复却没有强化中心,抗拒规整和框架束缚,形象展现了女性的主体性,可谓是视觉策略的一个有效运用。

内在/外在

虽然卡亨和摩尔的蒙太奇照片把女性主体性和欲望,通过现代派先锋艺术的视像和材料语言展示出来,但它们并没有形成一种理想的艺术实践范式。物质化没有理想的范式——每个例子都是特殊的。女性艺术家把欲望化为一种积极的支配视像和材料的力量,以此展示女性的主

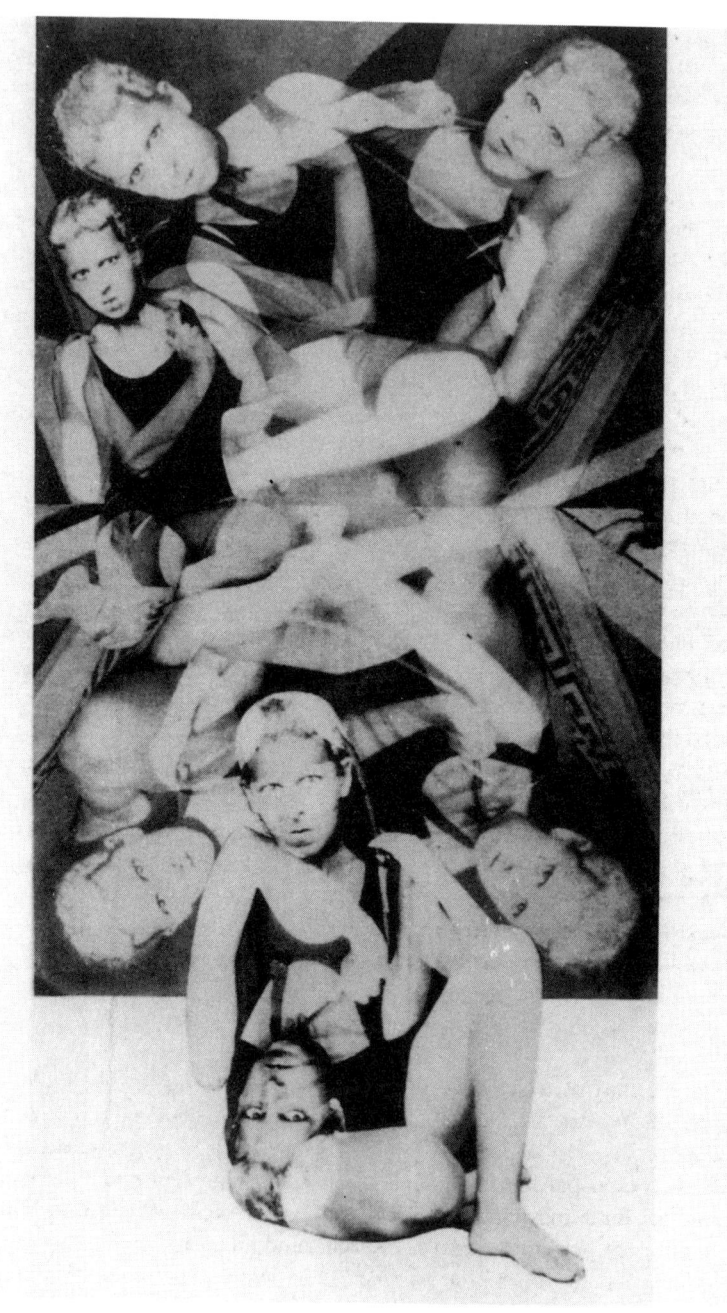

5.2 克洛德·卡亨(Claude Cahun)和马塞尔·摩尔(Marcel Moore),'N. O. N.',蒙太奇九,来自《无效的自白》,1930,凯尔福出版公司,巴黎

体性,从而对抗盛行的男性标准。而每个展示都是特别的和不同的。

探究一位艺术家创作中的差异性会使这一点更清楚。罗琦·马丁(Rosy Martin)的两件照相作品,中间相隔约十二年,专门阐释女性欲望和性欲问题。她反对把女性当物对待,反对视女性为被动的、偏离中心的男性附属品的陈规旧俗。重要的是,在每套照片中,本体和表面之间的交锋是以文本和艺术家身体之间的对抗呈现的。然而在这些作品中,身体的作用大不相同,通过身体内部和外部之间的审美的调节,在内外之间形成一种复杂的政治和哲理的相互作用。

在1988年,马丁和乔·斯宾斯一起完成了包含两个人体形象的光线疗法作品,题目叫《松绑》。这两个形象相对而言单纯清晰;第一个形象是被绷带裹缚的马丁的形体,绷带上写着诸如"堕落者"、"劫掠者"、"邪恶"、"病魔"和"女同性恋者"等词语;第二个形象看上去是这位艺术家正在挣脱写满文字的绷带的束缚,就如同蛹破茧而出一样。[23]这一对形象,是与马丁挣脱束缚,以及与撒切尔保守党员们根据28号条款通过的反同性恋者的立法相呼应的。[24]《松绑》随后被展出并被广泛复制。[25]它寓意鲜明,再加上形象明了,富含感情,所以得到广泛认可。这件作品实际上是对个人介入政治活动的一个生动再现。

"挣脱束缚"主题鲜明,寓意深刻;对很多男女同性恋者而言,在个人和政治方面意义重大,它体现了渴望摆脱陈规旧俗的思想,并且它能昭示冒犯内部和外部之间边界的危险性的存在。[26] "挣脱束缚"也显示了伊芙·考索夫斯基·塞杰韦克(Eve Kosofsky Sedgwick)著名的"衣柜认识论"的内涵。这一认识论,在一个重要的层面上,描述了在那些"内"和"外"之间的一个排他性的理论边界。[27] 把自我作为"摆脱束缚者"加以展现,因此就强化了异性恋/同性恋二元认识论作为一个"自然"的或者真实的认同场所的优势地位;这一二元论甚至质疑了一个对抗性的、可替代的主体的存在。一些理论家已经描述过内部/外部范式的危险性,但是塞杰韦克和这些理论家都没有认为,通过这些危险水域的路线在于有力的自我欺骗("没问题"),或者在于对不可见性、边缘化或压迫的顺从的接受。而是，任务在于在不可见性和确凿的明定（不是"内"就是"外"，别无其他）之间，选择一条中间路线。这就涉及了塔姆辛·威尔顿（Tamsin Wilton）所称之的命名的"必要虚构"。**28**

《松绑》走的是这样一条路线，有力地回击了那些负面地界定女同性恋者的名词，却没有简单地以一套新的"正面的"词语取代那些秽名。《松绑》是一位女同性恋者欲望的形象展现，并且视女同性恋者的欲望为一个永久变动过程，这种变动目的在于使女同性恋者适应不断变化的历史环境。《松绑》会使人产生这样一种感觉，就是它能被视为塑造了一个"真实的"或自然的形体，作为和压迫这一形体的外部语言的对应——形象地说，解放了在语言绷带束缚之下保持原样的形体。**29**虽然对很多观众而言，这一解放了的形象意味着获得权利，但它也增强了形体的本体论观念。形体是超越语言之上的主体存在的本源。

然而，我认为这一本体论由于结构光线疗法和其运作的广泛机制而变得复杂化了。作为一个合作的、疗法的实践，光线疗法为通过鲜活的视觉喻义，实验自我展演的人们提供了一个安全的场所。**30**换句话说，光线疗法是以视觉图像建构而非揭示其主体的力量为基础的。懂得光线疗法的观众们就会明白，《松绑》探询的是生理本质主义的形式。光线疗法的实践是建立在主体、话语和历史条件之间关系的基础上的，通过这种关系，主体塑造并诠释他们的形象。此外，光线疗法是对话体的，是治疗专家和精神病患者间进行的一次交流过程。光线疗法图被发表或展览的例子很少，它们只是在相关的语境信息中有所披露。通过这些解释不难看出，光线疗法关照的就是一个宣言的主体，而非一个喑哑的客体。

关注视像和材料实践的运行，在把它们理解为表述行为的过程方面是重要的。在一个空间中，物化形体的艺术，换一个场合，就可能表述它的差异。这就是我对马丁后来的一件作品感兴趣的原因。在这件作品中，展现的形体和对欲念的文字阐释之间产生了冲突，不过，方式很奇特。身体各部位的十张黑白照片，被印在这些部位表面上的文字所装饰

5　表演性：欲望和身体铭纹

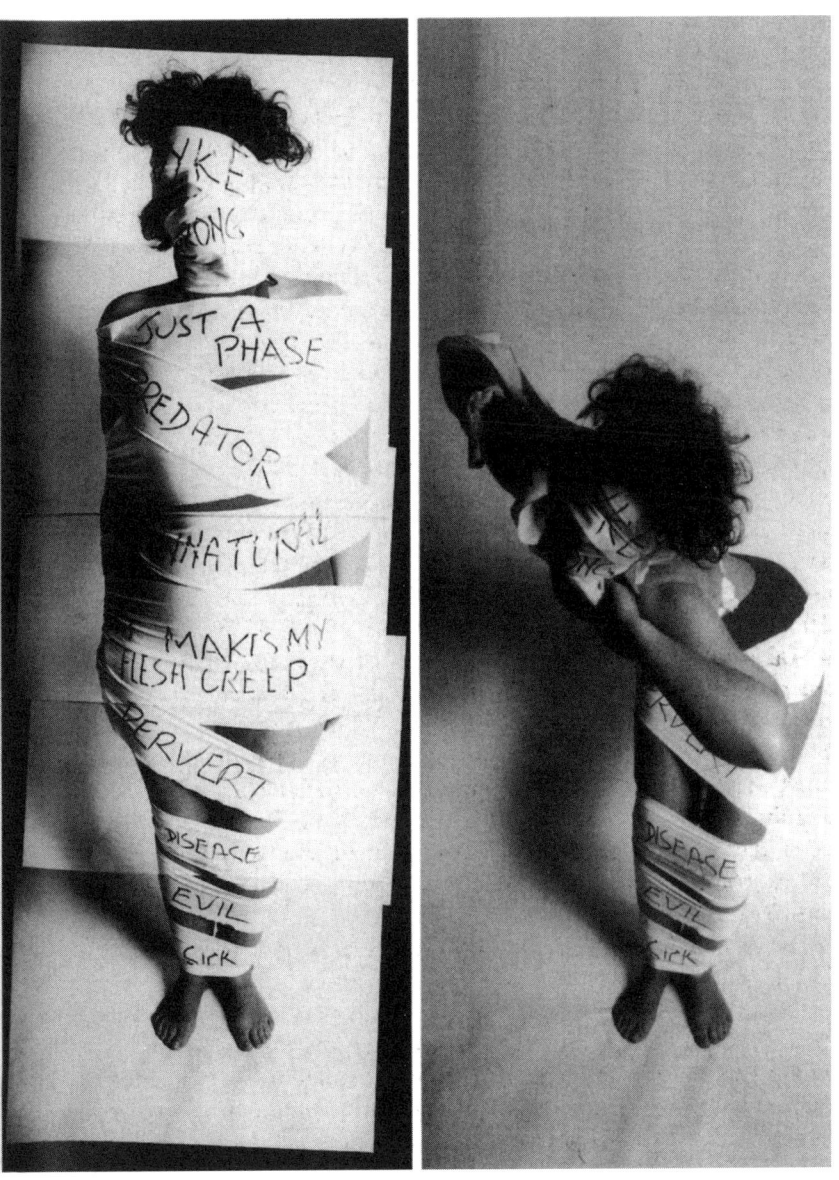

5.3　罗琦·马丁（Rosy Martin）和乔·斯宾斯（Jo Spence），《松绑》，1988，承蒙罗琦·马丁提供

和阐释,构成了装置作品《肆无忌惮的妇人》的一部分。这件装置是马丁和凯伊·古德里奇(Kay Goodridge)在 1999——2000 年期间合作完成的。《肆无忌惮的妇人》使用照相和录像技术,并摧毁了有关女性性欲和衰老的神话。《肆无忌惮的妇人》比起《松绑》中"挣脱束缚"的直接表现,包蕴更丰富。但总体上说,两件作品都意义深刻,然而又很不相同,马丁作品中女性充满欲望的活力,挣脱了时光的束缚,被具象化显现出来。该作表明欲望是一种变动的力量。它们证明了欲望是一种善变的力量,而女性表演主体可以超越身体本身,并具有更多的可能性。

像前面的那件作品一样,《肆无忌惮的妇人》中涂绘着文字的身体,把内外之间的边界引进了在视像和材料形式中由探询身体和文本的接合点所引发的问题。然而,这后一件作品在十张图片之间建立了一个循环的视像接力,而非从一个到下一个的直接的顺序发展。并且身体的各部位,也并不期望重新构建一个明了的完整视像。该作中文本的思想内涵同样是丰富的,从对女性衰老令人不堪忍受的描绘("阴道开始萎缩,乳房干瘪……渐次的秃败构成了可悲的画面"[31])到铿锵有力的话语("在一个父权制社会,由老年妇女造成的真正威胁或许是……敏锐的判断……戳穿了男性的神话,细审了男性的动机……"[32])其文本并没有建构某种单一或完整的负面游离性场域,必定会被等待解放的身体所拒斥。恰好相反,在这些文本和物化的形体中,不同思想内涵之间的多样交流,表明内部和外部的概括归纳并没有恰如其分的语汇。思考文本和身体的接合点,或反思伊丽莎白·米斯的话,"语言就像皮肤一样,既附着于身体,又外在于身体,连接着身体与外部世界,但又是世界中的一部分",就可以看出上述语汇的贫乏无力。[33]

马丁的作品就把这种皮肤设置在特别的视像和审美构成中,把形体和文本转化成光和影的效果。这一皮肤的表面恰是文本可视性的前提,而形体又通过文字在作品中浮现。的确,每个形体都受到探询,在形体间的连接点和连接过程中,赋予其意义。而且,形体的物化对于照相过程本身而言也是特殊的,因为照相是用光来画和写。这些照片不是物品,而是文本和形体之间交换发生的条件。作为观众,我们被吁请积极参与这一物化过程中,解读形体,审视文本,并且创设和它们间的有意义的界面。例如,第七张照片把伊丽莎白·格罗兹所作的一篇文章,印在了一位女士躯干的起伏的表面上——我们看或读就会触发诸多联想,而身体的轮廓则重新构造了文本的形式。我认为这个文本有力的审美展示,比任何其他的印刷文本,都更富有材料和感觉上的鲜活生命力。"身体……作为一个社会、政治、文化和地理印痕的场所……其本身就是一种文化,或特定文化的产品。"[34] 由于文本,直接而形象地,印在一位女子皮肤的肉感的表面,它们实际上就把女性的欲望和主观意识,化为了具象的、感性的认知。

研究马丁的作品,参照格罗兹的理论认知是很有必要的,因为格罗兹在其作品中详细研究了绘有文字身体的审美内涵,认为没有记写文字的表面是中立的,没有两个记写行为是完全相同的。《肆无忌惮的妇人》扩展了这一洞察力,此外,显示出身体和文本的交界处是很难处理的,存在对抗性。马丁作品的第三张照片着眼于变更,表现视像和文本间的严重错位。这让人联想起西格蒙德·弗洛伊德(Sigmund Freud)关于停经后女子的评论。停经后的女子"失去生育功能"之后,就会从"迷人的女孩,……可爱的妻子和温柔的母亲",转变为"絮絮叨叨、大大咧咧、粗俗尖刻、讨厌烦人"的妇女。[35] 这件作品塑造的女子就反击了上述转变的说法。这位女子的形象是有媚惑力的,但同时她又抗拒赤裸;她的姿势让人想起了著名的《羞怯的维纳斯》,她放在阴部的手握成一个拳头,就说明了这一点。[36] 这也是一位年长女性的身体、健壮、美丽、性感,并且身姿挺拔地朝向观者。她尽管上了年纪,却并没有脱去上述文本所描绘的女性"温柔期"的特征。她的形象引发了对权威的"女性化"定义进行重新界定的一个挑战性过程。

《肆无忌惮的妇人》把身体看作是一个审美的设计,目的就是为了把女性欲望表现为女子一生中持续的一个创造性过程。在这一方面,马丁的作品和乔安娜·弗路厄的思想观念有惊人的相似。乔安娜·弗路厄

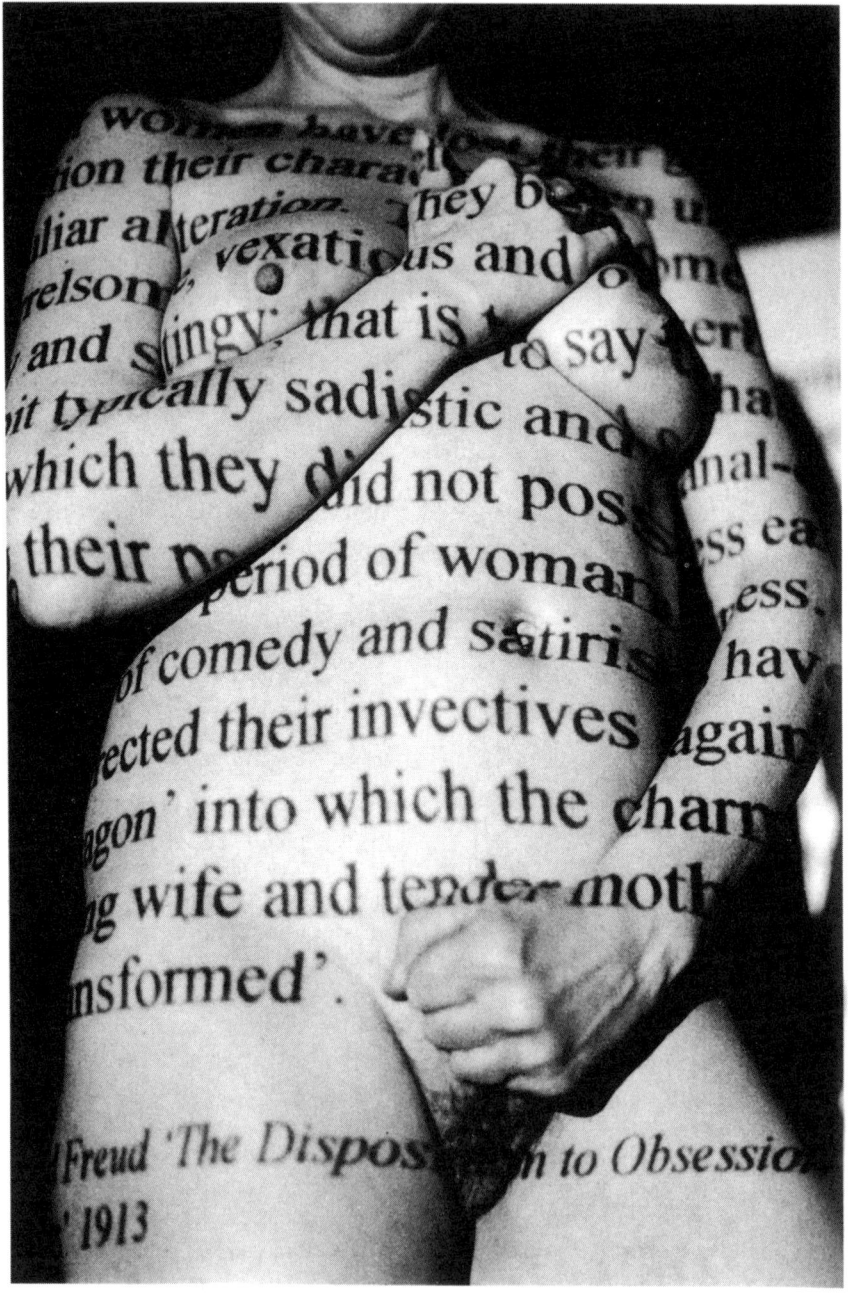

5.4 罗琦·马丁(Rosy Martin)和凯伊·古德里奇(Kay Goodridge),《肆无忌惮的妇人》,2000,承蒙罗琦·马丁和凯伊·古德里奇提供

(Joanna Frueh)视《怪兽和美女》观念的发展为审美和情欲的自身的发展与物化——是一种实践而非一件物品。她的话引发了我们对情欲的重新诠释,在这一章余下的部分,我谈及的都是有关这方面的内容:

> "怪兽和美女欲化了这位中年女性的身体,培育了女性之间的爱欲,包容而没有降格,或者说提升了和一个人自己在年龄、种族、性别、体态下的身体不同的那些形体。怪兽/美女是策略、愉悦、训诫、文化创造,同时它是奢华而慷慨的……"**37**

表层的情欲

很清楚,当弗路厄研究情欲的时候,她并不仅仅指的是生殖欲望,而是指的是主体实现其充分感受的整体的愉悦、力量和激情。这样,弗路厄就把重新构想的情欲和美学联系了起来,把身体和主体看作是变动发展的事物。

《怪兽和美女》与奥德勒·劳德(Audre Lorde)关于情欲的突破性研究有明显的联系,这一点不足为奇。**38** 劳德的研究把愉悦和欲望看作是女性整个创造力和爱情生活中的重要元素,反对把女性情欲当作她们遭受男性性压迫的负面因素来看待。的确,劳德既把情欲/欲望从任何物化的形式中分离出来,称其为"女性的生命力",同时又认为女性间的情欲具有广泛的差异性,而不是同质的。

把欲望看作是积极的、给人满足感的力量,就使情欲和变更的一种新逻辑得以产生,一种对女性主义而言,有深刻内涵的逻辑。特别是,它在"表层和强度"的层面,把欲望作为一种多重的力量加以研究,创造了差异间的各种联系,并且超越了主、客体二元论的范畴。伊丽莎白·格罗兹认为:

> ……一种模型或框架,情欲关系和其他关系在其中发生联系——作家和笔、纸的关系,健美运动员和体重的关系,官员和文件的关系……性和欲望是生命本身强度和激情的一部分。**39**

这样的一个表述强调的是性和欲望对主体的构成与表达的重要意义,但既没有认为它是主体的一个不可改变的基本事实,也没有把它仅限于性行为本身。作为一种富有生机的、感性的力量,欲望和审美有密切的联系;在女性们的艺术中,把情欲作为力量的探究引发了物化、主体和消除表层与深度的对立等诸多迷人的问题。

凯西·德·蒙查克思(Cathy de Monchaux)的雕塑装置和人体,尤其是和色情、性欲以及媚惑的观念有密切关系。很明显,她的作品直接以肉感的方式吸引观众——她把柔软的皮革材料折叠、扭转、缝合、环绕,做成一些能触人联想起四肢和各种人体器官的形状,当然这类联想不尽相同。这样就唤起了观众的情欲感。德·蒙查克思承认并谈及了她作品中肉感的存在,但甚至更有趣的是,她经常赋予此作品一种语言学建构的特征:"这件作品建立了一种语汇……","构建起一种符合表达意图的句法规则……","作品的本体就像一个故事的建构……"[40]在这种肉体和词语之间的暗示性的概念关联中,身体和文本的接合点再次成为欲望的连线。然而"身体"和"文本"在德·蒙查克思的艺术实践中,都没有被平实化,而是作品形象展现了身体和文本之间的交换、它们的差异性、蕴涵的欲望和色情。在感觉快慰和感官享受中,作品也吁请我们加入了主体之间互动的过程。确实,我进一步认为正是视像、材料和空间策略的特别组合才使主体通过肉体、欲望和差异性,得以形象展示。

从视觉的角度来说,德·蒙查克思的装置并没有以再现的方式展示重复与差异,但效果却更强烈。罗兰·巴特(Roland Barthes)在《文本的愉悦》中生动描述的极乐的身体文本,是思考德·蒙查克思创造的肉身——词语的一个有用方式。[41]在一篇特别的文章中,巴特描述了色情词"玩(play)"的两种过分模式的特征——重复(不是展示)和"闪闪发光"。[42]德·蒙查克思的装置展示出的极度的感性愉悦,例如,1996年的作品《巡航灾难》就是一件非比寻常的作品。这件作品是由近乎一样的元素,一个接一个的并排成一个长长的重复序列构成,而《显然不是》(1995)则是绝对奇异的闪耀。这些重复、奇异的形态作品并不是产生一种意义,而是描绘极乐的身体状态,它超越于文本阐释的快乐之外。

诸如《巡航灾难》和《显然不是》之类的作品,通过整体结构,明暗和依附于它们"皮肤"的粉末的对比,唤起了人们对它们物质表象的注意。把它们在结构中的排布以及鲜明的标志结合在一起,德·蒙查克思的作品挑战了在西方美术中传统构建的表面和深层的逻辑。这种二元逻辑是以表层有能力揭示深层为前提的——既从空间上,通过线性透视揭示;又从理论上,根据一件作品的表象分析它的基本事实揭示。[43]反对这种范式,对过去一个世纪的艺术家而言有深刻意义。他们往往重新思考视像和真实之间的关系;重要的是,转移到表层被视作稳定性和确信度的丧失,同时又具有再现边缘主体的可能。[44]

在思考形体、肉身和欲望中,关注表面同样意义深刻。一旦艺术从揭示浅层表象面纱下一个统一"我"的真相的职责中被解放出来,它就具有穿梭于表象的自由,能清晰表述始终变化着的主体的活跃动力。身体和文本的界面就成为物化情欲的过程,而非欲望留在身体上的痕迹。阿方索·林格斯(Alphonso Lingis)在其作品中对部落文化的文身和刺肤行为作了阐释,她反驳了把文身和烙疤视作在身体表面刻画其内心世界的传统的观点,而认为文身和烙疤的过程是身体自身流淌的强烈情欲的描绘。[45]表面上展现的欲望主体不存在根本深度或真实,只有表层的魅力、诱发力、吸引力和排斥力。这就是德·蒙查克思的情欲的力量,它形象地展现在德·蒙查克思作品淡淡的表面上,有时意象重复,有时只以一个性感意象就足以令我们心醉神迷。

如果说德·蒙查克思的装置在作品的表层之间,建立了一个视像接力的话,那么它们也在具象化过程中,在视觉和其他感官之间进行调节。《显然不是》正体现出这一点;既作为一个极其复杂的图像结构,又作为一个触感很强的物品,这件作品模糊了二维与三维、图像与"实物"之间的差别,它把我们视为满怀感情的参与者,而非外在的观众。对感官的如此召唤,使我们介入作品的方式复杂多样,并且把主观间的联系物化为欲望的所在。由于我们欲望的"对象"在感官边界和空间中构成、解构、

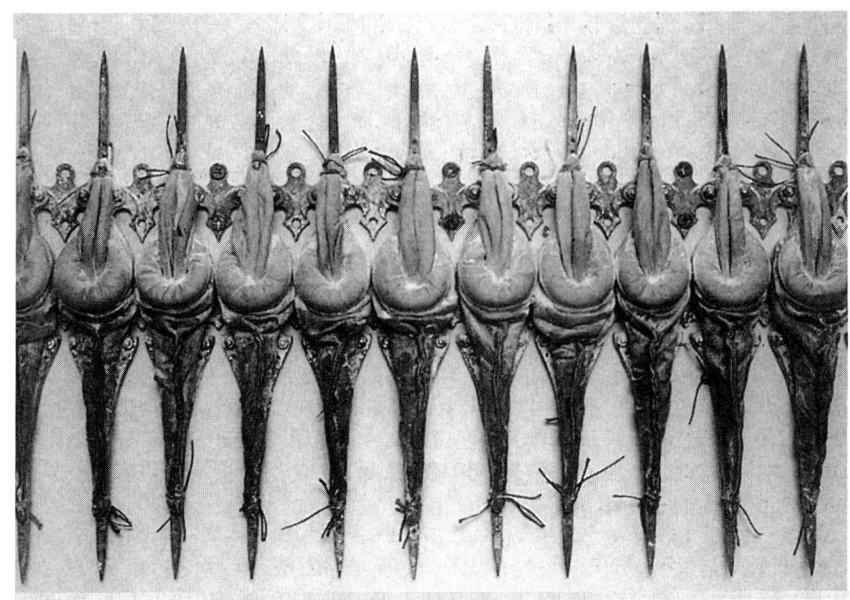

5.5 凯西·德·蒙查克思(Cathy de Monchaux),《巡航灾难》,1996,承蒙凯西·德·蒙查克思提供

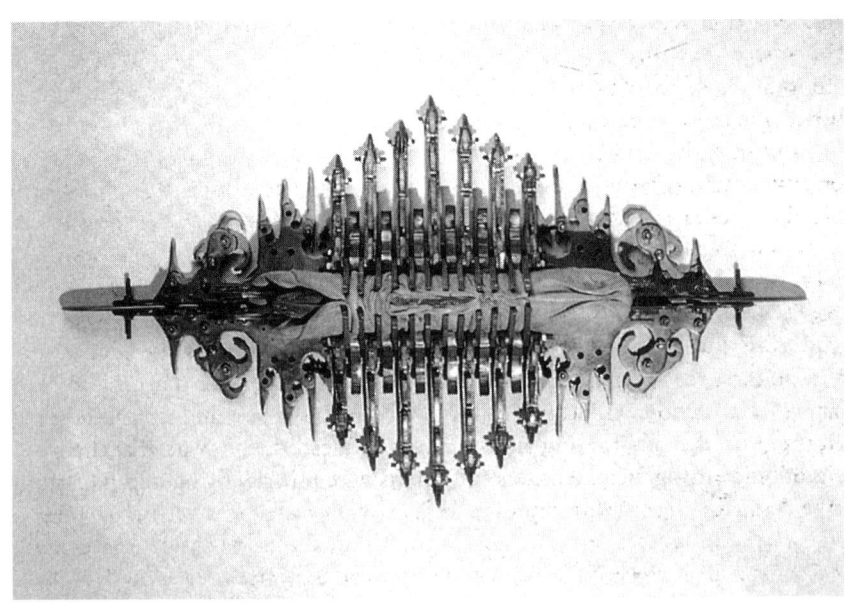

5.6 凯西·德·蒙查克思(Cathy de Monchaux),《显然不是》,1995,承蒙凯西·德·蒙查克思提供

再构成,我们的权威主体地位就被动摇了。在这一不断调整的差异领域,我们是作为过程中的主体而受到作品的召唤。这正诠释了梅洛·庞蒂的理论,正是我们活跃的身体空间自身,才产生了一个有意义的世界。

鉴于参与者的身体和作品本身的形体、语汇之间的密切联系,当德·蒙查克思安置她的作品的时候,她就考虑到了观者身体的尺度和活动情况,这一点几乎不足为奇。[46]但是她的空间又不仅仅是安放她作品的精心组织之地,德·蒙查克思的装置还展现了埃姆曼纽尔·列维娜斯所谓的"肉感的"空间,或卢斯·艾利哥雷所说的"多孔性"。[47]德·蒙查克思的作品把处于极乐状态的身体描绘为一个表层富含强烈激情的空间,我们参与这一空间,作为欲望的主体被召唤,而没有任何绝对的方向。就是说,我们参与到吸引和排斥的活动中、肉感和情欲的物化中,而不存在为了寻求一种确定的结果、解决办法或同化活动,我们的欲望要指向的任何绝对的目标或其他物品。这是一个非目的论的空间,按照列文娜斯的说法,是一个我们体验绝对不同的快感,而又没有任何意图的空间。而且,在德·蒙查克思的审美关系中,我们所联系的"他者"的不确定性,就不可能在相互之间发生同化作用——差异性是欲望和愉悦本身表层调节的一部分。

关于情欲与肉体,林格斯写道:"……肉欲本身在脆弱性和过度物质性的游移不定中出现,它形式虚无,功用不明,很难探知。"[48]但在有关主体的问题上,它具有很大效用或意义。如果德·蒙查克思的装置形象展示了情欲,以至于它在主客体、男女性的既定边界间流动,那么它的强度就会把差异性和欲望化作过程中的主体的构成,而非作为物的主体的限度。有趣的是,在一个不同的语境中,克劳斯承认"形式虚无"是克洛德·卡亨作品中自我表达的一个关键成分。她从另外的角度研究了超现实主义:

"卡亨对主体地位解构的姿态是与主观认识上的模糊性相伴发生的,我把这种模糊性认识归为超现实主义者的产品,并且在'形式虚无'、'变更'或'降级'的观念下探讨它。"**49**

卡亨把"自我"表述为一个欲望的女性主体,就拆散了稳定的、统一的主体的建构,模糊了边界,强化了贯穿于文本和复合照片之间的愉悦。这正是她的作品和德·蒙查克思或马丁作品的不同之处。她们对贯穿于文本和形体界面之间欲望和审美极为不同的展示,表现了特定的主体和特别的情欲所在。物化发生在极为不同的材料状况的界面之间,它使用多种材料策略以及各种各样的物质。然而,这些材料和物质组合在一起,发出和谐的共鸣——女性主体的这些视像和材料引发着不断地变更,表述了广泛的差异,显示了审美和欲望之间的密切关系。

6 变化：个人、集体和奇妙机器

花卉画家和女性主义者形象

在 1699 年，玛丽亚·茜贝拉·莫莉安（Maria Sybilla Merian）从阿姆斯特丹旅行到了荷兰殖民地苏里南。在接下来的两年中，莫莉安在她的小女儿多萝西娅·玛丽亚的协助下，研究了当地的昆虫，用素描和水彩画详细记录了那些昆虫的生长、变态和环境对它们的束缚情况。莫莉安的图片和笔记既来自于仔细的观察，又取自于对当地居民的访谈，构成了她《昆虫的变态》一书的基础。此书在阿姆斯特丹 1705 年出版发行。这部作品确立了莫莉安作为一位艺术家昆虫学者，在整个欧洲的名望。这部价格不菲的书在科学家和收藏家中销量很大，书中的图片和文本被卡尔·冯·林耐（Carl von Linné [Linnaeus]）在其关于给物种命名的书中广泛引用，近两百张原作图片被彼得大帝购买收藏。[1]

《变态》并不是莫莉安第一部插画出版物，或第一次涉足自然科学的尝试。莫莉安于 1647 年出生于一个艺术家家庭，她作为一位花卉画家，首先跟她继父雅各布·马尔学画，后来又和继父的学生亚伯拉罕·米尼翁一起作画。尽管作为一名女性，她被排斥在法兰克福和纽伦堡行会之外,但是莫莉安创作出了当地动植物的杰出绘画,最终出版了两个销量很好的册页:三卷本的书《新花卉绘画》(1675年)和《毛虫奇妙的变态与它们奇异的植物营养》(1679)。为了绘制后一本册页,莫莉安收集、饲养她所描绘的昆虫,并作了详细记录,描述在每幅图片中所展示的变态的过程。

莫莉安在其作品中所建立的艺术和科学之间的亲密关系,强调了早期现代时期商业、贸易和殖民地扩张的广泛语境下视觉艺术的重要意义。在莫莉安的时代,整个欧洲科学实验兴旺发达,莫莉安本人制作标本,使用放大镜和钟状玻璃器,并且还参照其他昆虫学者诸如简·斯瓦默丹和约翰尼斯·戈达特等人的研究成果,参阅科尼利厄斯·凡·索姆斯蒂克和腓特烈·路伊科的著名藏品中的材料。莫莉安的信函也显示出她知晓她的绘画和文本的商业价值,知晓在17世纪北欧市场上所充塞着的新植物、动物和日用商品。的确,《花卉画》的成功是建立在逼真描绘的植物对科学家、艺术家以及鉴赏家的广泛吸引的基础上的。

苏里南的作品让我们得以一瞥在活跃的视觉文化领域,女性艺术家们能够建构的复杂的网络。尽管莫莉安已经见过在17世纪80年代之前,来自印度和美洲的植物和动物的标本,但是当她在1685和1690年间加入西弗里西亚一个拉巴迪斯特团体之时,她对尤其是苏里南的物种产生了莫大兴趣。[2]莫莉安、她的同母异父的弟弟、莫莉安的母亲以及女儿和拉巴迪斯特人一起生活在魏沃得区华尔沙城堡,该城堡由索姆斯蒂克家族所拥有,这个家族是荷兰当时权威显赫的名门望族,拥有对荷兰西印度群岛的利益——科尼利厄斯·凡·索姆斯蒂克在1683年成为苏里南的总督,此后不久,拉巴迪斯特人在那里创建了一个社区。无需推测莫莉安的宗教信仰问题,[3]很清楚,她和拉巴迪斯特人在一起的时间,提供了她最终完成《变态》的必要机会。自从在华尔沙起,莫莉安就在珍品陈列馆里研究苏里南的相关材料,她和丈夫分手了(由于受到拉巴迪斯特人信念的影响——只有有信仰人之间的婚姻才是有效的),后来通过索姆斯蒂克家族的关系,和阿姆斯特丹的科学家、收藏家建立了联系,这些科学家和收藏家成为了她的赞助人。在1690—1691年,她和小女儿一起离开了西弗里西亚,作为一名独立的艺术家—科学家定居在阿姆斯特丹。

可以说,莫莉安在阿姆斯特丹的两个最重要的支持者是卡斯帕·科莫林和腓特烈·路伊科。前者是阿姆斯特丹的植物园园长,后来为《变态》中的很多植物提供了拉丁语名;后者是当时北欧医疗和科学界最有影响力的人物。路伊科头衔很多,联络很广,作为一名科学家在其一生中拥有很多官方职位。他是阿姆斯特丹外科医生协会的负责人,宫廷御医。而且,因其解剖术、尸体防腐法、对助产术和产科学的贡献而享誉国际。特别应值得一提的是,他的令人惊异的奇珍厅。

路伊科的奇珍厅实际上是他在阿姆斯特丹的整个财产,里面陈列着大量的书籍、物品、器械,其中最著名的是一排排用药物处理过的动物和人的防腐尸体(人体标本主要是儿童和早产的胎儿)。上述很多物品都是以复杂的"静物画"的场景进行展示的;把身体、身体各部分和一些绸缎、珠子以及说明文字富有寓意地安排在一起,意在启发观者对死亡的思考。[4]至少从17世纪80年代起,路伊科的长女雷切尔就在奇珍厅给父亲做助手。她筹备标本,为经过防腐处理的尸体缝制装饰物,参与十二个"静物画"类场景展示的最后安排,并且还教她父亲画画。绘制标本的重要意义不应该被低估,因为出版发行图片对当时的整个欧洲来说都是传播科学知识的一个关键方式。雷切尔在这方面的贡献是相当有价值的。在80年代末,她也协助父亲完成了对奇珍厅重新组建的工作,她还是在自己的绘画实践中广泛利用植物园中的标本的最初艺术家之一,当她抵达阿姆斯特丹的时候,她见到了玛丽亚·茜贝拉·莫莉安。

如果说雷切尔·路伊科(Rachel Ruysch)因她父亲而和该城的科学界有广泛联系的话,那么因她母亲,她同样和该城的艺术家、建筑师有密切交往。路伊科的母亲来自于一个波斯特家族,她祖父是彼得·波斯特,荷兰联合州总督的建筑师;她的曾叔祖是弗兰斯·波斯特,一位风景画家,他描绘巴西风光的油画现在最为有名,他曾经被政府派往巴西去采集有关殖民地的信息。少年时,路伊科曾和花卉画家威廉·凡·阿尔斯特一起学画,最终她加入了海牙行会,并成为宫廷画家,和约翰·威廉,杜塞尔多夫的选帝侯同等地位。雷切尔·路伊科成为18世纪最著名的静物画家之一,并且像莫莉安一样,在其整个创作生涯中,都在科学和艺术的边际矻矻探求,这并不仅仅是一个巧合。

像她们那个时代的很多艺术家一样,[5]莫莉安和路伊科在科学、艺术、欧洲殖民扩张和资产阶级重商主义交汇的大背景下,创造出了别开生面的视觉艺术。然而,长期以来,她们的艺术实践被认为和这些多重语境不相干。由于科学绘像的标准被更加严格的界定,莫莉安这位艺术家—昆虫学者、旅行家,她的绘画具有科学和艺术的双重特点,被边缘化了。然而,在植物静物画的传统中,她的寓意丰富的绘画是非比寻常的;她逐渐得到认可,最终被视为"卓尔不群"的一位杰出女性。[6]

相比之下,路伊科在18世纪后半期就声名卓著,尽管她的作品也被认为是和自然科学广泛的知识体系相分离的。在一篇关于路伊科早期作品科学根源的优秀论文中,玛丽安娜·贝拉尔迪认为这种分离最初在简·凡·古尔(Jan van Gool)在1750年发表的路伊科的传记中,有明显体现。这篇传记是简·凡·古尔的《荷兰画家新风姿》中的一部分。在这篇传记中,凡·古尔没有提到路伊科的父亲,或者她在其父奇珍厅里,以及她在科研机构中所做的细致研究工作。作为一篇有名传记以及后来研究路伊科的主要原始材料,凡·古尔的文章预示了这位艺术家的花卉画和科学语义的最终分离。[7]

这些女性艺术家的艺术实践和自然科学发展的分离,以惊人的形式提出了桑德拉·哈丁(Sandra Harding)所谓的"女性主义中的科学问题",或者更具体一点,伊芙琳·福克斯·凯勒(Evelyn Fox Keller)所描述的"科学—性别体系"的问题。[8]随着17、18世纪科学地位的不断提升,人们越来越赋科学以普遍的、客观的和理性的语义。这样实际上就置科学与含有丰富想象的、主观的、非理性的诗歌和美术门类对立的位置上。科学认识论逐渐地建立在性别中立、普遍的和公正的观察模式上,反而遮蔽了在男性自己的结构逻辑中,男性种族中心主义的权益。即便如此,也绝不意味着画花卉与昆虫的女性艺术家们,就是在从事正当的科学研究——然而非常清楚她们是。

莫莉安和路伊科的作品是在艺术和科学分离的特定的历史过渡期完成的。在这一时期中,"文化"凌驾于"自然"之上,理性在直觉之上,乃至男性在女性之上。因此,把她们的作品重新安置在这一复杂的历史语境中,不仅强调了女性在当时作为文化变革的生力军的重要意义,而且提供了一种我们可以把女性的主体性重新构建为与时俗不同的创造与思维模式的机制。为了进一步研究这些机制,把关于艺术、科学、认识力、性差异以及主体性之间关系的各种不同的思考结合在一起是必要的。

巴巴拉·斯塔福德(Barbara Stafford)的"视觉类同"的理念对于起步研究来说是很有用的。[9]斯塔福德的召唤性用语是精确的,她把视觉作为一种相联系认识力的建构形式,把类同描述为"一种把不谐和的细节化为局部的谐和"的"一种变动的和隐喻的实践"。[10]这样,视觉类同就既没有同化也没有驱除差异;理解力、亲和力、类同的原动力,就使得丰富的联系以多样化形态出现。重要的是,斯塔福德认为在奇珍厅中以及格特弗里德·威廉·莱布尼兹(Gottfried Wilhelm Leibniz)的《艺术交合》的理念中,视觉类同有很好的体现。它们每一个都展现出我们现在所称的巴洛克风格,或早期现代世界观。其产生的条件是艺术、科学、殖民扩张和收藏实践之间的复杂交汇,正是这种交汇才使得莫莉安和路伊科的艺术生机蓬勃。[11]的确,莫莉安和路伊科所利用的视觉类同的模式产生了丰富的认识上的联系。这些联系编织在各种各样的材料、理念和形式中。她们的作品把艺术和科学结合在一起,阐明了生态学上的变化和变态过程。而且,莫莉安和路伊科的互有联系的审美观念,为她们在早期现代欧洲知识创建中的创造力和才智活动打下了基础,同时巩固了女性主体在历史舞台上的地位。

就莫莉安的情况而言,例如,她的艺术"实践"就是要揭示变态——

直白地说,是发生在不同生物材料中的;形象地说,是通过视觉效果实现的。她揭示变态的方法在《毛虫》与《变态》中都可以看出。在这两篇插画书籍中,莫莉安始终坚持记录、绘制过程中的生态现象,把每一物种转变的各阶段特征和其周围的提供食物的植物以及栖居动物联系起来。[12] 比如,在《木薯》1705 插画中(该植物的根可以提取淀粉),一个整体的生态系统在运作:卵、幼虫、蛹和蝴蝶依赖所寄生植物的叶、茎和根生存,而另一种昆虫和蛇则在这同一个竞技场里继续着它们的生命循环。这幅插画既提供了精确的信息,又在色彩、曲线和巧妙的构图上令人赏心悦目,可谓把我们带进了一个变化万千的奇妙世界之中。

　　莫莉安的艺术和科学的嫁接,一种差异性共存互融的特异模式,消弭了传统上理性知识和感性成分的分野。这一事实使她和诸多同时代的男性艺术家,比如,简·斯瓦默丹,在创作风格上大相径庭。后者把昆虫从它们栖居的环境中分隔出来,给它们的图片编号或作标签,依靠的都是死的或解剖过的标本,而非对它们活生生的观察或描绘。的确,莫莉安的方法和这种在 18 世纪占统治地位的科学做法是如此迥异,以至于詹姆斯·彼得勒,他曾计划把《变态》中那些独一无二的材料转译和修订给英国读者,寻求重新组织或"条理"作品,以便于能完全符合新分类学文本的标准。[13]

　　雷切尔·路伊科的新花卉画也在一种类同和类聚的相似逻辑下运作。她对动植物的选择、安排的方式以及绘画风格,既没有简单依从于此期寓意花卉静物画的盛行做法,也与科学的阐释不同,而是两者兼顾。因此,例如,她的装饰性图案可能直接源自玛丽亚·凡·奥斯特维基科和她的老师凡·阿尔斯特的作品,然而也显示出她采用来自科学文献中的罗马数字标记日期的形式,并且是在作品中绘制仙人掌和苏里南产婆蟾的最早画家之一。这样就确认了她通晓自然科学并广泛熟悉从殖民地输入北欧的商品。[14]

　　路伊科的作品尤其因非比寻常、广收博取的生态材料而闻名于世;她把动植物以和她时代传统插画书籍不同的方式组合在一起,突破了当

6 变化:个人、集体和奇妙机器

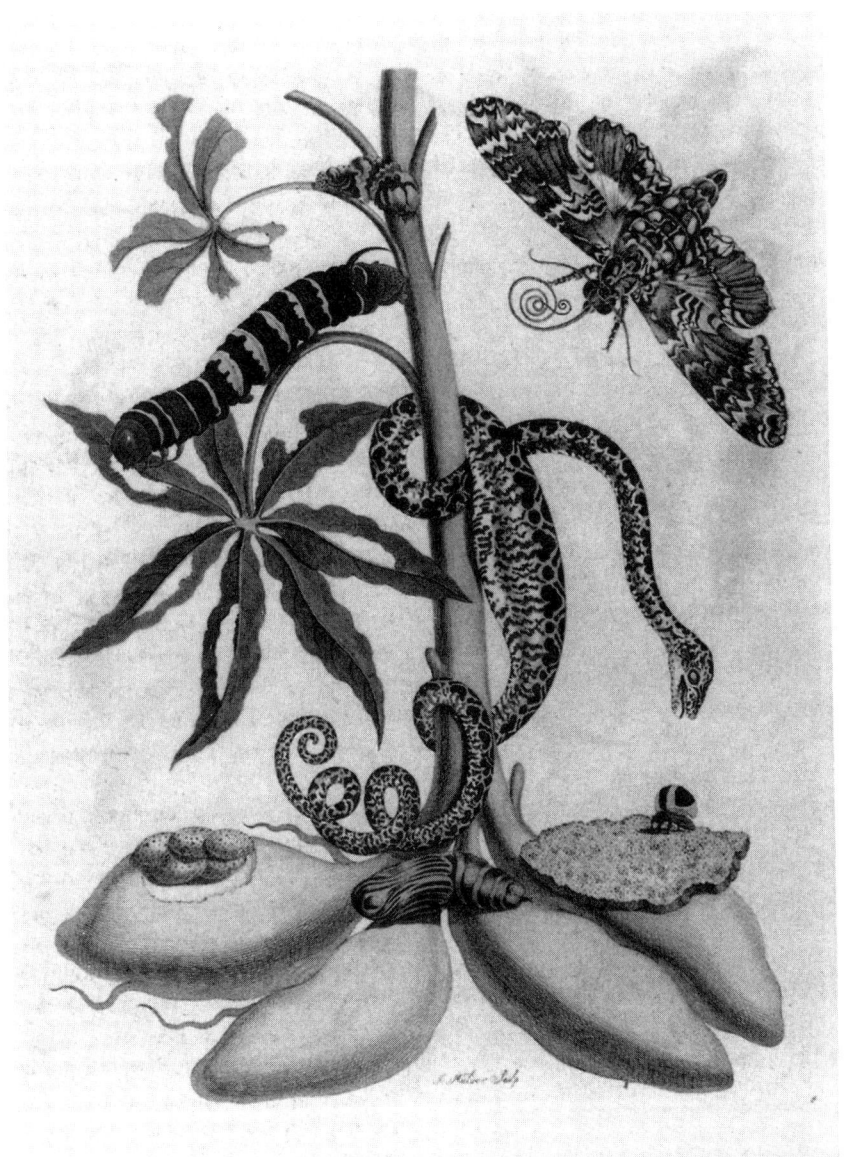

114

6.1 玛丽亚·茜贝拉·莫莉安(Maria Sybilla Merian)《昆虫的变态》,1705,照片和版权,英国图书馆,伦敦

时公认的寓意画惯例，显示出对植物生长季节和动物生活习性等方面知识的通晓。她的《带有水飞蓟、花卉、昆虫、一只青蛙和一只蜥蜴的林地静物画》(1694)就是以这种方式完成的。这件作品把图画书中的传统静物元素和这一时期的典型静物，以及来自生活中的真实观察(尤其是在对水飞蓟的描绘上)结合在一起，再加上对林地生态环境的熟悉和对不大受关注的物种(蜥蜴和青蛙)的科学把握，因而显示出独具的魅力。路伊科就这样运用贯穿于多样视觉标志体系中的各类可变读数，创造了元素的一种类同组合。她的科学的"艺术"就是广泛的园艺知识、优美迷人的图像以及绘画的惊人技艺的完美结合。我们不应低估这种对来自其他画家作品和样本图画书中的元素，积极吸纳并重新组合的重要意义。弗朗西斯·鲍塞罗(Frances Borzello)谈及17、18世纪女性自画像的问题时认为，在作品中既展现出对传统知识的谙熟，又做出了策略性的变革，这正是女性艺术家们通常采用的气度不凡的艺术手法。[15]

这种由敏锐地意识到自然科学中最前卫的研究、熟悉花卉画中的传统与创新、了解商贸和殖民地扩展的女性所开创的具有多样性联系的艺术，显示了认识世界的一种方式，一种确立女性在世界中拥有一个有意义位置的方式。莫莉安和路伊科的类同感受力，不仅再次增进了我们对早期现代时期，女性艺术家们作为科学、艺术、帝国主义和资产阶级商品本位调解人角色的历史理解力，而且还展现了基于视觉类同上的一种认识能力。这种认识力超越了极大妨碍表达女性主体性的僵化的科学—性别体系。

罗西·布莱都蒂(Rosi Braidotti)关于女性主体认识力问题的研究，提供了丰富的思考视觉、意识和多样性关联的策略——准确地说，提供了我在整个这一章围绕女性主观认识的话题想要详尽阐发的理念构成问题。[16]布莱都蒂的研究把游动的、感性的女性主体概念化为差异集体，在此有若干相关理由。首先，她认真对待唐娜·哈拉维关于科学、技术和性—性别关联问题的严谨研究，既关注"虚构(想象)和科学(理性)在一个新统一体中被重新组合起来的方式"，[17]又关注女性主体或许采纳

6 变化：个人、集体和奇妙机器

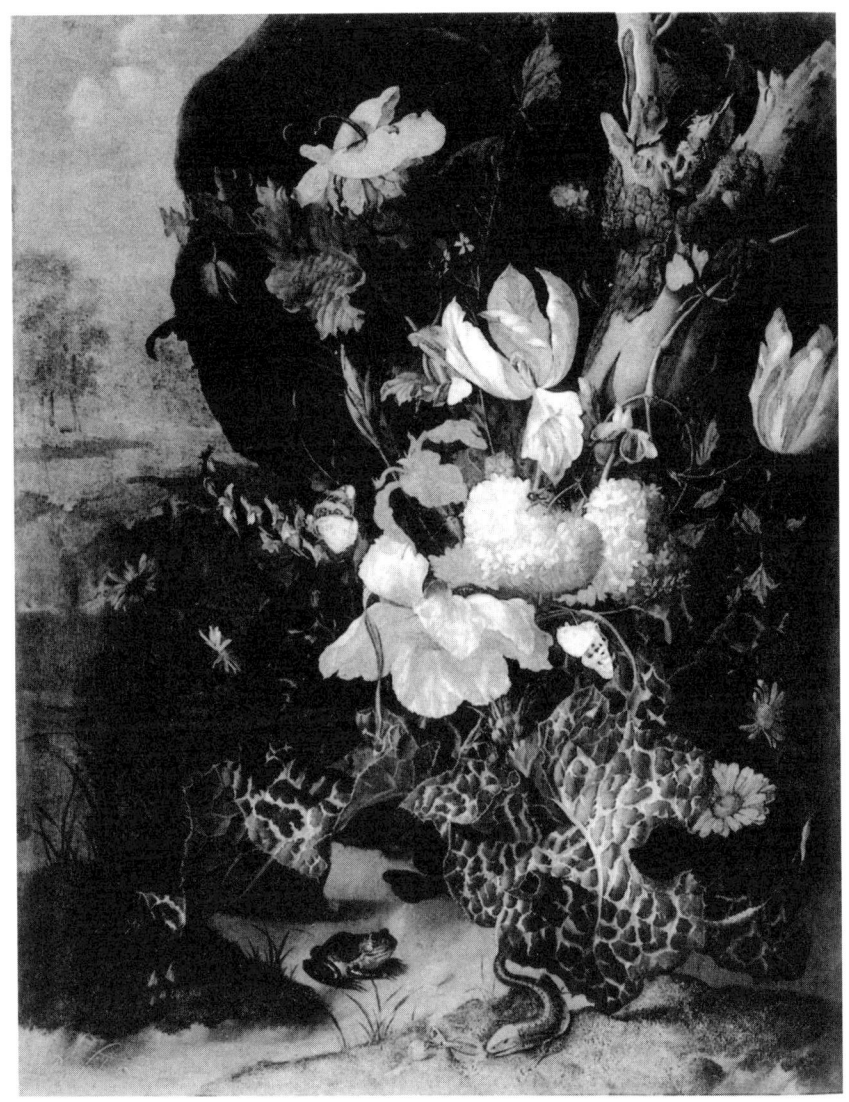

6.2 雷切尔·路伊科(Rachel Ruysch)，《带有水飞蓟、花卉、昆虫、一只青蛙和一只蜥蜴的林地静物画》，1694，承蒙德累斯顿大师油画馆提供

的形式。布莱都蒂列举哈拉维的半人半机器的生物以及她对"形象"理念的采用，意在表明这些洞察力有助于我们重新构想女性、生物科学和技术之间的多样性联系。[18] 此外，布莱都蒂还发现了哈拉维作品和吉尔·德勒兹有关创造性理论问题和主体问题的洞察力之间一种理念上

147

的联系。这种联系可以"形象"称之:

"我把这种半人半机器的生物视为一位女性主义者的形象,它是女性主义理论和德勒兹主义思维线索之间相互交汇的一个富有启迪性的例子。女性主义者和德勒兹主义者都试图依附于后人文主义领域。女性主义者的形象指的是女性主义者用于界定女性成为主体方案的多种多样的图像,用这些图像诠释女性成为主体的过程,阐释女性主义者主观认识多样性和过程性的观点,以及女性主义者创造的各种文本。" 19

值得指出的是布莱都蒂策略性地使用了这一短语"女性生成——主体",而不是采用更常见的德勒兹的构词"生成——女性"。对女性主义评论家而言,德勒兹作品中提出的"生成"逻辑,一直是一个争论点。布莱都蒂转用德勒兹的理念是一个关键性的发展;她使生成流动于主体控制客体的静态二元论之上,并且强调限定新兴主体的物质条件。在这个意义上,她像其他现在思考这一流动范式的女性主义者一样,坚持认为每一生成都是具体的,对某一领域的特别主体而言具有材料束缚性。布莱都蒂和哈拉维都没有认为多样性的、变动的女性主义者的主体性超出了物质主义、历史过程或政治活动之外。在思考女性艺术的影响中,我重申了这一与历史位置独特性相关的决定性联系。

在布莱都蒂对德勒兹思想批判性继承中,需要指明的另一元素是她把"根茎学"的逻辑,表述为一种女性主义者的、跨学科的思想运动:

"我认为'跨学科'在描述女性主义新根茎模式上是一个很合适的词。它意味着进入不同的似不相干领域之间,穿越智力话语的多重域限。" 20

这种在似不相干领域之间移动、穿越似不相干领域的根茎模式,把作为变动、新兴实验思想的生成,和作为多样性差异集合的理念发展联系在一起,或者正如德勒兹和加塔利所描述的:

"……一个理念也含有一种生成,它和同一平面上的其他理念相互关联。在此,理念之间相互连接,相互支持,相互协调,表述它们各自的问题,即便它们有不同的历史渊源,但也属于同一种哲理。"**21**

多重关联的"机械般运动"逻辑始终是变动的,然而又是设定的,具有物质上的具体性,能够引起智力和社会的变革。这种逻辑就是布莱都蒂所强调的形象的基础。此形象是用作女性主义者主体意识策略的。强调图像和文本的结合,聚合的活动、虚构的首要性、创造力和想象,进一步暗示艺术创造在对发展的、游动的女性主体的物化中所起到的重要而特殊的作用。即便这仅仅是一个在内涵丰富语汇中的暗示,但在此我想要把它作为一个确定无疑的认识,我认为女性们的艺术能够并且确实建构了特别的女性主体形象。这种建构是在学科和概念边界的空隙处进行的。艺术提供了重新审视女性主义者形象潜力的特有机会,这种审视是在一种视像和材料的成为主体模式之下完成的。而且,正如布莱都蒂对女性主义者创作的各种文本的生动评论中提醒我们的,艺术、批评和知识间的相互作用是同样机械般运动的——我自己也被牵连进并展现在一系列我创造的图像、理念和意义中。盖尔·韦斯说道:"寻踪构建主体所需的生成的过程本身就是一项非凡的事业。"**22**

这些观点在玛丽亚·茜贝拉·莫莉安的艺术实践中尤有趣味。她的作品既可以被视为表现了平衡在科学和艺术语言之间的一个创造性的女性主体,又可以被视为表现了在殖民统治的环境下,一位女性艺术家——昆虫学者对其社会地位的商定。这些社会地位有多样的冲突的结果,并且对后来研究其"最初女性主义"的传记作者而言,确证着一个困扰的主体。然而,问题不在于莫莉安的作品是否是我们所谓的"女性主义者的",而是她的作品怎样表达了在殖民主义活跃语义下,女性多样而特殊的处境问题。《变态》把"女性"形象化为一种复杂的历史聚合,在殖民力量、奴隶制和科学调查的性别限定条件下,协商女性在历史中的位置。莫莉安和这一社会结构内其他女性的关系,并非矛盾而难以理会,只不过这些关系是多样的、变动的而已。

因此,例如,莫莉安就广泛接触当地妇女,那些土著人和非洲奴隶,并把和她们之间的讨论,在《变态》一书中广泛征引。她认真对待从当地妇女那儿获得的知识——从如何备办木薯根之类的食物,到了解女奴们使用的一种用于流产,以免生出奴隶身份孩子的植物。[23]这一事实就把莫莉安的创作和当时大多数男性的创作区别开了。男性们也利用从当地获取的知识,但并不追本溯源,并且在他们的科学探索中,几乎完全忽视尤其与女性相关的风俗习惯。然而,莫莉安在她的文本中从未提及过那些妇女的名字,她也从不回避使用奴隶工,当她离开南美的时候,她曾把一位"印第安"女子作为一个匿名的助手,带回到阿姆斯特丹。因此,莫莉安作为一名女性艺术家—昆虫学者这一事实,确实出现在《变态》的文本和图像的构成形象中,然而这些形象并没有建构一种统一的"女性本质",一种跨历史的、把所有女性联系在一起的本质。这些形象把"女性"纳入整个复杂的、成为主体的模式中,纳入具体材料状况的冲突交锋以及政治因素中。作为差异集群的女性主义者的形象,既不是抽象的也不是远离政治的;的确,它们常常巧妙地干预不平等的、主流的历史。在17世纪的欧洲,殖民扩张、科学、技术、艺术、类同和知识之间的联姻,使权威女性知识分子主体能够彰显在复杂的喻义下。在我们这一特定的历史时期,伴随着对主体更加精确的界定,以及"全球化"、数码时代的虚拟技术对真实场景的威胁,女性主义者们对重新赋予理论以鲜明可感形象,以及对具象展示主体状态的研究,已显得越发重要。

用虚拟机器修饰身体

基因介入、网络空间以及"虚拟现实"的"新"技术,是对社会生活和人们思想有巨大冲击力的最新的科学发展成果中的一部分。数字技术尤其发展迅速,吸引了大批的西方人士,并且成为通讯、信息采集与分配、提供娱乐与有关世界以及我们与世界关系方面的知识资源等日常事务的一部分。然而,我在美英轰炸阿富汗期间所写的文章讲述了这样一个问题,就是《泰晤士报》上的一篇报道,列出了在十七个北非和中东国家能够入因特网的人口的百分比。这些国家中包括入网百分比可以被忽略不计的伊拉克、巴林和卡塔尔,以及百分比仅为 6.3 的黎巴嫩。**24** 可见,数码王国既没有超出原有的强权政治国家,也没有超越阶级、财富、全球经济占有份额等的等级划分范畴。

数字技术也没有和历史上不公正的性别、种族关系的传统分离,因而褒扬虚拟主体超越阶级、种族和性别差异限制的美好外观尚为时过早。恰如基思·安塞尔·皮尔逊所警告的:

> "这一负熵定数的画面,人类在此定数中,在非人的复杂化的过程中,起到的仅仅是传导的作用,只能提供根本不是选择的简单选择,比如退到一种新的伦理纯粹主义……毫无益处的破坏机器的勒德主义,或空泛的网络颂扬主义。" **25**

然而,非常清楚,媒体和通讯技术的进步,能提供非常有力的工具,凭此工具可以以新的积极的方式重新审视世界关系。这样做意味着要创造各种形象,这些形象不仅使技术具体化并嵌进历史中,同时会使技术成为不同的语汇。

澳大利亚艺术家安娜·蒙斯特(Anna Munster)一直在研究数字化呈现问题,她是通过她于 2000 年上传的奇妙网(http://wundernet.cofa.unsw.edu.au/)中的多种形式加以研究的。从很多层面来说,这个网址都是过渡的。例如,它是在制作一个多媒体只读光盘存储器巨大工程里的一个起步实验,这个存储器用于吸纳一个甚至更复杂的互动和图像库的形式。奇妙网的结构也是过渡的,让观众体验规模、形式、媒体,尤其是网址的变化。网址的变化是因为网址会把访问者超链接与其他网站,这是它运作逻辑的一部分。但我想进一步强调的是过渡性理念,我认为奇妙网是某种提供转变形式的机构。这个机构与蒙斯特更广泛的女性主义者数字实践的方法相联系,并且响应了布莱都蒂的评论:"当今的女性主义理论家只能是'过渡中的',她们前行、一路走过、创造事物间的联系,而这些事物以前本是不相联系的,或看上去无关的;她们甚而至于能在似乎'看上去一无所有'的地方,建立一种联系。"[26]

奇妙网创造了过渡中的多样联系,做出了文本、运动画面和若干网址联络之间的著然可视的联通。跨越这些多样性元素的联系是机械般运动的(多重的、异质的、暂时的),而非线性的或目的论的,然而它们也不是随意地周转在形体、内质和展示策略周围。从某种意义上说,奇妙网的"主旨"关切的是数字展现;在网址上的以及与此网址相连的很多材料,暗示着多层的物质实体,这些物质实体栖居在我们对世界"清晰的"、真切的体验中。例如,芒斯特的视觉画面就是生命物(细胞形式和人的肉身、骨骼的组合)、珍藏物(贝克、宝石和其他经典藏品)和虚拟物(数学符号、坐标和图表)的组合。这种设计可以说与历史上的以及同时代的文本大相径庭,它反映了艺术与科学、人体与机器、DNA与数字密码、权力、知识与主观见解的互相纠结。超链接可以带我们去任何地方,访问"艺术活动家"、发生学艺术家、探索奇异的生物系统命名法的网站、术语辞典、数码迷们邮寄的很多以"新"或传统媒介工作的艺术家们的料单和网页等。

但奇妙网的"主旨"不仅是这些事情;它过渡性的联系在机械力的影响下,展现了虚拟的现实。把数码展现作为一个过程而非一个物件加以研究,就把蒙斯特的探索实践和虚拟现实王国中,一个迅速扩展的关于妇女和"女子"身份地位的女性主义者的话语联系在一起。[27]奇妙网巧妙的过渡解构了对中性的虚拟无形世界的虚构——看上去无限多的随意信息由空中倾泻到作为被动消费者的"冲浪者"身上。你能穷尽奇妙网的信息材料和它的超链接,但是由这些有限内容形成的理念却向无数的信息交换敞开。这就迫使用户了解网站的系统局限性[28]以及虚拟自身的实际限度,同时我们作为求知者应积极主动构建和再构建与形体、机器、知识和权力问题有关的元素。这正是数字展现的双重作用,它强调了对与主体而言,类同的重要意义。对此,巴巴拉·斯塔福德写道:

6　变化:个人、集体和奇妙机器

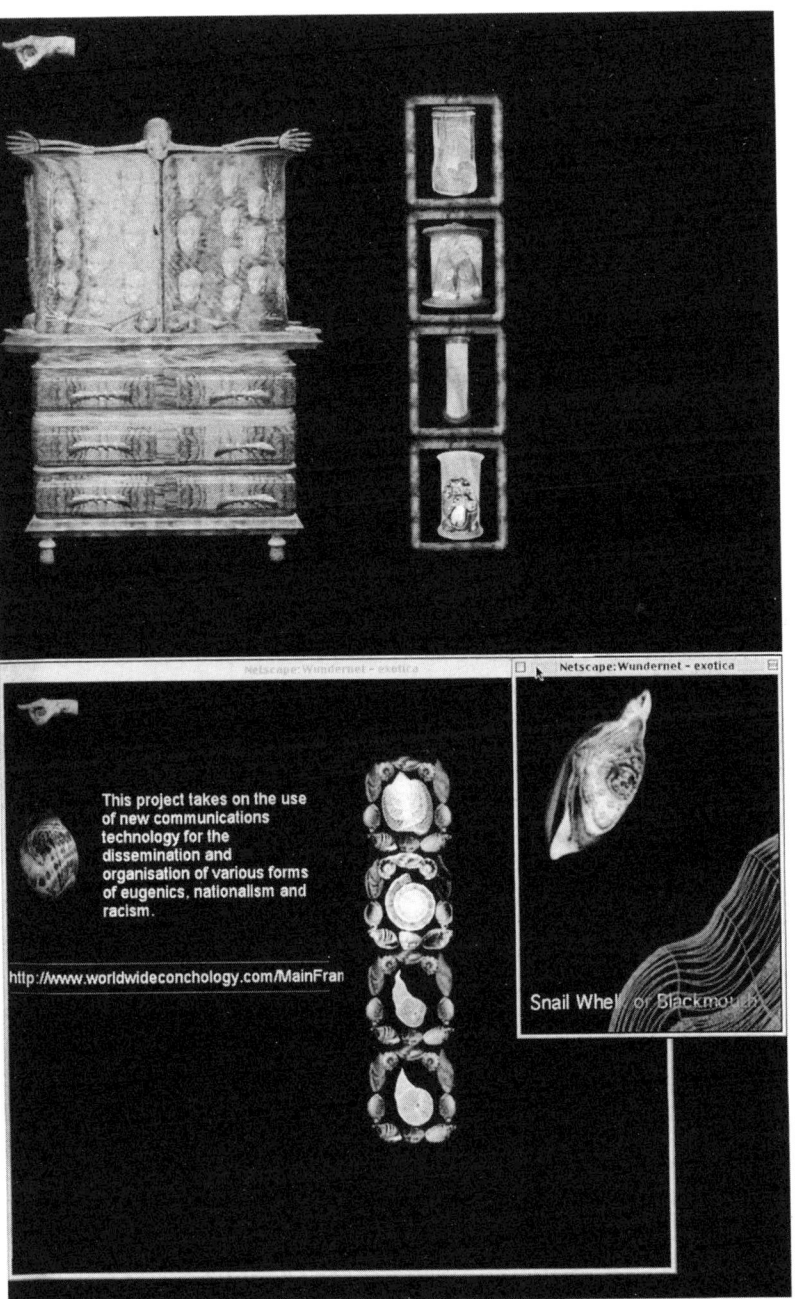

6.3　安娜·蒙斯特(Anna Munster),奇妙网(http://wundernet.cofa.unsw.edu.au/)于 2000 年上传,承蒙安娜·蒙斯特提供

"信息并非智慧,意识也不是对一套逻辑指令的反应……类同的功效不仅仅在交流已经存在的信息中产生,而且像意识一样,在形象地展现事实上正在交流的信息中产生。"[29]

奇妙网自身反照的系统,实现了它所传达的数码展现,培育了超常的聪明才智,产生了对随意的、看上去无穷信息的被动消费的意识。但奇妙网也策略性地介入了历史和意图性中。以奇珍厅为基础,奇妙网的图像的喻义、结构的逻辑、对收藏品以及为导航而作的展示的依赖,都是来自于由过去进入现在的最初的一种认知设计。然而,数码奇妙网和奇珍厅的联系之间意味着会有一个间隔、一个空隙,藉此,它们的构成差异会使我们能够在思维上做出实验的、理念上的跳跃。这会对各种主观认识产生根本的分歧,这些分歧会在数码交换中,在构想情境展现中出现。对此,蒙斯特写道:

"和一个一切人和事物最终都是有联系的或可联系的信息世界的思想相反,有差别的关系,尤其是那些把物质和巴洛克、数码技术结构在一起的关系,会产生不可同化的,即便是极微小的,由相互关联衍生出来的差异……这些有差别的关系始终在运作,并产生一种间隙、一种差异,一种外在于或异样于它们关联性的残余物……这一差异空间会有助于我们重新思考现在的主体问题。正是这一空间,通过数码时代的生物,纵然是以根本不同的方式,再次被创造出来。受这些条件限制的巴洛克不能被认为是数码的起源或数码的历史。而是,我把数码审美体验和它的概念化视为巴洛克物质、技术以及空间化的余韵。"[30]

用一个旧有的喻义来填塞新观念的机器,是一个与重新思索女性主观认识密切相连的策略。这种重新思索是指把女性主观认识既作为已经合成的又视为正在构成的——作为机械般运动的,然而又当成具象化的来对待。把过去并入活跃的现在的一部分,强调设定的、有形的动力根源,或者如米克·巴尔(Mieke Bal)认为的:"……这样的一种范式需要参与意识、变革能力和相互性……一个合适的词就是牵连。"[31]牵连强调思维的过程既是物质的,又受过去和现在的物质效果和状况的影响。当我们被引述的艺术作品所感染的时候,意图性就会有所改变;中介明显不是作为某种来自虚无的发明物(如一种无形的成为),而是对现在的介入,在介入现在的同时,再造过去。[32]

奇珍厅的认识论是典型的差异关联的认识理论,强调的是观众的介入活动,而非发明创造。[33]奇珍厅的观点不是说"一切物品"都能供收藏、编目,从而"获知",而是说知识本身是一种创造性构成的活动,使用有限的而又是不同的、奇妙的手工艺品进行构成的活动。把这些洞察力和数码系统联系在一起,奇妙网完成了一种机械的对应,靠数码记写了物质性和趣味性,同时赋予了奇珍厅新时代的重要意义。奇妙网的四个组成部分"历史"、"机械"、"转基因"和"异国情调"把牵连又向前推进了一步,并强调政治利益。这些政治利益是由早期现代奇珍厅和我们时代数码技术之间的历史和理念的联系记写的。

经济和意识形态上的利益支撑了全球探索和技术发展、遗传学和非西方手工艺品贸易之间的联系。在使"他者"沦为知识、权力、展示和商业化的物品中,这种利益支撑也起到了部分作用。忘记人口巨大的出生率和人类中的"畸形"相伴而生的困惑现象,对我们而言将是不明智的。这些畸形或作为科学标本,或成为吸引好奇心的怪异物,抑或被视为人类厄运的预兆。无视女子、母性和上述"怪异物"之间的历史联系,同样是幼稚的,不用提图像性、"种族"和性感化的"他者"之间的密切联系了。奇妙网没有遮蔽这些历史联系或由其材料所衍生出来的物品。从展示陈列的各类图片、贝壳、骨骼和布满审美细胞的试管,到和一个反种族主义者搜索引擎(一个关于优生学和色情化、"异国情调"的他者的网站)的多样联系,奇妙网把虚拟元素严谨地放入奇珍厅内所鲜明构造的权力、政治、愉悦的物质遗产中。

在这种牵连中我感到着迷的恰恰是,主体通过复杂的、冲突的和艰难的互换而受到质询。既不是单方面的批判、诅咒不公正的过去,以及在当今尚存的过去的那些陈腐的遗物,也不是过分简单地庆祝我们英勇的、新潮的、摆脱物欲而存在的世界,奇妙网的做法是把形体放回到机械中,找到一个位置,从中构建过渡的、合成的主体。主体的差异性再次被探询。蒙斯特在其作品中所介入的是一个有力的女性主义者的形象,但不是一个单一的、有意图的意义本源。相反,牵连的逻辑展现了特别的数码力量,以至于蒙斯特的意图是作为个人和集体的差异/行为之间一种交换的效果,作为她在奇妙网上提供的形象和过去与现在参与者的再造形象之间的一种接力,得以创造出来的。正是在这一过渡接力点上,我意在转向伊丽莎白·金(Elizabeth King)的研究,虽然在形式上极为不同,但同样能检测活跃的主观认识与情景展现的限度。

个体转变与变化之环

伊丽莎白·金制作了迷人的雕塑品,然而既非"艺术",也非她的实践所唤起的思想理念,为这些雕塑品本身所固有。例如,《注意之环:一位雕刻家对物质与精神同在的冥想》一书(1999),与多媒体装置作品《精神之眼中物品的尺度》(2000),这两件作品聚焦的都是一个精妙、半真人大小、清晰展现的自画像般的雕塑。这件雕塑名曰"小学生"。然而,《小学生》仅是这两件作品用作聚拢各种材料的轴心。在使用材料赋形方面,创作者是相当煞费苦心的。[34]《小学生》既是一个焦点,同时,按照金的说法,又是实践中的"一件器具",[35]这一实践是通过类同和会聚完成的。在此意义上,金的作品概括了赋形的逻辑:赋形是易变的,它通过创造异质的物品、图像和理念之间的联系进行运作,并通过多种亲缘关系把这些异质的物品、图像和理念结合在一起,同时既没有破坏也没有同化它们间的差异。

《注意之环》通过一种活跃的感知接力,创造了艺术、科学、历史和神话之间的特别的对应。金在创作实践中运用了一种成为主体的模式,她的作品显露了某些机制;通过这些机制,中介在个体和集体之间会作为一种交换出现,而不是被固定到任何一边。虽然金的创作实践中有很多相互联系的线索,我在这些章节的探讨中暂时不能论及它们,但其中一种联系,引起了我的密切关注,围绕主观认识和赋形问题的动态聚合,我着力研究了这种联系的内在动力。我认为《注意之环》中非常巧妙构建的知识和奇境之间的交换,是一种探问艺术如何形成差异中的类同形象的特别有用的方式。

《注意之环》把知识和奇妙之间的联系,设计成一个历史和现在的认知和理解力的问题,这些认知和理解力在视像、材料和理论联系中活跃运行。《小学生》本身就使蕴含在其物质存在中的这一问题得以形象展示:脑袋,尤其是眼睛具有惊人的活气,而颈脖、手臂和躯干则是程式化和机械式的。这种"超写实"和"明显的假造"的结合,既给我们以奇妙感又赋予我们以知识。我们探索其拼接的技巧,同时又被其惊人的"写实"所吸引。《小学生》的魅力在于其变换的逻辑——从生命的活跃到机械的冰冷,从形体的尺寸到形体的外表,从物质到精神的变换。的确,这就是《注意之环》的主题,这一主题在过程的交换中孕育,它排斥"非此即彼"的选择,而支持一个过渡性的"两者兼顾":"我被物质与精神共在的恐怖与惊异所深深震撼。"[36]

这种共存建立了一种类同机制,靠此机制,例如,有关再造的历史信息、小矮人大拇指汤姆的故事和机器人的传奇,就和自动化技术史、解剖术的早期实验以及艺术史肖像画传统联系在一起。把奇异物品,比如自动装置,和解剖标本、艺术作品以及科学仪器结合在一起,这正是奇珍厅的做法。金的"有认知作用的拼合"与这种现象类似,或者说她作品的元素也是以巴洛克为基础,这一点并不奇怪。我认为金审美和智慧的拼合作品包蕴着丰富的知识和奇思妙想,在某种程度上与米克·巴尔的精彩评论相呼应:"巴洛克景象的特征实际上是通过该景象主客体间的摇摆变动而赋予的,主客体的身份地位在不断的调整变换中。"[37]

在主客体间变动的一个惊人的例子,出现在《注意之环》中第 26 和 27 页之间,我们对这个例子的关注、理解,以及产生的惊异将和往常不

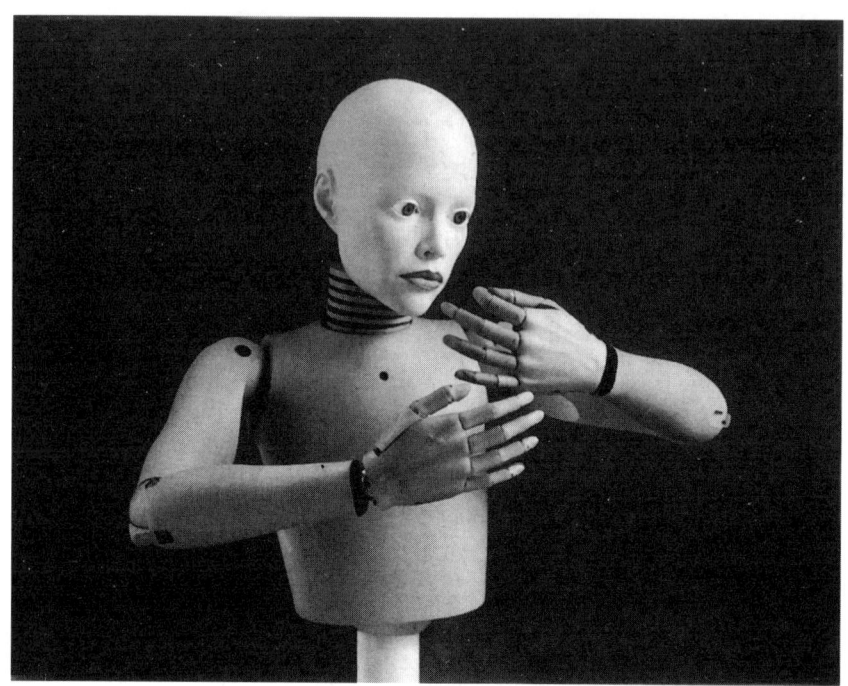

6.4 伊丽莎白·金（Elizabeth King），《小学生》，1987—1990；照片，《小学生》：姿势 7，1997，由凯瑟琳·威特兹尔（Katherine Wetzel）提供。该照片出现在《注意之环：一个雕刻家对物质与精神共存的冥想》的第 26 页，伊丽莎白·金，纽约：哈里 N. 艾布拉姆斯出版社，1999

同。在此，照片中的小学生 [38] 正在看一个在其大拇指和食指之间的微小的、想象的物品。下面的一段文字就是对此情景的记述：

"一天我父亲，一位物理学家，给我讲了关于一个铜水晶的故事。这个铜水晶是他从橡树岭的一位科学家那儿继承下来的。它是在实验室里培育出来的，结构非常完美，每立方厘米只有 3,000 个错位，而不是通常的 10,000,000 个。如果你把它捏在大拇指和食指之间，哪怕轻轻地挤压它，那么你就有可能使它一命呜呼。爸爸想知道的是他如何能从这么小的一个水晶上，切下一个薄薄的晶片（仅几分子厚）。因此，他就用中子光束审视它：'要是我把一根线垂在它上面，线的两端都浸在酸中，那么这根线就会慢慢地切开铜水晶而不会施加任何压力。'"

这一复杂形体是受其他事情的启示而获得的——自画像的微妙姿势、假设的科学实验、童年记忆等;然而,该装置既没有一样元素与上述事物有直接联系,它又是这些事物结合而成的一种奇妙的认知。这种认知使我们沉浸在再创造的活动中。我们作为实体中介在个体和集体之间的调节中受到召唤和激发;上面所述故事完全是个人的同时又是社会的,那个雕塑的姿势既是特殊的又是普遍的。这种赋形是审美的,确实又是动感的、成为的。巴巴拉·斯塔福德写道:"当我们积极地调动我们自身的视觉、味觉、听觉、触觉等一切感官,以便感知我们内在的深切体验时,就在那些动感的时刻,我们才会意识到我们在思考。"[39]

《注意之环》中的形象触发了主体与客体、统一与多样、变动与稳定之间的一种动感的交换。这种动感交换是凭本体感觉体验到的。本体感觉,是我们的"第六"感觉,是不同的感官会合而成一种游动的组合,这一组合能使我们真切地体验我们在世界上的位置。确切地说,这是一种我们自己内部既作为主体又作为客体身份的浑然不可分的联系。正是我们这种主客体的双重身份,使我们能够在空间中行动。本体感觉在我们专注的认知中,是一种永久的接力,它强调了我们介入的、关联的主观认识。在这个意义上,本体感觉也就成了一种赋形的机制,为个体与集体的相互联系,提供了一种审美动力。这种联系是包含在一种活跃的主观认识理念中的。

这种观点就和莫伊拉·纪登斯、吉娜维芙·劳埃德关于自我状态和身份特征的研究,以及本尼迪克特·德·斯宾诺莎的哲学,共享一种美妙的亲缘关系。[40]像斯塔福德一样,德勒兹和巴尔、纪登斯和劳埃德都研究巴洛克哲学,为的是思考一些现在的困惑问题:集体责任感、意识中想象的作用、一种非二元论主观认识观念等。他们的研究在历史上和概念上与本章中探讨的广泛材料相一致。他们对"超越个体"[41]的理解在此也产生强烈共鸣。首先,他们认为在与集体对立的状态下思考个体是不可能的,并且描述了模式之间一种认知的接力:

>　　对人类个体而言,认知接力意味着个体和广泛的集体之间的一种思想运动,通过这种运动,物质力量被调和。个体的自我状态不可能处于孤立状况下……**42**

后来,这种认知接力的观点,在以多种方式强调变革和运动的差异性、具象化和想象力的影响下被扩大了。在对特征的赋形上,我们有一个真正的范式,一个游动的女性主义者赋形的范式,这一赋形是动态会聚的结果:

>　　我们进一步认为,认识自己和某个人所处语境的方式,被反映在现存的具体方式之中。我们所了解的、想象的和相信的内容就构成了我们的特征,这些特征是过程的,而非固定的,因为它们通过我们参与更大的超个体的集体活动而被构成和再构成。**43**

《注意之环》采用的并不是一种线性的叙述,也不是讲述一个特征或意义固定不变的故事。围绕着"环状"的图形,金的这本书把物品、图片、事件和思想,进行盘旋式穿插,所有材料互相牵连,并绕同心会聚。这个"环"并不是简单的或单一的循环,让我们不可避免的最终回到原点,而是一种吁请,吁请我们从该书旅程的任何一点进入并脱身出来。这与韦斯对生成的评论近似,生成是"一系列来来回回迥然不同的运动,在这些运动中主体一再地返回到他自身。"**44**我认为追寻着贯穿本章的会聚、生成和巴洛克的路径,金的作品显示了一种折叠式的逻辑,呈现出一种生成、围裹、打开和构建全体的审美。她的作品不是同一的递增,而是多样的会聚。**45**重玄美学(aesthetics of fold)正如伊薇·罗麦克斯(Yve Lomax)所说的,通过包纳、牵连、类同和联系的逻辑,排斥二元对立:

>　　"一件事往往会被其他事裹挟。一种关系始终与另一种相关。一个时期总是关涉另一个时期。可以这么说,由变化构成的多样性与作品(实际上是与艺术)相结合造成了许多隐喻。重玄(Folding)事物间的差异并不是一清二楚的,相同和不同也不是截然对立。"**46**

隐喻的艺术通过《注意之环》的精彩图文被鲜明地展示出来,其中创作和思维都是围绕着小学生进行的,这样本体感觉就又使特征回到自身:

"我把这个形体摆弄成特殊的姿势,然后后退几步审视这些姿势。脑袋和躯干的连接轴有几度偏斜,这就使专注的姿态呈现出内省的意味,或者说有一种怀疑的迹象,或者是顺从的感觉……我需要指出的是,在我塑造这个形体时,我反复设计人物手和眼的配合动作。在这种配合行动中,手指需要胜任某种高难度的动作……或者说人物要细审他自己的手。我想我是在让这一塑像复原我创造它时施加给它的行为。"**47**

这段文字是附在艺术家手的照片旁的。照片中,她的双手正在表演创造镜像雕塑姿势时的动作。从宏大到细小,又从细小到宏大,双手叠合、展开,具体而形象地表现了各种姿势的变换。这样构建的形体特征虽是过程中的,但又是具象的。创造、思维和生成之间的相互关系物化了《注意之环》中超越个体的互换,强调了自我的探索本性,不断地调整自己所属领域内的参数。生成的逻辑视一切为变动的、介入的、发展的,对于重新构想女性主体而言具有有力的推动作用,并且它并不诉诸远离政治的抽象,或超越差异的乌托邦式的建构。吉恩·道(Gen Doy)在研究富有创造力的主体创造的更加成功的范例中,写道:

"我们需要一种历史情境化的主题理论。这种情境化的主题既关乎个人,同时又是社会整体的一部分。这一理论指导下的人们有意无意地介入了矛盾发展变化着的现实,创造着新的再现,这种再现不是对男性或女性物质和精神存在的被动的反映。"**48**

我认为女性主义者的目标寻求的就是对这种理论需求的回答。女性主义者创造的艺术是变动的差异的集合,她们把主题既作为个体又作为社会全体的一部分加以表现。从基于被动反映的审美思想,朝视觉类同和"超越个体"的情境展现的转变,就不再视女性的主体性为一成不变的、大一统的,可以重复再现的,而是允许这种主体性在未来以新的方式进行丰富多样的再构建。

第三部分
审 美

结　论

　　女性制作艺术涉及审美领域,这是不言自明的,因为任何艺术制作必然都涉及这一领域。但女性们介入审美要远比人们所通常认为的丰富精彩。我们现在知道审美这一术语出现在18世纪后期,自从这个术语被使用以来,艺术哲学、鉴定艺术品的标准以及我们对认知本身感官基础的理解,就在它们的历史架构中,给审美戴上了性别偏见的枷锁。通常认为,女性的艺术实践缺少审美规范,所以对她们作品的审美描述也就很少。这是因为审美的内在逻辑被男性标准的艺术创造、价值和知识理念所统辖。

　　从广义上说,审美指的是艺术和体系结构,各种各样的艺术作品都可以通过这些体系来加以鉴定,区分出"好"与"坏"来。艺术史的标准传统,就是被以这种方式运作的一系列审美理论所支撑,以便于,例如,古典雕塑和盛期文艺复兴绘画的优秀传统,能被载之史册,广为推举,并教授给新一代艺术家、赞助人和鉴赏家,他们在经典的历史画中可以再次激活这些传统。然而我绝不是说,在这个层面上审美就变得非常霸权,我很清楚艺术中的各种哲学理论,以及其必然拥有的理念,诸如美妙、愉悦、崇高、怪诞等,在思想史领域互相争锋。不过,在18世纪末出现了一种相对稳定的高雅艺术的标准,这一标准的出现,部分原因就在于审美思想的传播。

　　支撑这些理念的经典艺术和审美理论的特征并非是中性的。例如，崇高在优美之上，卓越的、宏大的形式在特别的、细节的、装饰的形式之上。在这两组匹对的术语中，前者总是和男性化的创造天赋相联系，而后者则与女性化的纤巧相关。虽然男性化和女性化并非严格地与男性、女性相对应，然而制作艺术的女性们，常常认为那些带有诋毁色彩的词语是用在她们身上的。而艺术评论家们对于女性们的艺术，常常有一种先入为主的态度，想当然的认为某种特征会出现在她们的作品中，例如，处理之精妙，色彩之和谐，装饰之优美，善于处理局部而没有能力驾驭全局等。

　　历史上看，女性艺术家和女性化作品、男性化作品这种区分类别有一种矛盾关系。在一些场合，她们接受女性化婉约美的理念，把此理念作为一种有效的策略，用于宣传在由男性支配的艺术领域中女性们的作品。在另一些场合，她们为自己男子化气概的创造力而欢呼，公然蔑视性别标准。到20世纪上半叶，创造力和审美的性别特征，在她们自身几乎没有受到任何挑战，但女性们对这两种类别的策略利用，显示出她们对待男性化、女性化这种区分是严肃认真的，并要承担选择由这种"不当"的比喻（男性化、女性化的比喻）来界定自己创作的相当的风险性。

　　在20世纪六七十年代"第二代"女性主义时期，女性化美的问题呈现出一种新的面貌。女性主义者经常因创造力和艺术实践性别特殊观念是否正当有效的争执而分成两大派别。反对性别特殊观念的人指出了上述区分的历史成因，认为它们的存在是男性主导下的一种社会形式，是艺术和艺术界的特征之一。然而，其他人则寻求获取一种权威的女性化美，把这种美界定为女性主要艺术实践的突出特征。对此问题的最慎重的表述有可能是逐渐被认可的"核芯图像"（central-core）或"阴道艺术"（cunt art）的说法。"核芯图像"（central-core）旨在反对被视为阳具化了的再现模式，强调对女性身体想象而产生的画面，主要是围绕鞘的象征意义进行组织安排。并非所有的"核芯图像"（central-core）支持者，都把"核芯图像"（central-core）视作女性们的艺术实践的本质元素；

有些人就把它视为西方艺术史物化性别差异的一种策略变革。

然而,对女性化美更普遍的描绘,关注的是所有女性们的艺术共同的特征,而不顾女性之间历史背景、物质材料和地理环境的差异。在这个层面上,被视为具有一种女性化美的某些特征应该是大家熟悉的——倾向于唤起心核画面,利用主体款式或装饰形式,以及一种更为普遍的构成结构。这儿的问题也是明显的,女性间的差异被忽视而支持一种同质的逻辑,这种逻辑建立在某种(生理)本质的基础上。抹煞女性制作艺术复杂多样的历史,实际上给女性艺术家造成了很大的伤害,并且对于研究女性和审美之间多样而重要的关联而言,也是不当之举。

很多女性主义艺术家和评论家避开了女性审美,而支持采用女性主义美学。女性主义化的美的支持者反对把女性化美视作某种生理本质,而是寻求确立一种能激活女性艺术才智潜能的实践模式或再现形式。就审美而言,这是一种更有成效的做法,是20世纪70年代起女性主义观念艺术、装置艺术和行为艺术兴盛的原因之一。但是,女性主义化的美也呈现为单一形式,并且闭塞差异,在实践中倾向于助长一种令人不适的正统观念,当然是靠这种观念来评价历史和当今的女性们所创造的艺术。很明显,探索一种理想的女性主义化的美,一种决不被用来反对女性自身利益的艺术创造和再现模式,那么这种探索就是有问题的。其最不当之处是,这种探索也意味着很多实践和题材,包括最有名的具象绘画以及对女性裸体的描绘都会被视为反女性主义的,将被女性主义化的美的支持者弃而不顾。

然而,那些研究艺术推动女性主义理论和政治非凡潜力的人,并没有只停留在寻求单一的女性主义化的美的层次上,而且还进行更深层次的女性主义化的美学的研究。因而,艺术家、评论家、历史学家和理论家都把注意力转向了哲学和艺术的传统,探询更广泛意义上的美的发展,商榷女性主观认识的表述在其审美结构中的位置。

这种分析的一个重要特征,就是把审美视为感官和形体能发挥作用的一种关键形式。历史上,审美的感性基础使它和理性或理性的认识论区分开来。理性的认识论主张抛却肉身而关注精神。女性主义理论家热切地寻求摆脱这种身心对立的传统观念,该观念坚持男性化与理性的、超验的优势地位相联系,而女性化则与感性的,婉约的美相关联。女性主义者的努力不是为了仅仅废除这种对立的术语,而二元对立逻辑却仍完好无损,而是主张在知识生产中形体和感官的重要意义在于解构这种二元范式本身。

女性主义理论承认具象化、物质化和过程化对于主体建构的重要性,从而能够确立在历史、哲学和文化领域富有挑战性的地位。女性主义的观点给诸多边缘化或取消差异的盛行普遍结构,提供了关键的对应联系;把审美作为本质上涉及形体、感官和认知与概念理解间相互作用的一个领域加以重新研究,就是女性主义学术活动极有价值的一部分。再则,女性主义审美研究是把艺术作为表述差异的一个关键所在,艺术创造在关乎形象性、过程性和变革性的思想发展中和文本基础理论同等重要。

下面三章有关"审美"的话题,构成了本书第三也是最后的部分,意在从历史和理论的角度对艺术的介入问题进行广泛深入的探讨。在制作艺术上,女性们探索了一系列表述差异而不是仅仅物化"他者"的审美手法,并且她们抵制了把她们的艺术边缘化视之的审美体系中的传统偏见。下面的每一章都是围绕审美中的一个中心问题——愉悦与认知、文本—图像二分法与时间性等加以建构的。这些章的论述决不意味着就穷尽了这方面的题材,而是说它们追寻着美学和艺术实践中当代辩论的外延,触及到了极重要、持久性的问题。随着这些章节的展开,清楚地表明,女性们的艺术具有探询认识论,重构理论和展示对未来的新视角的真正潜力。

感官愉悦和它与认知关系的问题长期以来一直困惑着人们。第七章研究的就是感官的等级问题,探索视觉首要性,和对客观的、远距离观察的要求可以被多感官审美介入改变的可能性。本章研究这些问题是通过观察当代北非和中东女性艺术家的电影制作进行的。她们挑战了初期拍摄体制的"东方主义"特征,以及把女性当物对待从而实现的电影娱情效果。在或者是感官或者是认知的构建中,这些电影作品既反对种族主义又反对性别主义,然而并不排斥感官愉悦在表述女性主体性和认知中所具有的力量。

第八章转向了文本和图像之间的极化关系,寻求摆脱分化文本和图像的二元逻辑,旨在反对在有关以文本为基础的作品中,对视像和材料实践的不公正的批评。词和文本的物质场域得以恢复,由此而产生的效力使得被抹煞了的物质、母体以及语言和思想的形象载体得以浮现。本章所探讨的艺术作品在重新赋文本以物质性中起了关键作用,具体地说,就是在重新思考书籍的功用上所起的作用,即认为书籍是一种绘图工具,可以靠它描绘新的版图,并且能够跨越看上去固定的边界进行交流。超越这样的边界,阐明差异性,恢复理论的实践基础等,对于女性制作艺术而言有深刻含义。女性们对文本图像范式的调整,在政治上和审美上都是恰如其分的。

本书的最后一章探究的是澳大利亚女性艺术和批评理论中,时间和临时性的问题。澳大利亚的历史和地理对于这一主题的重要性是特别值得关注的;随着本章描写的深入,必然就转到澳大利亚女性主义哲学家摆脱殖民奴役活动的话题上。去殖民化的活动,与构想过程中的主体和历史有密切关系。这些学者们的研究和澳大利亚女性艺术家们的出色实践相对应,她们都寻求超越由空间限定时间(把时间作为空间的对象,或"事物")的思想,从而奔向临时性的一种更开放的、流动不息的召唤。这种艺术就是生成而非存在的本体论的例证,它激发了艺术作为一种差异形态构想未来的潜力。

这些章节所探讨的案例不是一般的,而是特殊的,限于特定的时间、地点和物质实践。这是一个决定性的策略,这一策略就是要使特定与一般的情况相对立,使我们的注意力扩展到常见事物之外。正如这些章节所揭示的,女性的艺术丰富了美的新领域,她们为此做出了很大的贡献。随着章节的展开,我们也将理解有形性、物质性和过程性在世上历史和主体的制作中所起的作用。

7 愉悦和认知:"东方主义"和电影化视觉

"感官弃置"是启蒙运动主体的一个短语,意指感官(视觉和听觉有可能除外)会钝化智力。它表明作为来自其他文化感官体验代表的东方人士的欲望,在一定程度上是阻碍理性思考的一种欲望,似乎感性知识和理性知识是根本对立的……[然而]探讨感官的等级问题并非易事;事实上,它是煞费苦心的一件事。

(劳拉·尤·马可斯)[1]

在这段简明生动的评论中,马可斯把关于审美的传统启蒙运动思想的若干方面:愉悦、感官等级、殖民地的权威与认知等联系在一起。但美学的发展,就像是对"东方"的殖民统治一样,[2]是一个多层次的、不均衡的和充满争辩的过程。尽管重复多样的实践、演说和辩论都倾向于获得"西方"对"东方"、"理性"对"感性"的完全的文化和政治控制,但霸权实际上在任何一个领域都从未获得其稳固的地位。这并不是说构建"东方主义"的物质和意识形态的实践就是公平公正,不存在剥削和压迫的了,而只是想表明抗拒和交融也是这种关系的一部分。因此,在审美内外各种实践所显示的传统的感官等级和认识论次序,绝非无可争议。确实,如果透彻研究的话,探究"再东方化"主体的审美的根本潜能,仍是可能的和恰当的。这些"再东方化"主体是通过愉悦、认知和多感官介入而重树起来的。

特里·伊格尔顿(Terry Eagleton)指出,在18世纪期间,美学逐渐被视为理性的"女性类同"。[3]这一逻辑的必然结果现在在女性主义者的批评中反复出现:美感和性感总是与诱惑、愉悦、女性(作为男性化、异性恋欲望的对象)相关,而和理性的、超脱物欲的、普遍性的认知相反。在男性化、女性化二元对立的观念体系中,"女性"被视为客观对象或他者,是这一体系中负面的一极;男子气概的理性的刚毅可以通过摆脱"女性"的束缚而上升到绝对主体或自我的地位。但是把文化上的差异和政治上的不同与女性或客观对象联系起来,这只是审美发展中的一小步——因此,如果一种逻辑把"东方"女性化为外来的欲望的客观对象,那么这种逻辑就不能够超越过于物质的或过于情感的状态。

很多学者指出把非欧洲人士和地域统统归乎外来,是与启蒙运动政治理论和美学背道而驰的。吉·斯·卢梭和罗伊·波特在《启蒙运动中的异国情调》的引言中认为,外来是对欧洲边界之外一切的概括,这个欧洲是指看上去"基督教的、文明的、理性的欧洲"。[4]东方特色的异国趣味尤其与在性别差异中所最常描绘的象征性形象有关。罩面纱的女子和闺房象征着异国趣味和充分的"东方情调",由此就把两种关键的探视模式结合在了一起,构成了殖民化凝视的主流:性窥视和科学上所谓的窥阴癖。[5]异国情调化的罩纱女子招引着窥视的力量,就是揭去面纱、认识和支配他者的力量。以闺房或罩面纱的女子来喻指"东方"是普遍的现象,且意义深刻——它既意味着又决定了欧洲对北非、中东各种文化一代代的反映。重要的是,它也影响了殖民地区内视觉文化的发展,以至于无所不在的有性别差异的机械凝视*或权力凝视,就成为最受挑战、抗拒或非议的视觉形式;因而这种视觉形式需要被重新构建,趋向新的公

---

* 机械凝视是由原词'instrumental vision'意译而来,也可理解为视觉机器,或权力视野。法国20世纪著名哲学家米歇尔·福柯对这种视觉有较为详尽的阐发。他认为在视觉机器的形势下,人与人之间的视野是不平等的。一部分人居高临下,对别人可一览无余;而另一部分人则只能受注视,根本无法摆脱优势群体的目光,而且无法看到优势群体的活动,甚至对他们一无所知。——译者注

正、平等的目标。

作家和电影制片人阿瑟·杰巴（Assia Djebar），她因对解放后阿尔及利亚妇女生活富有启迪意义的研究而闻名，就曾描述过自己的感受，就是她感觉到那些生活在阿拉伯、非洲和远东等殖民地区的人，她们的自我状态已完全消泯。她写道："因此，大约一个半世纪以来，在异教活跃的那些日子，人心被蛊惑——意识既被控制又被愚弄——人们从事着扼杀自己心性的活动。"[6]杰巴引用了殖民地欧洲视觉文化的例子，从东方人士的绘画到色情卡片、人种志记录照片以及所谓的"殖民地电影"，她认为欧洲视觉文化传统在当代阿拉伯电影制作中留下了痕迹。该种电影以"被他者审视"作为一个关键主题。[7]

在阿拉伯世界欧洲殖民地发展起来的美术、摄影和电影，当然在视觉文化中是以男性化的、霸权的凝视为核心的。对所谓的"视觉中心主义"[甚至"阳具中心主义"（加原文）或"只关注阳物"（加原文）][8]的批评，现在是众所周知的；因此，仅仅强调从对"他者"的单向支配而获得的摄影画面、感官等级和怡情悦性等，在这一体制内是密切相关的就足够了。[9]然而，虽然北非和中东殖民地区中男性标准视觉中心主义的普遍存在，使得这种窥视体制看上去是居于支配地位的，然而它的影响又绝非在此。杰巴当然从未认为摆脱殖民奴役的主体，尤其是妇女没有能力争取一种话语权和观看位置。而是她主张采取一些策略性的手段，凭这些手段获得这样一个位置，而又绝不忽视殖民地各种关系相互作用，或者性别差异特定性的历史。

支撑这样策略性介入的是这种洞察力，即在特定的社会政治体制下产生的绘画、摄影和电影，并非是定型的建构，而是有诸多不确定的因素。对殖民地主体的控制是通过强制力实现的，对此，吉恩·道在《法国1800—1852年女性和视觉文化》中写道：

"在19世纪50年代在北非拍摄的很多照片，显示出法国摄影师在设定种族'典型'时所遇到的困难，以及在试图使人们摆出某种符合既定摄影实践风格的姿势方面所遭遇的麻烦……然而,到19世纪后期和20世纪早期,北非女子在摄影中摆出的是和法国照相馆照片里的女子一样的卖弄风情的姿势。"[10]

殖民化了的主体渐渐成为被窥视的客体,或者是人种志视觉技术的对象,但是,关键是殖民地的女子也掌握了电影和摄影技术,让其为自身所用。的确,一些土著的先驱者们经常在强权国家的城市,诸如巴黎、柏林和伦敦接受培训。[11]电影技术的影响绝非是单向性的;事实上,正如雷伊·乔(Rey Chow)就中国的情况所阐明的,电影和摄影的影响在拥有根本不同的视觉和审美历史的文化中将会是最深刻的,由于那些文化会以各种各样的方式反应于并且影响这些新技术下的观看模式。[12]维奥莱特·沙菲克(Violet Shafik)在她关于阿拉伯电影的研究中深化了这一观点,她描述了外来者和土著者的媒介传统之间的诸多矛盾,并且由于她对关于主流同化、边缘疏隔和真切性等问题的探讨,至今仍受关注。[13]

劳拉·马可斯(Laura Marks)进一步认为简化的中心与边缘范式和跨文化的电影实践没有什么关联,这是因为作品出现在多种文化交汇的空隙,它实际上重新组织起感觉中枢以表述变动的主体位置:"……跨文化电影吁请观众进行感官的重新组织,因而当人们在文化间游走的时候,新的感官认知就成为可能。"[14]这种电影与传统对立、"反审美"甚或"真切性"的特征,使其与西方主流电影大相径庭。但她像其他的"空隙"电影或"第三电影"的理论家,诸如哈米德·纳菲斯和保罗·维尔门一样,已经超越了仅仅以这种电影来对抗西方主流传统的二元逻辑。这些理论家们研究了由空隙电影引发的更复杂的介入和鉴赏问题。这些问题完全包容在主流国际电影制作和审美中,然而又和它们不同。[15]

在本章中,我想关注由女性制作的这种跨文化电影实践的三个特别案例:莫娜·哈图姆(Mona Hatoum)1988年的录像作品《测量距离》,希林·娜沙特(Shirin Neshat)的录像装置《骚乱》(1998)和莫菲德·特拉特里(Moufida Tlatli)编剧并执导的标准长度、流行特征的电影《沉默的宫殿》(1994)。这些作品中的每一部都是煞费苦心、跨文化交流的结果，并且使第一和第三世界、"西方"和"东方"、美术和流行电影，或者娱情和非娱情审美之间的固定边界，变得毫无意义。这些艺术家们借鉴并利用了"西方的"电影和录像技术；她们曾在欧洲和美国城市至少接受过部分艺术培训（哈图姆在伦敦、娜沙特在洛杉矶、特拉特里在巴黎），并且还在国际中心之间游走，以募集资金、创作和展示作品。

此外，哈图姆、娜沙特和特拉特里在她们的一生中，全都经历过发生在她们生长地的政治环境和文化氛围的强烈变革。哈图姆出生在贝鲁特一个遭放逐的巴勒斯坦家庭，她拥有英籍户口，后来迁居伦敦学习艺术，并且在20世纪80年代的黎巴嫩内战爆发时，与故国中断了联系。娜沙特出生在伊朗，少年时去了美国加州，在伯克利学习艺术，并且像哈图姆一样，当鲁霍拉·霍梅尼的原教旨主义组织在其故乡掌权时，她发现这场政治骚乱切断了她与故土的联系——十年后在1990年她才得以重返故乡。特拉特里在她还是一个小姑娘的时候，见证了突尼斯人摆脱法国殖民统治而获得解放的这段历史。当1968年那场激烈的社会和政治暴动爆发时，她在巴黎就读，是巴黎高等电影学院的一名学生。她于20世纪70年代返回突尼斯，在电影业做编辑工作。这些传记资料并不意味着用于"诠释"她们的创作，我的兴趣也不在于对她们创作生涯中这些简括人生阅历的解读，也不是特意强调这些女性都经受过政治波折。而是利用这些传记资料旨在指明"交互"的重要性——国际的、跨文化的和边隙间的交互——交互地带是两地之间的一个丰富的空间，而不是从一地到另一地的一个空洞的过渡。[16]

这三件作品全都与艺术家所生存的跨文化空间相关，但甚至更惊人的是她们都坚持利用把殖民地人对美的认识与故事片中营造的愉悦之情联系起来的比喻——即，"东方"女性形象。哈图姆、娜沙特和特拉特里把"阿拉伯或穆斯林"女子既作为男性窥视欲望的符号，又作为女性自身快乐，自我意识以及差异展示的潜在场所来加以表现，制作了极其娱情的录像和电影作品。[17]这些女性艺术家的电影美感，显示了她们的艺术实践对异邦文化的强力嵌进。这些影片没有简单地否定愉悦和欲念，而只是抗拒男性客观化的凝视。因而，这些电影中的美感也具有革新传统认知的能力。

《测量距离》、《骚乱》和《沉默的宫殿》把跨文化、跨越主体性、具体而形象展示的女性主体的蓬勃生机融汇在一起，所展现的美的愉悦已超出了一般意义上的感官的满足，也超出了对文化、政治差异的表述。更为精彩的是，她们也认识到了社会、政治和意识形态的不同架构，给女性主体及其欲望、审美和感觉中枢烙下了印痕；这些作品因而不存在产生一种本质意义或者使用单一审美策略的统一的实践体。这些富有成效的策略随着作品和其种种美的愉悦展开的过程，在本章其余部分将予以阐明。从致力于听觉研究，到通过本体感受研究视觉，再到触觉[18]技术，这些作品打开了一个"交互"的空间，展示了充分感觉意义上的丰富的知识，蕴含着政治批判和不同的快感。

审美：愉悦与声音

听力和声音在北非和中东国家的感觉中枢中[19]是极为重要的，阿瑟·杰巴在有关阿拉伯女性的电影制作中认为，对话语权的要求就像摆脱被殖民化凝视一样重要："女性们创作的大多数电影给予录制的或无意间捕捉到的声响、音乐、音质等，和电影画面同等重要的地位，这难道仅仅是巧合吗？"[20]声响、音乐、音质和寂静的巧妙组合，奠定了女性在阿拉伯世界社会和文化生活中的地位。然而这种组合并非是静态的；文化、政治和宗教的变动使女性和男性在审美愉悦、权威和认知的传统中扮演的角色也不一样。因此，正是在整个伊斯兰世界所长久建立起来的女性们的诗意传统，才给予了她们一个令人尊敬的演说坛，从而培养了她们卓越的诵读技能。然而，玛尼亚·拉兹莱格（Marnia Lazreg）在《沉默的力量》中认为，平常生活中的女性，在男子和施加殖民统治的欧洲人面前常常是沉默寡言的。[21]

在整个马格里布和马什瑞克,声音诠释的传统在意义生成方面都起着关键作用。[22]听觉的优势地位源于颂诗语调和伊斯兰教传统的悠久历史,而女性在朗诵中扮演了重要角色。《可兰经》是供于听而非供于读的文本;朗诵《可兰经》的高超技能意味着对该书的深刻理解,所以朗诵者巧妙地运用抑扬顿挫的语调,可以赋文本以生命力,让听者有身临其境的感觉。这样有能力的朗诵者常常极受尊重。心醉神迷的听者的状态可以用"塔拉伯"一词来概括,或者概括为"神魂颠倒",它是指一种超自我状态,而非一位积极的演说者和一位被动的听者的完全隔离的状态。"塔拉伯"一词能延伸指一位杰出演说家和她的听众之间的互动。比如,乌姆·库耳图姆(Umm Khulthum)著名的星期四音乐会,[23]听众们在乐声中前俯后仰,和她的演奏交互感应。库耳图姆被誉为"埃及的声音"。她在马格里布五十年来是最著名、最受爱戴的歌手,她的音乐会从20世纪30年代到60年代被广播电台广泛播送。在电影音乐情境中,库耳图姆也是一位先驱者。以歌曲和乐声作为推动故事情节、发展人物性格和表情达意的主要手段,这在阿拉伯电影中仍很常见。[24]

在《沉默的宫殿》、《测量距离》和《骚乱》中,声响、歌曲和寂静结合起来作为关键的审美策略,通过集体发声和主体互动的迷人空间,播扬了女性的主体意识。[25]《沉默的宫殿》对寂静和歌曲交互作用的依赖最为明显,它以这种交互作用作为有声和无声审美愉悦的主要形式。这部影片以一位青年歌手阿莉娅的故事为中心,镜头闪回到她的童年时代,追叙了她在解放前的突尼斯作为王宫里一名仆人女儿的童年往事。保持一种会心的沉默,对在王宫里做仆从的女子们的生活而言,是极重要的。该片中,不准出声的训谕反复出现多次,在妇女们中间形成了一种心照不宣的约定。然而这种沉默也被用于标记阿莉娅和她母亲之间亲情关系的最具有创伤性的隔断;当女儿目睹母亲被强暴的时候,镜头前移,画面上呈现出在宫殿紧锁着的大门旁,阿莉娅发出寂静的狂喊时,她面孔的一个特写形象。这个镜头就是女性们的主体地位被剥夺的一个强有力的说明。女性主体地位的丧失是由于强加的沉默,和女性的沉默与男性的控制之间命定的不可分割的关系而招致的。

与之相反,当女仆们聚在一起,摆脱男子与贵妇的监视时,她们集体的快乐之情就通过其纵情欢笑的声浪张扬出来。这些欢声笑语是强调女性主体性的集体宣言。这些女性能够张扬自我个性的空间里的声音,和电影中有男子在场,或是正式社会活动拘谨氛围中干瘪的辞令,明显有别。有必要指出的是,这些女性群体并不是处于同质状态,而是跨越年龄、血统和外表差异的契合。的确,女仆们在宫廷内不同的角色分工,她们对这一时期政治动荡的不同反应,贯穿了整部电影。

阿莉娅的声音是通过她和她母亲,以及其他在王宫做仆从的女子,比如,年迈的卡尔蒂·哈达的纽带关系,陪护和建立起来的。可以说,对北非的电影观众而言,阿莉娅的歌声是通过她和乌姆·库耳图姆的一种假想关系建构起来的。库耳图姆出身卑微,后来声望不断上升,成为民族主义解放运动的偶像,在电影中每次场景变换的时候都会萦绕着她的形象。[26]阿莉娅那令人心醉神迷的声音贯穿于《沉默的宫殿》始终;她本人也被歌声所感染,而那些听了她动人歌声的人们,那一刻全都陶醉在她的美妙纶音中。《沉默的宫殿》中的这种电影美感的重要意义不应被低估,原因正如沙菲克指出的,多数现代阿拉伯电影牺牲掉心醉神迷的场景,而换用更西方化的时间连续的形式。[27]而在此,当阿莉娅带着她着了迷的大量听众踏上旅程,听众们因她优美的歌声而纵情狂欢,并为她朗诵突尼斯民族主义赞美诗的抑扬顿挫的声调所倾倒的时候,可以说正是阿莉娅的声音和它的迷人的音色创造了电影的戏剧性高潮。

重要的是,这部电影并不是以民族主义歌曲收场,而是以歌曲、声响、寂静和画外音等互相交织于最后的场景。这些复杂的听觉美,表现了阿莉娅作为一名女性主体的话语权地位。这种地位是在她和其他女性,尤其是和她母亲的关系纽带中体现出来的。解放的政治主题通过女性主体们的集体宣言,以及在她们的快乐、痛苦和求知中得以彰显。随着阿莉娅的回忆,镜头闪回到她歌唱祖国获得解放的那个夜晚,也就在那个夜晚她和青年激进派教师劳特菲一起永远离开了王宫。最后她也

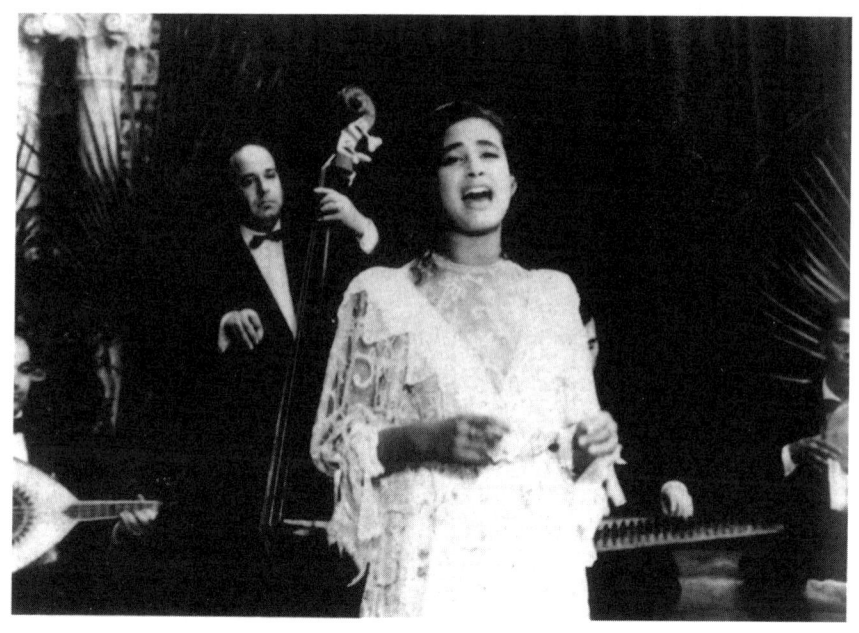

7.1 莫菲德·特拉特里(Moufida Tlatli),电影《沉默的宫殿》剧照,1994,版权,莫菲德·特拉特里;照片,英国电影学院

了解了她母亲在一次试图堕胎中惨死的情形。这首解放歌曲的语调经过了仔仔细细的推敲,歌曲和女性们悲恸的哭喊交织在一起,把闪回画面推向了结束。阿莉娅后来找到年迈的卡尔蒂·哈达,再次要求确认她父亲的身份——这正是她返回王宫的表面理由。而回答她的始终是沉默,绝对坚守的沉默。

然而,当阿莉娅独自漫步于王宫庭院中的时候,空中回荡着针对她已故母亲的"我"的画外音。在画外音中,特别赋予阿莉娅宣扬她与其他女性关系的权力。在阿拉伯影片制作中,很少使用画外音,画外音是一种自我揭示的基本手段,主要是用来传达集体的关切。[28] 特拉特里影片最后的场景,通过把催人奋进的民族主义歌曲和沉默、认知以及一位女子的自我表述相对照,展现了画外音强有力的效果。阿莉娅的语言是经过精心推敲的;她不再寻求通过查找父亲来确认自己的身份,她领悟了女性们心照不宣的沉默,并且刷新了和她母亲之间曾经的纽带关系。她发誓要靠自己养一个孩子,并且重要的是,要以她母亲的名字给这个孩子命名。她想以此独立于劳特菲,独立于整个父系体系(包括沿用父姓)。严酷的是,阿莉娅把她的雄心壮志和这样的实际情况联系在一起:由于她脱离了她所挚爱的女性群体,她的歌声,正如她自己所言,"不再鲜活"。

在《测量距离》一片中,莫娜·哈图姆也把各种声音叠加在一起,表现一位母亲和其女儿之间的关系。她们也是被她们不能控制的政治环境所隔离。在仅十五分钟的长度内,该录像把哈图姆阅读她母亲自贝鲁特给她信的译文的画外音,和她本人与她母亲用阿拉伯语一起谈笑的录音结合在一起,发展了一种简明的叙事和富有魅力的听觉美。读信的画外音是居于主导的声音,它是用英语清晰表达出来的(该作品是在盎格鲁风语境下首次制作和展演的),并且描述了共同承担的家庭契约关系,在黎巴嫩内战期间不断升级的紧张和暴力,以及一位母亲因和她心爱的女儿分离所招致的忧伤。与之不同的是,母亲和女儿快乐谈话的声音,则显示了她们关系的亲密融洽,而没有什么特别的叙事内容。甚至对一位讲阿拉伯语的听众而言,当收听录像中的这一录音文本时,也不可能充分理解它,因为它只是传播着一种融有愉悦、笑声和亲密气息的物理的、感性的语调。

画外音和谈话这两种声音唤起了母女关系亲近而又远离的复杂状态,然而这一复杂状态是置于国际冲突真实空间下一种特殊的关系中加以表现的。而在收听上造成的听觉紧张,意指女性的行为和欲望是社会和政治认知的重要构成部分。也就是说,我们作为听众了解到了政治形势。这些政治形势是通过两位女子之间的个人关系,更重要的是,是通过对事件的一种远距离的、口头叙述,以及收听给人带来的感觉上的亲切、愉悦和极度的渴盼之情等传达出来的。在我们头脑中理性获知的内容,和通过我们在多重声音美感内的感性而获知的内容之间,没有纯然、绝对的分隔。《测量距离》使在黎巴嫩的政治斗争成为最亲密的女性之间关系的一个主要部分,而不是作品的一个空虚的"语境",因此在对该作的品评中,它的效果最突出。

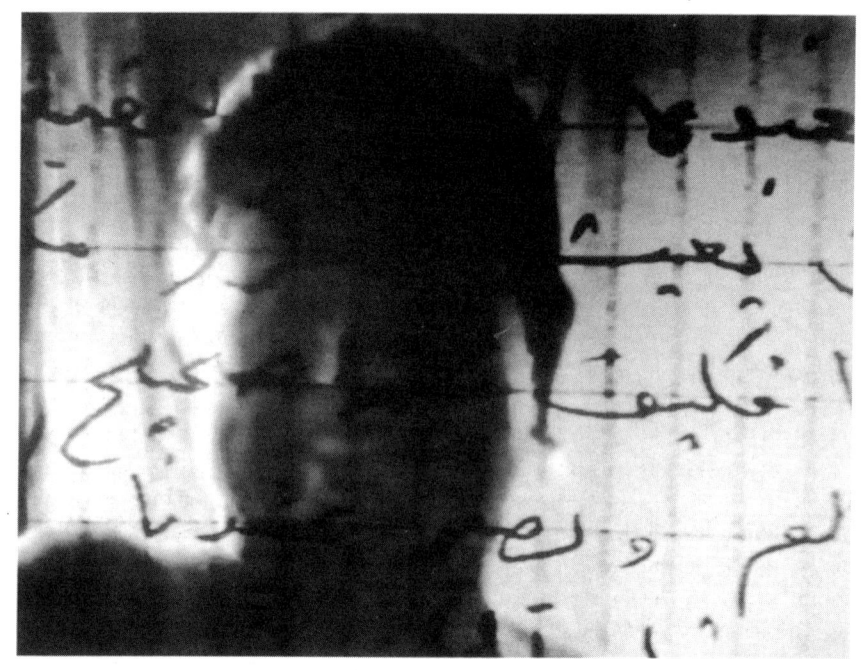

7.2 莫娜·哈图姆(Mona Hatoum),《测量距离》剧照,1988,版权,莫娜·哈图姆;照片,泰特现代美术馆,伦敦

这是一种感官上的差异共存形式,在此形式中,语调抑扬顿挫、轻重缓急的各种差别,并没有被统摄为一,而是相互并置,提供了丰富的共鸣和情景认知。我认为能够使差异共存出现的一种审美策略,对于女性主体意识传达而言,是一种权威、有效的策略,因为同化了差异的独白给人的感觉是毫无生机的,就像喑哑了一样。而且,这样的差异共存能显示一种更富成效的母女关系的范式。这一母女关系是建立在既同一又个别的基础之上的,而非建立在愉悦的融入或者残忍的分离之间的选择上的。在《测量距离》中,原原本本的叙述进一步增强了这种多样共存性,强调了母亲也是分享女儿的欲望、行为和愉悦,而不是一个在牺牲另一个的基础上构建自己的个性特征。[29]母亲和女儿在她们所营造的愉悦空间中是共同的合作者。哈图姆在 1981 年看望母亲期间,拍摄了其母淋浴中的若干照片。虽然这些照片构成了该录像的主要视像内容,然而那

些信函则描述了照片拍摄时期两人共同的活动情况,她们一起聊天、拍照,母亲从中感受到和女儿之间的强劲纽带关系,因而允许女儿在公共展出中使用这些照片,并且表述了渴望与女儿在未来合作的意愿。这一共同合作的力量培养并发展了母亲和女儿之间的创造力。

通过一位女子宛转曼妙的语调而形成的令人心醉而又有挑战意义的审美空间的创造,把《沉默的宫殿》、《测量距离》和娜沙特《骚乱》联系在一起。《骚乱》是一个十分钟长度的声像装置,它通过歌曲与话语、空间与展演突出了女性主体性的问题。该作含有半叙事的成分,通过两个相对的屏幕,和两个简易然而又是联络的声像通路,讲述了一段情节故事。录像首先在其中一个屏幕上开始,一位男子(索亚·阿扎利)走上舞台,在一大群男性观众面前,唱了一首鲁米创作的爱情歌曲,鲁米是伊朗13世纪的一位神秘主义者。尽管观众们看上去在欣赏他的表演,然而他是背对着观众的,他是向着"我们"——该装置的观众歌唱,或者说是向着空间中另一个与之相对的屏幕歌唱。在另一个屏幕上的是一位身着披风默默无语的女子,她背对着男歌手和他的听众,也背对着展厅中该装置的观众们。她站在一个空荡荡剧院里的舞台上,在等待。当那个男子歌声停止的时候,该女子开始发声,镜头对向她并提供给她一群观众。她的"歌声"是对那位男子歌唱的应答,但顺序则完全不同。

这可不是什么优美抒情的小夜曲;这位女子的声音是精心酝酿的各种声响的奇妙组合,包括粗重的呼吸、让人困意绵绵的诵读、激昂的和声以及有力的、极度的呼喊。展厅内回荡着她的声音,并且在展厅中参观者的体内激起强烈共鸣。对面屏幕上的那位男子似乎被这位女子的歌声所穿透,目瞪口呆地站在那儿。虽然那位男子歌唱时座无虚席,但正是"单独一人"在剧院里表演的这位女子的声音和她激情的动作,创造了深深浸染我们及装置中那些听众的愉悦而令人心醉神迷的审美空间。在表演中,女性的形象风采和各种声响的集中阐发结合在一起,作为该女子声音物质化显现的外观,唤起了人们对数世纪以来女性们诵读经典神圣语调的联想。但是在这一空间中传响的混合之声超出了古代女性传统的范围,它是奈沙特和她的声响合作者苏珊·德海姆(屏幕上的这位歌手),共同使用的技术过程的一部分。德海姆利用电子和数码手段重复、扩展和叠加她的声音,经过录制,真正成了集结的声响。

我认为这些制作过程对于意义生成来说是必要的,不仅仅是附带的。娜沙特的声像装置是合作的、多感官体验的,它利用复杂的策略手法展示女性的主体意识。这就与对女性单一化、类型化的表现大相径庭。也就是说,该作品不是提供给我们一个罩面纱的女子,该女子成为单一定型的认知对象,或者成为一个"真实"身份、或被动女性状态的普遍能指。而是,娜沙特把女性行为问题化入充满竞争性的物质材料、非定型、不确实的建构之中,因此,对感官的重新组织就成了一个策略问题。例如,《骚乱》中言及了在革命后的伊朗权力和愉悦削弱的问题(既指男子也指女子)。对女子而言,她们的公共场合活动受到严格限制,性别隔离被加强。然而即便在伊朗,情况也是千差万别的,绝不是说固定不变。而在欧美人眼中,中东女子通常是"罩在面纱之下"的,是被动的、受压迫的、同质的。娜沙特很不赞成欧美人对中东女子的这种看法。[30]她利用巧妙的装置技术,营造了审美愉悦的氛围,并把这种审美愉悦作为感性认知的一种方式;同时还处理了女性主体在审美活动中所引发的特殊问题。

审美:愉悦和具象视野

虽然《骚乱》是以特别方式利用声音的装置,但是要想清楚地区分该作品的感官元素,那是不可能的。语音和声响效果被该作品的视像结构所突出和增强,该作吁请观众参与作品的再创造,鼓励观众整体上作出各种体态上的反应。的确如此,娜沙特的装置提供的是一种和电影在更为宏观上的现象学上的冲突。观众们不是作为窥探者,用一种征服的目光,强化观看者和被观看者之间一种尖锐的主客体对立,而更是作为参与者,融入到该装置空间产生的多感官认知中,参与作品的情景再造。

娜沙特的装置创造了非比寻常的感觉空间,在此空间中任何无形的权力视野,不用说在本章一开始所提及的超验的"眼睛"与"自我"了,都对体验作品无益。哈米德·纳菲斯认为这种多感官体认的一个结果就是电影的集体互动特征,即电影留出诸多空白点供观众集体再创造,它是以集体的视野而非个人的视野结构画面:"和西方电影以及女性主义电影理论不同,娜沙特电影中的视野不是个人的而是社会的。"[31]

维维安·苏波克对电影的以主体间的互动,以及观众参与情境再创造为基调的现象学方法有过精彩的评述。[32]苏波克认为我们依赖于(具性视野指人与人之间的注视是不平等的,参见前注——译者)的文化,使我们把自身的躯体视为图像或客观物,而非看作多感官的能动主体,或能创生"世界的和世界中的意义"[33]的本体感受的载体。这就导向了排斥主体介入情境创造空间的有害的"表面化"形式。这就是说,主体和其鲜活的躯体相分离,躯体的存在成了"被注视"的客观物,这就失去了主体性自身存在的基石。根据奥德·劳德和查尔斯·约翰逊关于种族主义视野的分析,苏波克把"表面化"作为社会和心理之间的一种相互作用来加以研究。种族主义,例如,残酷地疏远弱势群体;弱势群体由于一直被边缘化,也渐渐认可她们作为被藐视的他者的处境。

然而,思考本体感受和表面化之间的交换,比仅仅掉换"被注视"和"注视"的措辞更有用。把一个人自己的身体既作为主体又作为客体的体验,能被视作一种有效的调节,这也是艺术创造的一种内在因素。例如,对绘画而言,就需要注视与被注视这两种注意形式之间的相互作用。当你研究自己的身体,观察它敏捷地一举一动的时候,就发生了注视与被注视间的相互作用。[34]苏波克认为反对物化和单一的表面特征,并不需要拒绝全部的绘像形式,而是,"我们识别具象的和再现的画面,不仅是在作为物体可视表面的客观的维度,而且也在于那些能给予我们视觉引力的主观方面。"[35]对历史上那些完全被定型化、类型化的客观对象——女性,男、女同性恋者,受种族歧视的他者而言,使主观方面得以显

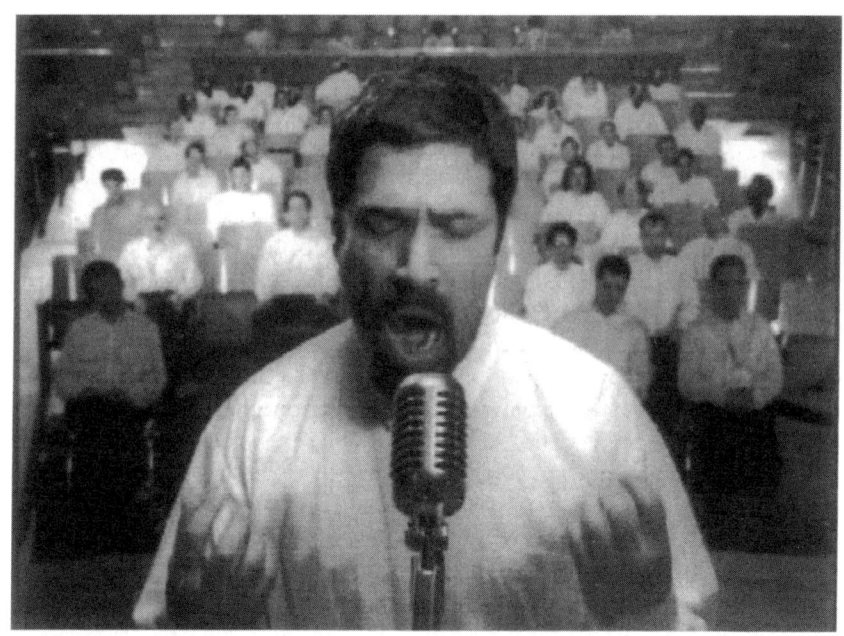

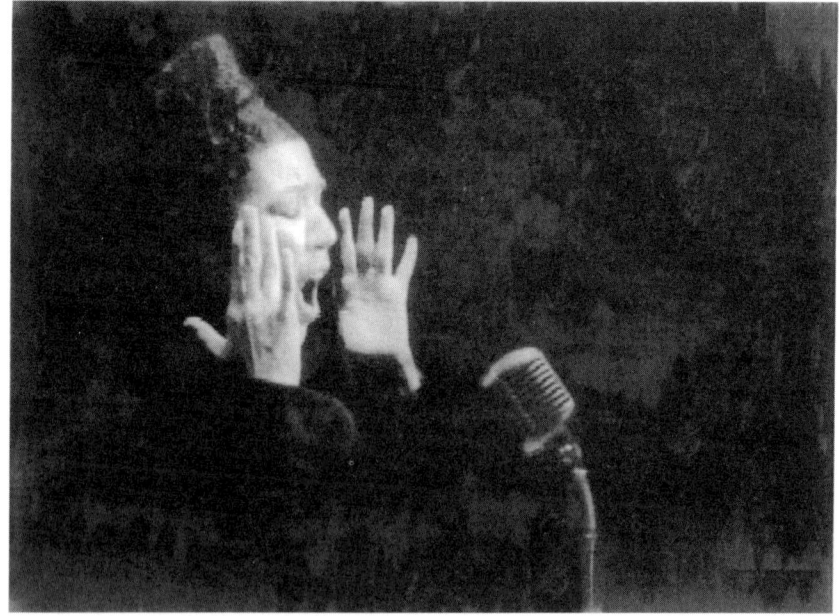

7.3 希林·娜沙特(Shirin Neshat),《骚乱》剧照,1998,视频剧照,版权,希林·娜沙特;照片,芭芭拉·格来斯顿画廊,纽约

现的策略具有特别重要的作用。这也是所有视觉艺术生产策略的一部分,因为主体和客体之间的转换定位了制作经验的特点。这样,能够通过特异的视觉画面唤起审美愉悦之情,并且宣扬"东方"女性主体地位的审美策略明显是巧妙的又是有效的。

此外,这种审美策略把差异表述和情境认知结合在一起。娜沙特的作品并没有塑造类型化的"罩面纱的女子",也不存在大一统的、"正确的"或"真实的"阐释,阐释是过程性的,它是在观众互动与情境认知适合作品中审美愉悦与差异表述时产生的。娜沙特通过区分西方(主要是欧美)的观众和中东伊斯兰教国家的观众间的不同,使这一点非常清楚。重要的是,她承认双方对该作品的理解会稍微有些偏差,并且有充分的证据证明情况是这样的。36 同样,特拉特里承认北非和中东国家的女性欣赏《沉默的宫殿》,有由她们和伊斯兰教的历史关系所决定的若干理由。37 然而,她在对劳拉·穆尔维的一次采访中,探讨了一位"女性的凝视"存在于这部影片中的可能性。38 穆尔维在研究中使用这一术语表明特拉特里是了解西方女性主义者的电影批评的,并且重视她作品的跨文化边界。

多样的、变化的语境对于《测量距离》而言,同样是至关重要的,它意在通过特别的情境主体间的关系,形象展现远处的政治事件。黎巴嫩战争,乃至中东正在进行的冲突,并非是遥远的和展厅中的观众无关的他国事务。哈图姆的作品,而是通过关于性别、性欲和女性典型化表现的跨文化视角,阐述国际政治危机问题。该作品通过维持作品内"东方"和"西方"、主体和客体间的充满竞争、包蕴丰富的冲突力量,强调了认知的感性基础。例如,该作包蕴着亲情,是自传式的,然而又绝非脱离于广泛的历史和政治框架,它对母性力量的强调,就有力反驳了典型西方媒体报道中对阿拉伯妇女的泛化描述,然而母亲作为一位裸体浴者的形象,又没有否定东方式的传统描绘。这些措施表明该作有很多创新点,对这些新领域的介入正是作品的典型特征;同时,这些措施排斥了对作品"真实性"的简单诉求,但也并没有采取和传统艺术表现手法完全对立的姿态。

然而,当该作首次展映时,一些西方女性主义评论家对该作持否定态度,她们认为哈图姆只是物化了她的母亲;并且认为不管什么样的裸体女性形象,都是对男性欲望目光的诱惑。然而这种理论实际上是对主体控制客体、主体凝视客体逻辑的复制,而忽视了《测量距离》中的极为微妙的视觉策略。在《测量距离》中,哈图姆使用不同视觉结构中母亲沐浴的照片,来建构充分感觉体验上的视野:极度的特写镜头、结构上的远近编排,表面上叠加着的层层阿拉伯笔迹(来自母亲书信中的),增加了画面的厚度感。这种有肌理效果的视觉画面被称为"触感美",[39]它通过视野变换过程驳斥了主体控制客体的凝视逻辑。[40]母亲的身体既是欲望的客体又是参与审美创造的主体,这种角色互换决定了"阿拉伯女子"并非是西方人眼中类型化的可供窥探、解读或含蓄深沉的女子形象。该作把对女性形象的若干不同建构,植入文化、政治、审美和代际的语境中,从而使欣赏主体混融、展现和嵌入诠释或"认知"的过程中。作品还对再现画面或者被评判为"积极的"或者被评判为"消极的",这种极端做法提出了质疑。

政治和哲学都不是抽象的本质,它们跨越时间和地点,在物质和观念上变动、反应和发展。同样,诠释和批评也不是艺术作品据此筛分的坐标,而是介入的过程,或者借用爱德华·萨义德(Edward Said)的说法,是"游移理论"的模式。[41]娜沙特的装置和哈图姆的录像都是建立在愉悦和触感美的基础上,并且把对作品机械式的观察转变为互动式的体验。因而强调了情境认知的重要意义。实体论强调空间变换中的物质痕迹,但它并没有解决统一性的问题。性差异的特殊性作为特别人体和情景活动(非"人体的")的痕迹,在审美实践中留下了标记。审美实践活动有能力给感官等级重新排序,并形象展现感官"相互间"的空隙地带。物化这种"相互"空间对女性主体意识的表述和对过程中主体的探询都有举足轻重的作用。

审美:愉悦和实体论"交互"空间

在思考主体、认知和审美愉悦的情境化过程方面,有一个重要的时间因素。米克·巴尔(Mieke Bal)尤其把时间性与艺术作品产生的情境化视觉体验结合在一起:

> 移动的身体,被想象成参与了作品的制作,身体也成为作品的一个组成部分,而正是这同一个身体上的眼睛在观察着。因此,与我们所熟悉的观看画面脱离形体的无形目光不同,那种目光是与时间无关的,它本身甚至不知道还依托着一个身体,更不用说一个正介入观察的身体,另一种介入式的观察模式赋之于作品。它不仅是观察作品的一种令人满意的目光,而且也是唯一可能、仅此一种导向观看的目光。**42**

在《沉默的宫殿》《骚乱》和《测量距离》中,介入性观察的时间性,创造了特别愉悦的审美空间——我们在非时间性的凝视框架中,常常"看"不到的空间。巧妙地利用了时间因素,"相互间的边际带"才成为欣赏、创造和求知的富饶地带。这对于思考特拉特里、娜沙特和哈图姆重新给审美愉悦和感官排序的方式尤其重要。这种排序有助于体察通常被遮蔽的女性主体性。把富有潜力的"相互"空间视为政治和艺术的国际框架,"东"、"西"方跨文化交流,边际化电影实践,以及相互间主体性形象展现领域的唯一观赏的模式,就是这种介入性观察模式。

美国评论家经常就《沉默的宫殿》的"迟钝性" **43** 说三道四,他们不习惯阿拉伯与非洲电影的时间安排。然而,特拉特里电影的"舒缓"已突破了突尼斯电影的典型特征。该电影的速度是一种审美策略,用于制作把审美愉悦和动作行为联系起来的一种内在关系。影片在总体上运用的是闪回手法,由叙述故事中的各个简短时期结构全篇。从现在到过去的叙事转移,由几乎在每一幕中所形成的时间空隙体现出来,并且用一些具体事件作为触发因素,诸如艾丽叶触摸她的项链,乱弹琵琶或感受亚麻布的编织纹理等。时间就是通过具体的审美愉悦和回忆场景,以及对叙述或加叙事件的不同编排,被构建起来的。

这种被物化了的时间也是该片视觉逻辑的特征。影片中的"宫殿"成为一个处于两者之间的、时空交互的地区。电影的一幅幅画面既构建了细致"精确"的时间维度,又诱人冥想到肉欲感的空间。闪回序列画面发生在埃及解放之后,和法军被赶出突尼斯之前,即1954至1956年这段时期。从这一阶段起十年后为描述现在时期。时间的特殊性由精心描绘的社会等级次序映照出来。这一社会等级次序是在宫中的家人和仆从之间,以及时装细节和室内布置(甚至家用电器)之间体现出来。宫中的这一切都起着叙事作用。然而,当阿莉娅歌唱时,时间停止了;当她和她年轻的朋友们被她母亲舞姿的美丽所震撼时,时间停止了;当她冲进庭院在阳光下飞旋,飞旋,直到晕倒在地时,时间停止了。

因此,"宫殿"是电影场景的一个现实的历史空间,并且还不止如此。它还是一个丰富的回忆和欲望的场所,是那些从来没有离开过宫殿区域人的"界域",并且是由与殖民地起义造成的社会政治动乱不一致的时间逻辑所限定的一个空间。当这些不对应的时间和地点在"宫殿"里会合,宫殿就成了一个包融差异的场所。女性的创造力就展现在这一"交互"的区域中。该区域是一个混融的、矛盾的力量集合。例如,在有惊人对比效果且引人入胜的一幕中,表现的是正值青春妙龄的阿莉娅和她最亲密的朋友萨拉(她的父亲是一位王子,她是嫡出女),窥视阿莉娅的母亲在公爵们的一次秘密聚会上跳舞的情景。这一幕完全是由音乐、舞蹈和变换的镜头组成——没有对话。母亲的舞蹈撩拨起在场男人们的欲火,招惹了他们妻子的艳羡和妒忌,更重要的是,引发了这两个年轻姑娘的极大兴趣。她们痴迷地注视着,之后,阿莉娅化妆打扮,开始试验性地,像她温柔的母亲一样舒展身姿,曼舞起来。这是一幕迷人的模仿。很明显,权威和愉悦的矛盾元素糅合在这一场景中;性感的舞蹈,母亲是男性欲望的对象和他们的所有物(直白地说),她同时又是殖民地东方异国情调的典型象征,并且一直在沉默中生存。然而,甚至如此定型了的形象,也能通过那两位女孩子看到母亲表演时的万分惊讶和欢欣鼓舞,以及亲身实践的行动而赋予新的内涵。

宫殿的这种"交互"空间是各种感官体验的场所,也是展示多重女性主体的唯一场所。同时,女性主体出现的过程并非是连续的,无差别的。同样,观看者和被观看者同时容括在娜沙特的《骚乱》中,就使这种"交互"空间成为本体感受和评论的场所。法拉内·米拉尼指出:"娜沙特制作了一种交互空间。"[44]该装置的双屏幕,与现代穆斯林原教旨主义中,性别空间的严格的分界线相呼应。然而,这些区域间的相互作用不断地瓦解它们自身的边界,创造出新的、意想不到的审美愉悦。法蒂玛·莫尼斯认为女性、穆斯林和女性主义在现代穆斯林文化中,围绕着空间、性和权力问题,活跃地交相作用;因此如果把男女之间的关系视为静止的或永恒的,那就错了。[45]而且,这些关系并非简单地复制在西方盛行的男女间蓬勃活跃的接触交流活动。娜沙特的装置使她正在探索的一种参与性的"交互"体验成为可能;我们和其他主体互动互应,我们对性和文化差异的认知被部分地、设定地和具体地,而非普遍地揭示出来。这种交互空间使审美愉悦包容着对差异的认知,而不是幻想着掌握一种完备的、精熟的知识。

《测量距离》也通过不同时间和地点的关联,唤起了一种"交互"的时空区域。母亲近乎裸露的躯体暗示着幼儿时代的纯真、亲切,和那时的无私无欲,当然,那也是个体必经的阶段。沐浴的场景也唤起了多重内涵:它是一个用于自我娱乐的个人空间,一个作为外来他者女性的典型"东方"欲望的场所,一个在阿拉伯文化中女性们碰面、自由交谈、在和其他女性交往中发展一种"自我"意识的具有历史意义的地方。[46]当然,在《测量距离》中,所有这些时间和空间通过特定的历史时期和自传式叙事框架,而互相联系互相调整。同样,女性的主体性是在多个领域和实践的关联中形成的,其具体化的过程也一样。

霍米·凯·巴巴(Homi K. Bhabha)认为,

"……我们应该记住正是这种'交互性'——转换和协商的切换边际,互相之间的界域……承载着文化意义的重担……正是在这一空间中我们能找到宣扬我们自身以及他者的那些话语。通过研究这种混融性,这种'第三空间',我们或许可以避开两极对立的做法,并且我们可以作为我们自身的他者而介入这种空间中。"**47**

通过协调就能够展示"阿拉伯女性"形象的很多这样的"交互"区域,协调跨民族、文化和社会分界的女性的电影和艺术创造,哈图姆、特拉特里和娜沙特展示了这些"第三空间"的魅力。正是在这些空间中女性机构和审美倾向结合在一起,使围绕着机械观察停滞了的感官系统重新活跃起来,并且通过审美愉悦和批判性思考,揭示了女性的主体性。这些作品所展示的审美间隙地带并没有提供差异间的一种最终结论,或者把一种文化转译成另一种语汇加以表达,而是它们能够使我们探究我们的再创造能力,但它们可以让我们探索知识生产中关键因素的呈现和定位。

8 理性和感性：文本和图像再制作

> 认知的自我形象始终，到现在仍是如此，完全被夺去了对它们自身（文本）的物性的认识。它们往往被错误地理解为内心仅有的理念、思想和概念，忘记或抑制了它们自身的物质传承和制作过程。认知是一种活动，一种实践，而不是一种冥想的反省。它在实践中产生。
>
> （伊丽莎白·格罗兹）[1]

把认知看作一种实践活动挑战了西方二元论的传统，在此二元论传统中，理性被视为抽象的、"内在的纯粹理念"，并且游离于感性的、具体的认识之上。这种同一、纯粹的逻辑使一种抽象、普遍的认识论得以盛行，并且支持这种对立的观点：形式在内容之上，男性在女性之上，重要的是，理性在感性*之上。从构造上说，这种二元对立把审美边缘化了，认为通过感官获得的知识从属于由抽象的理性的语言所表述的知识，甚而至于需要被理性知识加以"改造"。

这并非什么巧合性的，格罗兹上面提到了"（文本的）物性"。她的这

---

* 原词为 word over flesh，本意为"言语高于肉体"，这里之所以意译为"理性"和"感性"，似更符合东方文化语境。现当代西方哲学家，如福柯、德勒兹等，强烈批判西方理性话语，批判肉体与精神的二元对立思想，反对身体隶属于心灵、理性的理念，发掘肉身价值，构建身体美学，认为身体不是一元的、给定的，而是多元的，在不断生成与变易。——译者注

一短语尤其吁请我们重新思考理性(文本)和感性(图像/物品)间的对立。格罗兹的上段话表明了文本在隐藏思想和物性间的联系方面,所起到的主要作用。不受物质材料和各种利益的左右的普遍真理的直线发展,被视为稳定的和自然的。这种牺牲感性而支持理性的做法由来已久,它把古典的西方哲理和基督教肉体与灵魂间的对立联系在一起。在近代史上,文本语言由于生产和消费过程——即通过印刷术和阅读实践,逐渐脱离了物性而趋于抽象,经过长期的发展演进产生了一种"简单明了"的语汇。

巴巴拉·斯塔福德(Barbara Stafford)认为以文本为基础的知识体系,通过缓慢的而又排斥具象的发展,逐渐居于主流,并且在启蒙运动之后达到高潮。[2] 人们越来越依赖于简明文本承载的事实,并相应否定视觉和材料文化的"纯粹奇观"。这种依赖和否定之间的关联,对斯塔福德而言,意义是深远的。高居于审美之上的理性主义承载着道德、政治和认识论的分量。甚至根据易理解性,或者在更小的程度上说来,根据可见性("哦,我看见了"而非"是的,我触到了")所构想的意义,强调了文本对物质的支配作用。当然,我们现在和艺术、感官以及视像的关系就是由这种不平等的文本和物质关系所形成的。

在《可视言语》中,琼娜·德鲁克(Joanna Drucker)认为文本明晰度的难题,对那些研究印刷术,致力于推动印刷术发展的人而言,是一个理论上的阻碍。强烈坚持一种能认真对待文本物性的分析方法,德鲁克为此写道:

> "语言简明的观念暗示着一种非物质性,……仅仅赋予'语汇'以尽可能纯粹和明晰意义的书面文本的形式,对语言价值贡献不大。压制文本物性的做法具有重要影响,的确,它要求不断否定就在眼前既存的鲜明事实,而强调文本所指代的价值意义。"[3]

德鲁克在此研究了文本和图像之间的棘手关系,这种关系在先锋派实验的印刷术和文本透明度的历史现象中更加突出。重要的是,她指出了在解读"已消亡的"语言中,19世纪重大突破的实际意义价值,就是说文本的真正意义在于它所指的系统中,而不是在于它的能指。克里斯托弗·科林斯(Christopher Collins)认为文本的物质特性和画面所触发的想象之间的一种类似分离,在活字和标准化印刷术发明之后变得更加明显:

> 在标准化印刷术发明之前,文本的笔迹特色会把大脑的视觉中心从想象的所指(文本符号所指代或象征的意义——译者注),转移到图绘的能指(通常指符号自身——译者);那些装饰性的手稿,更无须说样本诗了,强烈地吸引着对其书面的注意……尽管有一些例外,但自从16世纪后期起,标准化印刷术就增进了文本能指的简明性,提高了想象所指的创造力。[4]

在早期现代欧洲,所谓的"印刷文化"的发展成为很多学术辩论的主题。伊丽莎白·爱森斯坦关于该主题的经典作品《印刷术乃变革的动因》,详细记述了在文艺复兴和宗教改革运动期间,权威文本定型规范的发展和越来越稳定的知识体系的构建之间的密切关联。[5]阿德里安·约翰斯(Adrian Johns)在他最近关于印刷文本和其在自然科学中的发展的论文中,也承认印刷文本表面的简明化对于科学史而言意义重大,同时强烈主张这绝不是印刷术的本质特征。重要的是,他的主张恰恰与之相反;文本的简明性,是否能够确保我们传播知识体系的真实性和确定性,那要视情况而定:

> "……印刷术本身的特征必然是发明创造的结果。正如现在我们所能体会到的,它是千辛万苦劳作的结晶,经过了不同国家几代人的研发、改进。这种劳作长期以来一直为人们所忽视,并且直到现在也未引起足够的重视。但是印刷术一些不为人知的特征正在被揭示出来。它曾致力于抹煞它自身发展过程中的一些印痕,并且有必要如此……在实践中重新评估印刷术,能增进我们对知识本身状况的历史理解。"[6]

当阅读印刷文本的时候,我们必然不会考虑制作它的实际过程。那些排满字模的印版,就像孕育婴孩的子宫一样,一旦婴孩降生,我们就常常不再关注孕育她的母体。字母、词语或图像先刻制好,并排在印版上,然后才能被印制出来;而在印版上呈现的必须是它们的负形,这样印出来的才会是正形。"子宫(Matrix)"一词,当然是来自拉丁文,并且和"物质(matter)"一词同词根,在二元论思维中该词通常和"形式"对立。当我们弃子宫于不顾时,我们实际上就否认了和本体性相关的大量语汇:物质、母亲、妇女,以及与形体相关的感性基础知识。

文本的简明化也导致了历史上中性读者的产生。例如,在宗教改革运动期间,铅印书籍已很容易获得,很多女性都曾发表过自己的作品。她们以此方式宣扬她们的政治、宗教和社会见解。[7]这些文章之所以得以面世,是与作者身份的特殊性息息相关的。她们不同的宣言策略,表明她们的文章论述的是各自特殊的而非普遍的问题。她们对书籍的利用是充分感性化的,并且常常与传统对立。[8]审查法很快被制订出来,用于压制这种蔓延开来的不利的声音。对此,无需大惊小怪。甚至更加糟糕的是,铅印书籍成了一群思想被严格禁锢的创作者栖居的王国。这些创作者采取盛行的宣扬思想的模式,传播着非个人的普遍的声音。这种形而上的作者促进了文本自身的简明性,以及中性读者的形成——这两方面都导致了传播不同声音的女性和其他主体的著作权的丧失。在文本载体中,抹煞本体特征的同化策略,使差异性荡然无存。

如果印刷文本能完全抛却物质性,并呈现简明化,那么由其物性传统所传送的形式将是纯化的。基于二元逻辑的知识体系将使我们依从这种纯化的形式。但是这种传统的理性优于感性的观念是靠不住的。我们只需认真对待知识的实践性问题,郑重看待理论的物质基础问题,那种传统上对感性的中伤便不攻自破。并且,词和文本不仅仅传播思想,它们而且物化思想,造就思想。对此,梅洛·庞蒂说:"……演说者的言语并非转述现成的思想,而是造就思想。"[9]阿方索·林格斯(Alphonso Lingis)进一步认为,一个人的话语由于他身体的原因才显得尊贵,话语也不能脱离肉身而形成,同时话语也构成人体的一部分;如果把一位演说者和他宣讲的言语隔离开来,那么就是误解了人的行为基础。[10]对创造艺术的女性而言,以及对女性主义艺术史家和评论家来说,文本—图像关系的程式化并没有否定身体、物质或母体的重要性。

女性艺术家们在艺术制作中把印刷文本作为物品来使用。只需关注她们艺术创造中的这些特别事例,身体、物质或母体的重要意义就会显而易见。安·汉密尔顿和斯维特拉娜·考佩斯迪安斯基都把书籍和印刷文本用作实物和展演装置的材料。她们的作品展现了物质本体特征,这些物质源自于一个物质家系,此家系在历史特定阶段中,曾全然"忘却"把感性和理性相分离。她们使用一些审美策略使书籍和读物回归母体,使知识成为感官和文本充分融会的结晶。汉密尔顿和考佩斯迪安斯基在审美构造中,改进了文本和图像的范式,既展示了文本如何化为物质,又在更广泛的层面,展现了书籍能被视作过程的方式。这使得不同的主体无需压抑她们自身的特异性而得以交流沟通。

物化阅读

在1993至1994年间美国艺术家安·汉密尔顿(Ann Hamilton)创造了两件重要的装置作品《趋势》(纽约,迪阿中心,1993)和《线状构成》(罗丝·布卢姆展览馆,圣·莫尼卡,1994)。汉密尔顿很多装置的一个典型特征,就是艺术家和其陪从人员在场表演一种重复的动作,她们的动作姿态成为场所中注意的焦点——这两件装置作品重复的动作姿势就是对印刷文本的解读。[11]重要的是,这一行为并不仅仅在于解读简明的文本,而且通过强调阅读是一种充分身体上的、多感官的行为,使书籍的本体特征得以彰显。巴兹·斯佩克特(Buzz Spector)对汉密尔顿变动的书籍作品曾有过精彩的评述,他谈及了这位艺术家的"一系列程序编排使写作行为化为艺术的场景"的方式。[12]汉密尔顿在这些表演空间中,恢复了作品或读物创作过程时的情景,他拒绝抹煞创作文本时的劳动,因而有力宣扬了认知的实践性特征。

在《趋势》中，一位读者（有时为男性，有时为女性）被安置在一个巨大的空间中，该空间的地板稍微有些倾斜，并随意洒落着一些马鬃。而原先透明的窗户则换上了毛玻璃，光源就变得更加捉摸不定；观众们踩踏到编织物上，发出的脚步声也十分怪异。马鬃的气味弥漫在空间中，并且还掺杂着一种焦煳味——这时听到录音中在大声诵读着一本书，书的文本在那位沉默读者精心打磨的工具作用下，碳化了。这一工作是以手的速度，而非眼睛的速度来完成的。空间中传播的话语声[13]和打磨的重复动作交融在一起，唤起了阅读和记忆的鲜活体验。记忆采取的是倾听朗读内容的方式进行的。[14]《趋势》把阅读当作一种实践活动，激发起所有感官参与的积极性，[15]而排斥把铅印的文字仅仅视为思想的媒介物。的确，该装置的题目来自于生物学上的"向性"术语，"向性"是生命物对外部环境刺激，诸如，光、热的本能反应。这样就把阅读行为和参与该装置的读者以及观众的充分的感官体验，密切联系起来。

《线状构成》是把一位女性读者的形象作为该装置的展演中心，但是，在此汉密尔顿的"阅读"是丰富材料的展示。在《线状构成》中，阅读的过程是先把书籍"拆解"，然后再重新缠绕成"书球"；汉密尔顿在该装置制作过程中，就盘算着以这些"书球"当作是书的"身躯"。[16]该装置中的书籍先被仔细地切开，以致每一页所形成的线条，就可以连续不断地缠结，这就形成了一条由物质材料做成的"叙事线索"。在表演中，汉密尔顿和其随从们从书中抽出一根根的细丝，以此方式喻指故事情节的展开，然后再把它们重新缠结成球体。汉密尔顿因此就把女性塑造成抗拒传统、强调主体性的读者，从而否定了中性读者的范式。女性主义文艺家也反对中性读者的观念，这些学者认为女性们通过她们的情境体验，改变了对文本传统解读的方式，突出了在甚至最规范的作品中那些离奇的、边缘的意义。[17]当《线状构成》否定了形而上的、中性的阅读传统时，它同时再造了文本的物质本体。

在此装置制作过程中做成的每个"书球"，都被放在一张大的桌子顶端，并通过一个带槽的半透明屏幕把读者和桌子隔开。这样，由读者和艺术家做成的精妙的纸带球,就是丰富的故事集,在装置空间所设置的具体情境中,效果不断增强。桌上书球之间的媒材联系构建了该装置作品的一种对话语境;就历史事实而言,其本身从来不是圆满或一成不变的,而是在各种事件的相互作用下不断创生历史意义。汉密尔顿作品标题本身就与这一生成逻辑相关,像意象派诗人的诗作一样,她在标题单词中始终使用小写字母。而意象派诗人则把他们诗作看作是宏大的思想宇宙的部分章节。《线状构成》是专门取自华莱士·斯蒂文斯的一首诗"桌上的星球",该诗的主题是关于诗和世界的密切关联:

　　它们[诗歌]存在并不重要
　　重要的是它们应该带有
　　某些特征或特色
　　蕴涵丰富意味,哪怕不能被全部理解
　　直白地说来
　　它们是世界的一部分 **18**

汉密尔顿的"书球"就好比是桌上的星球,就该装置的狭小空间而言,这些书球可谓是庞然巨物了。阅读、触摸、废毁和再造这些文本,就以它们的材料形式,和周围事物发生了关联。这些球状物以审美为轴心,探索本体记忆问题,或者,如汉密尔顿所言:"这件作品对我来说,在某种程度上,思考和理解它采用的是不一样的方式。" **19**

这种"理解"和"思考"间的并置显示了一种情境认知的模式,在此,人体的"运作"对于思想而言是至关重要的。而人体的这种"运作"是在各种感官和行为活动的作用下进行的。用汉密尔顿自己富有启迪性的语句而言,这是一种"触感认知";该认知作为一种实践活动不仅否定了盛行的二元论术语,而且超越了二元论逻辑。**20** 琼·西蒙评述过汉密尔顿的装置作品,她认为该作品"始终关注的是产生、包融、察知和吸纳认知本体的方式。" **21**《线状构成》中的书球,通过关注产生和知觉过程,提供了一种更加严肃思考关于审美如何能使认知情境化的有用场所。

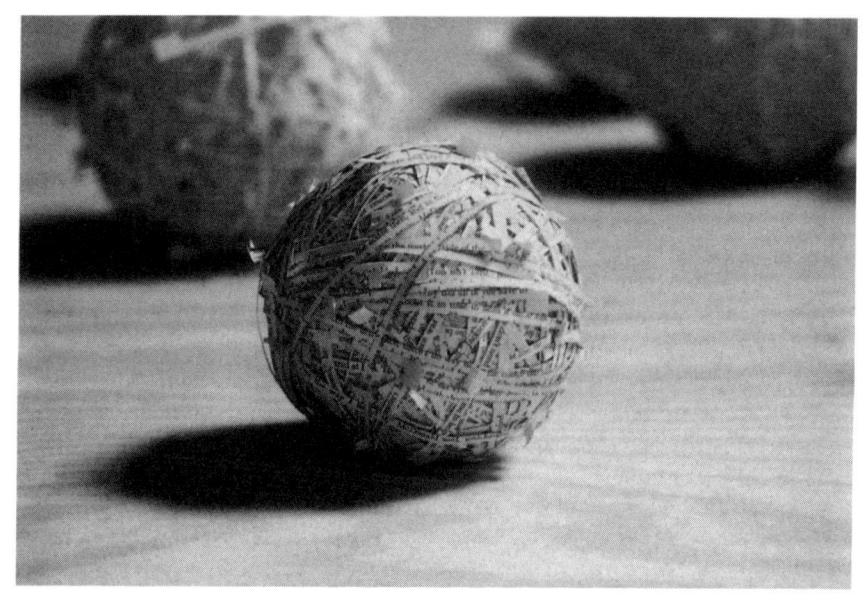

8.1 安·汉密尔顿(Ann Hamilton),《线状构成》,细节,缠绕文本的书球,1994,版权,安·汉密尔顿;摄影,罗伯特·魏德迈,承蒙纽约肖恩·凯利画廊提供

装置作品《线状构成》中的一个个缠结起来的书球,作为文本性实践活动把创造行为和物质本体联系在一起,从而使人体姿态表演过程和该过程中产生的物品紧密衔接起来。这种衔接不是自发的而是有意设置的。这些"书球"不是由一个超验主体的抽象思想创造的,而是由在场主体的切身体验实现的。在此作品中,观众们的互动,就好比是读者阅读中获取知识的过程;从这一层面而言,当书本本身的物质载体远离视野的时候,阅读更容易转换成表演活动。在每个书球中,阅读的体态表演活动作为审美活动的一部分,连续不断地进行着;我们不能期望通过这些表演过程以及认知实践,实现文本的简明化。因而,以那些常规语汇描述的本体变动,在此被改写为一种相互作用的、有创造力的过程。藉此,文本载体就和其物质性重新联系在一起。

汉密尔顿把书籍和其创作传统重新联系起来的方式,绝非是随意的;她重新唤起由男性气概所压抑的女性的阴柔,由形式所遮蔽的内容,从而排斥了大一统的逻辑。汉密尔顿自己的创作生涯始终关注的是艺术实践的性别语言,她对这些语言的调整显示了她把文本、以文本为基础的理论和物质本源、"女性们的艺术实践"联系起来的能力。例如,在《线状构成》中缠绕线条的阅读者就让人想到了早期针黹女工的形象——纺线女工。这一形象既有个人又有政治意义。汉密尔顿在研究了地质学和文学之后,转而研究纺织技术,并在堪萨斯州大学获取了纺织专业学士学位。然而,当她在耶鲁大学攻读硕士学位期间,抛弃她长期从事的家政或工艺活动,她感到有种难以言明的压力:"人人都在做大型的钢材艺术品,因此,你真的想放弃编织手艺。这是不言自明的。"[22]

家庭编织工艺受冷落,在一定程度上,通过这些截然不同的材料——钢材和织物的对立体现出来——但也在一定程度上,通过学术环境自身体现出来。智力实践或"理论",能被构想作一种纯粹抽象的研究领域。在这样的一种环境下,书籍作为男子气概的、超验的认知符号载体远远凌驾于编织物,或任何其他女性们的传统手工艺品之上。汉密尔顿把意义深远的装置空间和材料、活动结合在一起,再与家务劳动联系起来,改造了传统的二元逻辑。《线状构成》通过"缠结"的方式使书籍回归物质本体,就是对艺术和理论性别化分隔的一种明显介入。

像汉密尔顿一样,斯维特拉娜·考佩斯迪安斯基(Svetlana Kopystiansky)也利用表演和装置重新探索印刷品的实际处所,但是她的探究是由一套极为不同的历史参数建构的。丹·卡梅伦(Dan Cameron)认为考佩斯迪安斯基的作品提供了"一种有关书籍文化特征的深远的冥想",[23]然而,把她艺术实践中的书籍想象为一种统一的或大一统的指示物,那就错了。虽然在考佩斯迪安斯基的作品中,书籍是无所不在的,但是它们绝不以同一方式显示意义内涵,而是提供了对认知活跃领域物质本性的深刻洞察力。

考佩斯迪安斯基在20世纪80年代对笔迹艺术实践的早期尝试,主要体现为一种书写风景画的形式;由手绘的一条条线构成的山谷和平原,一些部分很暗,一些部分很亮,组成了整幅画面。在表演中她从手写的、身姿作品迅速移向印制的书籍和创造的物品,但是保留下艺术和文本之间不对等关系所独有的魅力。她认为"文学模式对艺术的束缚太大。"[24]因而考佩斯迪安斯基利用她的作品削弱了文本对艺术的控制,同时她也介入俄罗斯文学的经典传统。这种文学传统在19世纪达到了对视觉艺术控制的顶峰。[25]在很大程度上,这种控制是通过精英文学、高雅文化与手工技能以及对视觉艺术、日常材料文化需要的分离获得的。

与之相反,20世纪20年代的俄罗斯先锋艺术,强调艺术和生活的相互关联,以及艺术作为一种改变认知和大量国际观众理解方式的重要意义。斯维特拉娜·考佩斯迪安斯基和其丈夫伊格(Igor)都曾指出,这一先锋艺术对其艺术实践有重要影响。[26]在1990年,考佩斯迪安斯基创作了展演作品《熨书》。其创作过程是把一页页书熨平,当熨斗拿开时,书页在熨板上自然扇开而成为美丽的物品。像汉密尔顿的"书球"一样,物体和过程不仅仅是可分的,而且在创造意义的实践活动中,缠绕在一起。《熨书》作品把最平凡的、日常家务活动和高雅文化直接、即刻衔接在一起,使平常物升华为艺术作品。这一艺术实践把文本和物质、过程的简单分离混淆起来,完成了对俄罗斯文化历史环境的复杂介入。

考佩斯迪安斯基以她的书籍和表演作出的这种复杂介入,绝非是一位青年分离派艺术家对俄罗斯高雅文化作出的单向或单一。重要的是,考佩斯迪安斯基夫妇是前苏改革时期最有名的分离派艺术家,诸如艾尔雅·卡巴科娃等晚一辈的艺术家。他们夫妇都不是莫斯科人(斯维特拉娜来自沃罗涅什,伊格来自利沃夫),不过,他们最终在莫斯科定居。在某种意义上,斯维特拉娜和伊格都和分离艺术界,以及正统的苏联文化生活保持一定距离和独立性。他们的兴趣在于国际现代先锋艺术和俄罗斯荒诞剧,此外,他们积极介入而非排斥精英文化(对斯维特拉娜而言,指书籍和图书馆;对伊格而言,指绘画和博物馆)。这种介入使他们的作品赋有多重意义内涵。而且,斯维特拉娜·考佩斯迪安斯基作为一名女性艺术家,最初游走在前苏联改革时期分离艺术界的边缘,现在则参与当代"全球"艺术市场。她以纽约为基地,把看似简单的冷战和"压制"对"自由"的艺术分界,以及女性在艺术领域的线性叙事结合在一起进行研究。

《熨书》参照生产、消费、意义和权威等各种各样的历史背景,把俄罗斯文学的强大传统、构成主义的对立姿态、在独裁政府之下对"官方"文化的强制性审查、达达派的荒诞不经、观念艺术的才智运用和女性们日常重复性的家务劳动,结合在了一起。这件作品把历史本身视为物质实践活动,利用过去的历史创造了现在新的叙事空间。

在考佩斯迪安斯基作品中,书籍的形式和内容之间,不存在一个清楚的分界;在书中,找不到一个单一的文化审查或历史记录的符号。考

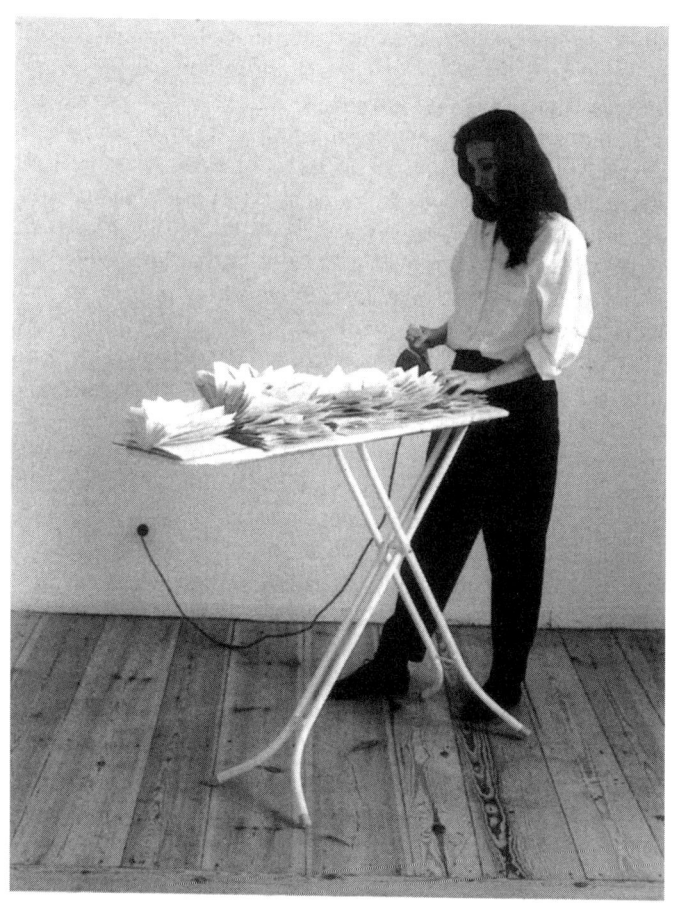

8.2 斯维特拉娜·考佩斯迪安斯基(Svetlana Kopystiansky),《熨书》,1990,承蒙斯维特拉娜·考佩斯迪安斯基提供

201

佩斯迪安斯基的作品,使我们能够把书籍视为艺术创造中复杂的审美过程。德勒兹和加塔利把书籍描绘为"一台小型机器"。[27]艺术家本人援引博尔赫斯的话阐明了这一点:

> 一本严肃的书有多重含义,几本严肃书籍结合在一起,就创造出一种复杂意义关系的网络……博尔赫斯说:"一本书并非是一个凝固的精髓,而是一种关系,或更确切地说,是无穷关系的一根轴承。"[28]

在此,我们进一步联想到尤丽西斯·卡利隆(Ulises S. Carrion)有关书籍的激进观念,即,书籍超越于"附属性的语言载体",而成为"自主的时空序列"。[29]我们再次援引德勒兹的观点,他认为写作"与表意无关,而与调查、图绘,甚至某些尚未明确的领域相关。"[30]

一旦书籍向这些基本领域开放,书籍就不再是普遍(男性占据阅读主导地位)理念的简明载体,而成为在制作意义体系内一种充分的物质元素。这时,书籍就向差异性和特异性敞开。审美策略,就像汉密尔顿和考佩斯迪安斯基采用的,把阅读和制作的身体行为效果和书籍的物质本体重新联系起来的那些审美策略一样,提供了一个以更活跃的、相互关联的方式思考印刷文本的机会。但是把书籍视作"自主时空序列",视作"绘图和调查"的"小型机器",或者一个"无穷关系轴",不见得要以易于理解、简明的方式进行。这本书的观念可能会与复原其物性以及形成去物质化的新文本有所抵触,这种观念会鼓励文本进行自发性的不断调整,并形成自主性的符号。此外,以一种与这些理论价值相一致的方式,在想象中体验这些书籍,甚至是困难的。比如,这类理论问题:在实践中这是如何运作的?再则,作为时空序列,实验探索书籍重新物质化可能性的重要意义,不应该被低估。的确,正因如此,我坚决认为过程性的美感,女性政治主义政策以及差异表述的结合,或许能够打破理性对感性的传统二元划分,以及空洞的、无历史背景的存在的威胁。

书籍存在场域的扩展

把书籍视作趋向于反复参照制图法过程,趋向于作为空间化和关系化的书籍观念,并不是什么巧合。空间和过程通过图绘方式结合在一起。通过地图的转义,空间和过程结合在一起,把书作为一种社会讨论来进行探索,并向各种持不同观念的读者、主题、所涉及的材料和对话开放。然而,研究这一活跃的图绘理念,就排斥了把绘图作为固定不变、准确无误空间描绘的平常观念。绘图的平常观念否定了历史和主体的特殊性。以形而上知识为基础的制图范围及其外围情况,与我们希望通过文本物质本体描绘的空间没有关联,原因在于这样的绘图把所有的差异同化为一个大一统的体系。相反,我认为作为过程的书籍空间通过审美探索可能更加有效,绘制地图的行为强调的是具体地、感性的案例,而谁在什么情况下绘制了地图这类主题,对作为空间的图书而言则是更为中肯的问题,其差异是可以被量化的。在此,我们能够看到女性主义伦理学和美学之间的根本联系,这种联系在场所、创造力和政治活动之间的关系中,展现得非常清楚。这一模式没有否定地图的重要性——主体被特定历史的偶然性、物质条件以及超越个体控制的形势所设定——然而这一做法也没有否定改变那些绘图的可能性。

在1991年,考佩斯迪安斯基搬到柏林后不久,为两个专门场所制作了两种绘图作品。这两件作品都利用书籍作为一种方式,以展示德国重新统一后的那段过渡时期。在曾属东柏林区的洪堡大学图书馆,考佩斯迪安斯基把书籍向后折叠,使文本中的书脊部分地显示出来,然后再把它们放回书架原位。这样设计是为了适应变化的政治环境。当读者们寻找书籍题目的时候,他们就在这些书籍中查找,与这些具有暗示性的物品交流互动。这些书籍出现了极其微妙的重心的转移,它们抗拒读者们熟悉的、自然化的获取知识的浏览,排斥简明性,并且趋向于使图书馆的空间,当然也包括作为统一知识体系的大学的观念扑朔迷离。它们打开了迫使读者们重新描绘图书馆自身的辩论、探讨、争议的空间。

在变革后的洪堡图书馆和柏林重获统一过程中经历的转变之间的共鸣,是十分明显的。柏林的洪堡大学是很多欧洲国立大学创建的典范,该大学以人道主义精神作为既定、统一的国民文化的基础。这种文化观念虽然至今仍为很多人所怀想,但在二战时期当然并非无可争议,并且遭到大屠杀的残酷蹂躏。柏林自身,作为前首都和隔离城市,是统一的象征性杰作,同时又是一座带有骚乱、创伤和破碎历史印痕的城市。柏林重获统一,不仅具有两面性,而且对此的探讨也绝非是简单的或完全明了的。柏林墙的拆除是政治事件,它形象地预示了地图需要一个重新绘制的过程。这些新的绘图为了预示未来,需要研究很多复杂叠加的历史以及古今的物质状况。难选定它的参与性,因为新的图绘不仅需要决定主体间可能的相互作用,而且还要吁请他们加入新的社会领域。

考佩斯迪安斯基1991年的柏林书籍装置作品《爱因斯坦咖啡馆》,就是这样一种动态的、参与性的空间。爱因斯坦的咖啡馆坐落在舍内贝格西郊库尔菲施滕斯街上,在内战那些年该咖啡馆的发展,被视为经济繁荣和技术革新的一个鲜明标志。舍内贝格区通过新的城市铁路与市中心连在一起,它迅速成为一个文化区,里面布满艺术家画室、画廊、画店,当然还包括咖啡馆。考佩斯迪安斯基一直工作在这一区域,她运用微妙的策略对柏林墙拆除这一历史事件作出自己解读。重要的是,她运用书籍研究空间转换问题。

《爱因斯坦咖啡馆》设计并不复杂,每张餐桌设四套座具,两两相对,其中一对的桌面上放着的是普通的盘子、玻璃杯或其他器皿。而在另外一对的桌面上,以打开的书籍取代了那些盘盏。把就餐活动和阅读活动并置在一起,使咖啡馆这一特殊空间产生了一系列不同历史内涵的共鸣。这些历史内涵包括该城资本家成功抗拒了威力强大的共产主义思潮,并让人联想到柏林给予它市民的自由和对市民反抗的镇压等事件。例如,书籍应该陪护精神的主张,对抗着在资本主义文化中商品化知识贪婪消费的消极做法。这件作品没有轻易顺应身心二元对立的观念。

外出就餐的社会活动,在读书这种高度个性化体验的张力下,得以形象展现。在此空间中获得的感官愉悦与智力活动结合在一起。[31]这些因素使柏林成为现代欧洲地下夜生活最活跃的城市,以及杰出学者的云集之地;它还是充斥着共产主义者和法西斯主义者对垒战的魏玛共和国骚乱不已的首都,以及一座在战争中遭击破之后,被残酷分隔的城市。柏林的过去和现在在此空间中衔接在一起。这种衔接就是处于感性的、部分的和无需解释的重获统一的状态之下。

并没有提供在柏林墙拆除前夕,面临柏林和整个德国难题的答案,《爱因斯坦咖啡馆》而是真正唤起了把书籍作为"一个无尽关系轴"的对话。在《爱因斯坦咖啡馆》中,使用书籍以诠释空间,强调了这一事实,即重获统一和国际谈判,远远超出了对版图的重新描绘,而倾向于跨文化叙事和交流的可能性。保罗·里克尔(Paul Ricoeur)把叙事作为跨文化现象的思索,暗示在"转译"中对差异的同化,取消了对话的可能性。[32]里克尔的观点强调的是,作为跨越差异交换和交流必要条件的物质特异性的重要意义。他认为一般性叙述不会产生交流对话,只有通过真正的交流新模式,才能形成公正的国际政治领域。地图绘制和书籍都就是这样的一种交流,是一个无尽的过程,为国际变革的地域性需要提供了一种语境。

在此,我并不想探究重获统一的过程的积极性,或完美性;我的兴趣在于政治和审美的各种空间。这些空间逐渐被艺术家、知识分子和政治家描绘出来,他们试图创造性地思考统一的特定时刻,和跨文化对话的各类问题。一位女性艺术家致力于国际对话的研究,通过把书籍物化为地图空间的策略,阐释新的差异叙述,在此,这正是我所关注的。当女性与叙事性的物性争议、普遍意义上的翻译和同化产生关联的时候必须找到一些空间,使其能够跨越静态的边界沟通她们的情境和知识,最终在过程中重新绘制地图以及她们的位置。

的确,舍内贝格和城市西区在一战期间在德国"新女性"生活中,起到了特别重要的作用。原因有这些:该区的发展是与女性们不断涉足公

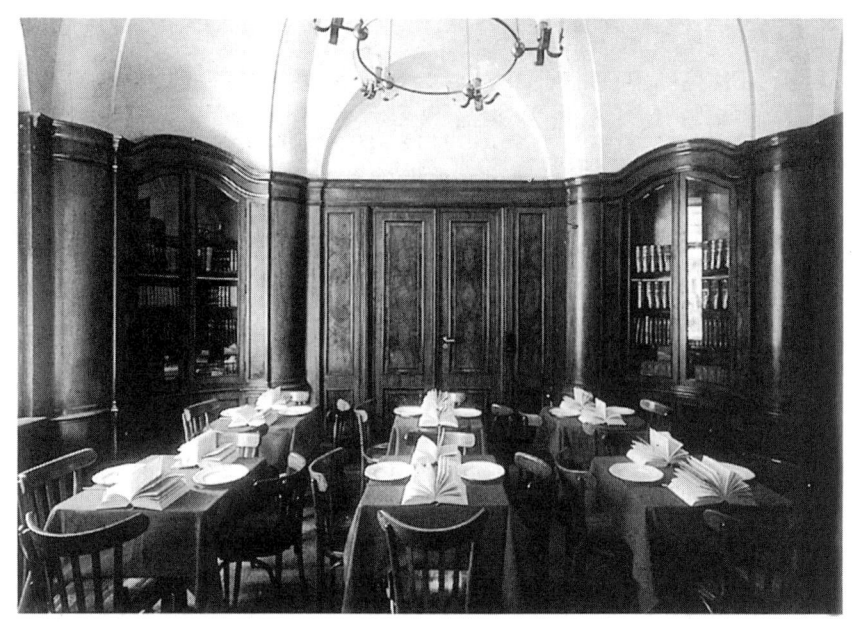

8.3 斯维特拉娜·考佩斯迪安斯基(Svetlana Kopystiansky),《无题》,(柏林,爱因斯坦咖啡馆里的装置作品)1990,承蒙斯维特拉娜·考佩斯迪安斯基提供

共领域的活动相一致的,女性们参与社区社会生活就是该区发展的标志。商店、咖啡馆、办公室和该区的房舍,都由这一时期年轻的、独立的女性所主政;甚至列车线也因能使女性们自由穿梭柏林而有名。女性艺术家,比如,劳特·拉舍斯汀,很快搬到了郊区的画室,该郊区成为女性们制作文化艺术的一个职业场所,同时也成为一个商业区。对该城而言它是创新设计,爱因斯坦咖啡馆坐落在现在的收费空间中的,通过女性和过去文化的一种关系所构建,由一位女性艺术家管理运作,在当时它是个新的空间,今天它叙说着该城变动的故事。

在1999年,安·汉密尔顿也展示了一个政治上有争论的空间。那时,她在威尼斯双年展上,代表美国展出了她的装置作品《梅因》。该装置展示了重归物质本体的文本表述一个异质空间时,它强烈的社会政治力量。《梅因》与其说是以印刷文本构建一件装置作品,不如说是在美国馆内把该空间物化为一个文本的、叙事的过程。以这种方式,该空间能被视作一个动态的发展过程,而该装置本身则被视为一个多感官参与的文本性体验。把印刷物或实体文本的物质存在,转化为该空间的一部分,而不是作为该空间(简明)解释的标签,就提供了在更广阔的领域,实际又形象地思考书籍的一个特别有用的方式。汉密尔顿本人对该作结构的评价,在这样的语境下是生动深刻的:

> "这是一件把自身联系起来,或以你阅读的方式来加以体验的作品:当你阅读一行行文字的时候,似乎你正在时空中移动……我开始思考这一问题,就是'作为一名读者有什么特别之处?'"[33]

汉密尔顿的评论是颇有见地的。该装置空间本身是一本有形体的书,描绘了读者体态和历史具象展现之间的一种关系,而没有遮蔽它们的差异性。

对《梅因》而言,有三个主要元素:在入口外是一面玻璃墙,透过这面墙,观众们在步入联邦风格馆之前,就能看到该馆凸凹不平的前部;一张像供坛的桌子,也设置在该馆的外部,有许多白色织物缠结在桌子的四周;内部的声音和结构文本。美妙的文本内部是引人关注的主要部分,但是入口处的元素对该馆联邦风格的、新古典主义的叙事,同样起着至关重要的作用。观众们被牵连进这种叙事之中。在该馆内部的墙上,有大面积凸出的布莱叶盲文。这些盲文取自查尔斯·瑞兹尼科夫(Charles Reznikoff)的书《证据:美国,1885—1915(朗诵调)》,[34]该作是美国作为"统一"和主权国家发展中,一位重要的修正主义者对其暴力和新异特征做出的阐释。墙上布莱叶文字由一种纯粉红色作映衬,该颜料自和天花板相连的墙的顶部慢慢地渗漏出来。亚伯拉罕·林肯的就职演说二,用国际电码大声诵读,在这一饱含色彩的空间中,传响不已。

美国馆本身就是一个叙事场所。首先,它采用的是一种联邦风格结构,参照了统帅全美市民建筑的18世纪新古典主义风格。这种风格既与民主公民权的观念相连,又与国家理想相关。它体现了曾制作出一个统一的国家民主叙事的古典主义,在一定程度上的复兴。该馆的联邦风格也意味着启蒙运动的自由主义,构成了美国政治、社会和道德发展的基础。确实如约翰·格雷(John Gray)所认为的,无论就其最好还是最差的方面而言,美国都是普及化的启蒙运动政治理论传统的典型代表。³⁵该建筑和它的启蒙运动之根所代表的叙事,尤其是作为一个代表美国文化的国家馆,和作为在启蒙运动根源之外的一个城市里的艺术所体现的叙事,是明晰的又是大一统的。该叙事把差异同化为一种普遍的公民策略:"所有的男人生来平等……"

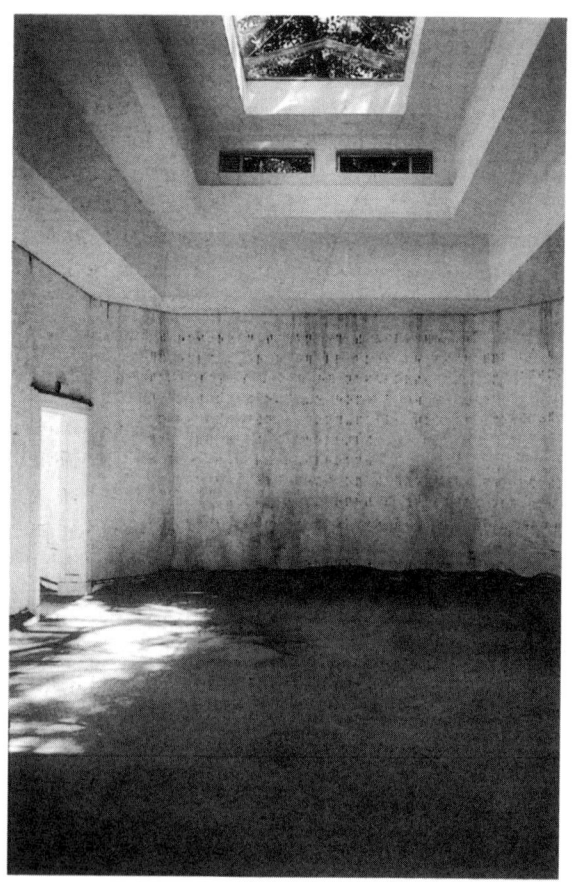

8.4 安·汉密尔顿(Ann Hamilton),室内景象,《梅因》,1999,版权,安·汉密尔顿;摄影,蒂博·杰森,承蒙纽约肖恩·凯利画廊提供

可以说，对女性，对美洲土生土长的居民，以及那些定居在殖民地作为奴隶的人而言，自由主义的同化逻辑尤其具有危害性。"所有的男性"仅仅指的是那些遵从理想市民标准规范的人，不符合此规范的所有他者都被排除在权力领域之外，不会受到应有的保护。美国女性主义者发现平等逻辑和自由政治权力并不能解决"所有女性们"的需要。女性们的多样性，例如，阶级、种族、年龄和性别倾向性的差异往往会被抹煞。当女性们努力争取以宣扬作为异质主体的她们的主体意识时，依从于这种同化自由观，对她们几乎毫无帮助。

汉密尔顿的装置抗拒了这种单一的同化叙事，这种抗拒是通过对空间的一种积极重构，以及被抹煞以求统一的多样声音的一种本体复原实现的。从空间上讲，一个双折叠过程被设定；内部空间的不连贯性首先被突出，然后通过实体文本性的策略被重新修正。美国馆的联邦建筑是具有欺骗性的。这正如汉密尔顿所说，它是"在艾奥瓦州的每一家银行。这是一种美国形式……然而建筑物几乎是一种尺度模式。当你走进去的时候，你不能感受到整个外观，内部体积也难以把握。"[36] 该建筑内部和外部不协调，是一种无能的物质体现，这种无能指的是起支配作用的叙事不能完成整体许诺。有同化力的联邦话语的完成，必定会留下破碎和分裂的印记，但这些恰恰是差异性或许能得以宣扬出来的空间所在。

在类似的意义上，汉密尔顿对该馆作出了建筑上的重塑，她把这些分离的空间以画面和声音的形式展示了出来。观众们首先通过玻璃墙看到并修正联邦风格建筑的正面。该玻璃墙的作用就是形象展示这座建筑物的明晰风格。这面不完美的、手工制作的玻璃墙，本身并不是水晶透明的，它强调了该墙既是一个可供观看的物体，又是一个透过它可以观看其他物品的物体。就像把欣赏主体带进书中的文本一样，这些玻璃方格复原了观看和阅读的复杂的物质过程。因此，联邦叙事的统一性，在观众甚至进入该馆之前，就被他们亲身介入审美过程所瓦解了。[37]

一旦到了里面，古典主义、城邦和美国联邦主义之间的完美联系，就会被该空间和神秘的庙宇的联系所破坏。该装置的题目《梅因》就间接指的是一些膜拜和典礼仪式,在这些仪式中,你闭上眼睛和嘴巴,凭身体去体验、感应。古典文化的这些酒神节上的特征,曾在启蒙运动时期被弃置不顾,同时被丢弃的还有后来19世纪评论家所认为的,那些古典主义艺术中所表现出的"猥亵"。**38** 此外,现在人们认为母系的宗教传统和神秘祭仪,包括膜拜之间有一种亲密的关系。被选择出来准许加入神秘祭仪的那些人,几乎全是女性。**39** 酒神文化降级到猥亵领域,因而迫使古典主义的感性特征以及女性对于城邦宗教和精神生活的重要性,退缩到边缘地区。利用该作品的标题,汉密尔顿吁请我们重新考虑古典过去的更加丰富多样的痕迹,这些痕迹或许存留在建筑场址中,也可能铭刻在自由主义的政治范例中。

在此装置中,汉密尔顿并没有忽视该场址具有权威性的物质史,以及它所铭记的民主话语。她也没有通过抛弃感性特征和书写一种"外在的"新历史,而对该空间形成挑战。在此,富有魅力的恰恰是,建构单一、表层叙事的物质史被用作解构它的目的论的方式,解构的同时又创造了一种新的向对话以及向不同立场论战敞开的叙事空间。在这一层面上,空间就是一种活动过程,而不是一种固定的绘图或场所。在身体介入的那一刻,空间得以形象展现,因而它不是被预先确定的,也不是仅仅作为结果的展示。在《梅因》中,汉密尔顿自己有关文本策略利用的评论,显示了把她的装置作品作为一种活动过程加以探究的类似方式:"和其他作品比起来,该装置存在一种更加书面的、有历史意义的内容,并有回顾需要被提出的内容的意味。这与其说是关于字面文本的,不如说是关于文本结合在一起的方式,以及当它们结合时所发生的意义。" **40**

在这一空间中真正发生了什么呢?文本把该建筑的内部空间描述为一种多感官的、和声的活动过程。瑞兹尼科夫取自布莱叶盲文里的文字,用于强调触感阅读的意义,这些文字被一种深色的颜料粉鲜明地映衬出来。而颜色本身在空间中也存在着一种强烈的、大气般氤氲的效果。有声字母拼出了林肯的一个个单词,但这些只有通过身体记忆行为才能够得以完成。也就是说,林肯的演讲必须通过写下听到的每个字母,再把这些字母一个个读出来,或通过记忆这些字母,再作为一个内部展示记忆过程的"朗读"它们的方式,进行重新建构。瑞兹尼科夫和林肯文本自身探究的是一些社会政治辩论,以及分裂问题。根据这些探究,美国逐渐被界定为一个尤其对非洲裔美国人施加种族暴力,以及在新移民竞争群体之间存在种族紧张关系的国家。这些国家身份的实际特征,通过空间中人体和文本的审美牵连,被形象地再现出来。这些文本由于人体介入而有名,而人体介入则吁请差异和对话。观众们甚至把流到地板上的颜料作为"墨水",开始在墙上写写画画。这些行为映照出在参观古庙时人们的某些行为,古庙中的很多参观者会在那一空间中,留下他们自己的铭记。他们以此方式讲述各自不同的故事,宣扬着自身的存在。

  以某种引人入胜的方式,汉密尔顿创造了一个空间,在此空间中,实际上采用了诉诸声音的手段。我认为这是基于这一事实,就是空间能够通过文本、历史和主体间的物性互动创造出来,这样差异就不会被同化为一种线性叙事,而允许在一个活跃的过程中激增。在这一层面上,《梅因》围绕书籍,参照各种微妙变化的意义,以"对开"和"折叠"的形式呈现出来。作为一个差异化过程的折叠的概念,对把书籍视为一个审美空间而言是重要的。折叠有能力做出无穷的变化,而不会陷入二元对立的逻辑。折叠的这一意义是把物质视作向自身的回归,从而做出了在多样元素之间无穷无尽的新的联系点。把对自由的文本阐释,包容进物质实践史中,汉密尔顿吸纳了进入该空间的主体,使他们的多样性能被"易读",而不是被"意译"或仅仅保持未读。这就是折叠的行为,它把主客体缠结在一起,使主客体情境化、具象化,并被清晰表述出来。考佩斯迪安斯基的展演书籍在装置艺术的广阔领域中,把历史、物质实践和多样主体结合在一起。正是如此,过程和实践才超过了物体,差异得以宣扬,审美发展成为一种充分的认知模式。考佩斯迪安斯基的作品,作为一个活动过程,甚至是作为一个把暂时性具象化的构造,也探询了文本空间物化发展的可能性。

9 时间之地:澳大利亚女性主义艺术和理论

这并不如同一个人所说的"未来,一个蓝图就在眼前",而是通过质疑过去的实践并重新评价现在的实践,一个人引发了变动或造成了网络中的震动。

(莫伊拉·纪登斯)[1]

纪登斯描述的网络中的震动是对产生未知未来历史的积极介入。然而,这一无限的未来既不是一种抽象的功用,也不是乌托邦的梦想,而是通过研究过去和现在而得出的潜在可能。这种研究是指把过去和现在作为实践活动,而不是作为固定的历史或静态的物品的研究,也不是作为已经提供的"蓝图"的研究。以这种方式进行的研究质疑了历史和主体中的时间之地,把它们的相互作用看作区域性的,物质性的和美学性,而不是预先决定的和简单再现的。

我选择采用"时间之地"这一短语来描述重新构想的时空联系。这种时空联系是贯穿本章的话题。这有两个特别的原因。首先,与以机械纪年或以"时间"为典型的空间化的时间模式不同,时间之地参照了差异性、具象性和时间与处境之间的关联性。时间之地既没有忘却展现有时间标记的实践活动的关键作用,也没有寻求普遍化或标准化这一活动。其次,时间之地根据差异性审美规范,质疑了时间的作用。这种差异性审美规范是反对再现的传统规则的。在这一层面上,探究在对历史作出审美的介入中,时间的重要性或恰当性是非常必要的。

时间本体论把时间降格到空间的功能,而不是提出了作为一个活跃界面、一个过程或一项活动的时空轴。在一个把时间降格为空间的模式中,时间被视为"物",可以度量、量化,并且超越主体活动之外。时间支持线性的叙事史,在此历史中,前进和序列逻辑是不可或缺的。而且,这一同化逻辑摧毁了真正的新奇或未来。新兴的未来,作为已知过去和现在的纯粹的结果,被预先决定,是毫无说服力的。过去、现在和未来的结构在时间神话中备受重视,在此结构中,时间吞食它自己的儿子——未来,这种时间被视为男性自生的产物,它被不可避免地、猛烈地同化为当下的完全一致。然而,这一时间观念并非真理,尽管它普遍风行。该观念是对认知,一种认识力的建构,是从历史事件和物质实践的会聚中得出的,它能被挑战和改造。

在17世纪后期和18世纪早期这段时期,作为一种空间化、可测量数额的时间本体论,达到了其顶峰。可以说,这造成了在时间传统中的一种转变(从循环的到线性的,从迂回的到前进发展的历史),这一转变是如此根本,以至于它推翻了1400多年来关于时间主题的思考。[2] 这一时间性在精密的钟表制造和机械测量时间的历史时期占据统治地位并非是偶然的。科学发现、工业化和帝国扩张是现代西方国家崛起的标志,它们都与钟表业的发展密切相关。航海、绘图以及在自然科学中启蒙运动的实验,会聚在可量化的记录时间的周围;仅仅在此时,我们才得到了我们应得的时间。

然而,我并不认为这一时间观念是纯粹无用的、朽败的或完全过时的。很明显,全球旅行、电子通信,以及在人类科学中的很多产品研发,如果没有精确记录时间、通过其力量来给世界分区的能力,本不会发生发展。但是这一事实并没有表明,空间化的时间在其效果上是完全有益的,也不是说它无可指摘和无需修订。它确实表明的是指摘不会存留在别处;为了引发网络中的变革,造就网络的过去和现在的实践,不能被忽视或颠倒。前一种认识表明有一个外在于历史的完美空间,主体在此空间中或许能改变世界;后一种维持它寻求超越的那一逻辑。重新设置我们的时间图,以便于差异会浮现,这意味着需要扩大机械时间的限度。

时间没有涉及的是一个无限的未来;作为一种同化逻辑,机械时间确保的是一种存在而非生成的本体论的统治地位,保证再现而非表现。这就是说,未来被认为是已知的,差异可以通过被写成(或在内部表述为)一种大一统的体系而为人们所认识。这种观念已经发挥效力。[3]从这一层面而言,现在趋向于变革的行动,像事物一样,可以被预先决定,而并不是说可以设立其结果不能被确定的变革的条件。这样就把未来和差异以及实践活动隔开了。伊丽莎白·格罗兹指出,当下的挑战就是要"把时间和未来概念化,要包融它们全部的丰富性,并采用差异模式。"[4]阐明差异性,以及设想能顺应完全新的、不可识别事物出现的时间性,就趋向于一种生成的实验策略。记住这样的策略是重要的,因为它或许产生微妙的效果,以及"积极的"变革。然而,认为未来会带来无限可能的变化,它不能够被预先决定,这种想法既没有表明任何事物会发生,也没有表明任何事物在发生。

克莱尔·科尔布鲁克(Claire Colebrook)认识到女性主义者是反对"转变"的构建模式的,因为这种构建模式可能是非历史的、去政治化的,并且不能够说明性别差异。她建议根据家系学和地质学思考女性主义者的生成问题:"女性主义者的'转变'既是确认也是追问;对作为位置的生成位置的确认(不是确认为单纯的本质表现、基础、范围、'超越'或缺失),对作为一种风格活动的直接关乎自身的追问。"[5]她在活动和位置之间做出的调节,提供了思考时间性的一种方式,这种方式既不会使时间凝结为一个物体,也不会抛弃时间的物质历史。而是,她探询了时间之地。这就再次强调了,对"转变"而言,具象化和情境化的重要意义,还应认识到虽然主体、理念、材料和意义的结合可能会是无穷无尽的,但是这些机械构成的元素却是历史上和物质上设定的,每个"转变"都是具体的。这与后来格罗兹关于呈现的思考相一致,呈现既不是随意的也不是

决定的,而是限制的和待定的。⁶

在她著名的文章《人种学家能否涉足谱系学》,莫伊拉·纪登斯把过程中的主体和情境联系起来,以便从新的角度思考女性的主体认识问题。⁷纪登斯根据行为学所能做的,而非行为学所是的,强烈坚持一种主体观念,坚持表现和生成,否定再现和存在。然而,为了研究"实践"的能力,纪登斯强调主体的物质特异性和家系学史的材料场;家系网约束但绝不会包容过程中的主体。重要的是,为了研究这些理念,纪登斯转向了对时间性的一种复杂分析。对主体而言,抛却时间的束缚并不是足够的,这是因为时间是主体的历史框架,必须协调时间以适应发生的变化;以"永世",或者线性时间之外的活动代替时间也不恰当,因为这几乎不会产生什么历史影响。相反,纪登斯设置了"吉时"——机会、危急关头、变革时刻、选好时机、惯例——以考察这种转变,这个观念让人们对物质性特征的许可成为可能,同时也承认了新事物的潜能。吉时不是仅仅对时间和永世二元逻辑的废弃,也不是一种来自于历史"网络"和材料状况之外某种乌托邦空间的时间观念。它是一种和具体历史构建的过程和实践相连的调节时间,然而又并没有超越变革和"新事物"出现的可能性。

而且,吉时,作为选择好时机和惯常做法,吁请审美和创造力进入历史过程。这并不是说美化了历史,而是说介入了认可物质性和知识的有形处所的各种方式。吉时从一种历史阐释的线性的、因果的模式,转向一系列策略实践。这些实践参与到无限的、富有创造力的历史过程中。不足为奇的是,女性主义者对主体性、创造力和历史的重新阐释,制作了过程性的、具象的时间模式。而机械时间既抹煞了性别差异,又不能够说明变动。

正因如此,我想引入"巧合"的概念,在本章余下部分,这将是我论及的主题。我在此使用该词以便它更能引人共鸣。巧合是指诸种活动在时空中同时发生,在时空的联络处波动起伏,而绝不会使一种活动并为另一种活动。我所谓的巧合的元素之一,即,澳大利亚女性主义哲学家和理论家所创造的作品本体。该本体提出了新的时间绘图法,以便于研究过程中的女性主体和性别差异的表述。这种作品的内部巧合是女性主义、相互关联的女性学者、澳大利亚学术和政治框架以及对思想呈现真正关切共同作用的结果。[8]但是,首先使我更广泛地思索时间之地的这种巧合,是介于女性主义哲学家和澳大利亚女性艺术家之间的;她们同时开创了一种复杂的实践本体,也把时间、视野和本体作为各式各样的差异形态加以研究。

这两种巧合元素的结合是有力的,并要求女性主义评论家设置时间之地,而不是复制线性、因果解释的逻辑,或同化后的降级。这就是说,我关切的不是探问作品本体在时空中出现的原因,也不是有关作品创造的起源和原因所引发的解释,似乎作品制作性地介入是不可或缺的。同样,我并不想再创一种同化策略,以此把艺术作为一种理论功能来加以阐释,抑或把理论功能作为艺术来加以说明。相反,我想研究的是巧合本身,巧合作为一种时空活动对于深入思考性主体意识、美学、历史以及未来中的差异表述,具有重要作用。本章余下部分探讨的就是时间模式,这些时间模式是由当下盛行的制作性的理论构想、实践活动、文本、图片和各类物品提供的。这些模式利用过去的材料为未来创建各种条件。我感兴趣的是女性们所制作的艺术和女性主义者的审美理论,作为具体的解决历史创建难题的门径,是如何帮助我们获得我们应得的时间的。

浏览与(非主流)历史

在1994年,珍妮特·劳伦斯(Janet Laurence)和菲奥娜·佛雷(Fiona Foley)合作,完成了新南威尔士州历史房产信托公司的订件《林边》。《林边》是她们设计制作的一件雕塑装置,它被竖立在处于第一政府大院旧址上的悉尼新博物馆的外面。[9]这件作品把这一旧址处理为争鸣和对话、"首次接触"和继续辩论的地方,以此宣扬澳大利亚的多文化历史和未来。这件作品由二十九根木材、钢铁和沙石的柱子组成,在这些柱子表面涂绘着各式各样的文字残片和名称,并且由于氧化而变得模糊不清;这些柱子还被雕凿,以含纳贝壳、骨骼、毛发、蜂蜜、种子和灰烬。这件作品还含有一个重要的声音元素,并且还运用光照亮场址,这就为观众提供了一个可以日夜观赏的环境。自1995年1月揭幕以来,《林边》就已成为澳大利亚最受欢迎和赞美的公共雕塑作品之一。例如,在1995年,它赢得了澳大利亚皇家建筑学院劳埃德·丽斯奖。

当在1988年(二百周年纪念)首次决定在总督阿瑟·菲利普的第一政府大院的旧址上,建立博物馆的时候,该计划并不是如此完美,或不具有《林边》作品显示的前瞻性。邓顿·库克·马歇尔建筑公司赢得了开发该场址的竞标(整个开发包括一个巨大的办公区和公共广场)。该公司计划造一座巨大的总督菲利普本人的雕像,竖立在广场上,以突显该场所的纪念意义。菲利普曾是澳大利亚第一舰队"奠基人"。以这种方式纪念澳大利亚殖民统治的建立,则强调了空间化的时间、再现和同化逻辑之间的诸种联系。这种纪念方式树立了创建者叙事以及土著人领地无效思想的权威性,宣扬曾引发了屠戮几代土著澳大利亚人,并剥夺他们权利的大陆观念。[10] 机械计时使得18世纪南半球的殖民探索成为可能,它准确记录了库克船长在1770年登陆澳洲,这一该区"创建"的标志性事件的时间。与此同时,"历史"就在那儿开始了。在1788年殖民地的建立只是再次确认,历史(和时间)又回到了这一空荡的永恒的领地。

奠基人、领地无效和历史创始的起源神话是不可靠的。为了把这样一种虚妄之事作为国民中心叙事,就必然迫使很多与之竞争的声音和故事边缘化,或者完全取消它们。原住民会不仅被看作是史前的,而且会被认为是同质的,永恒不变的。作为一个不变的(或不能够改变的)集体,澳洲土著人占据着殖民史之前,形象地说来,"时间之外"的空间。[11] 要把多样性的土著文化编成国民故事,而不承认他们悠久、卓越的历史,不承认他们不断顺应变化和联络的证据,那将是不可能的。同样,在殖民者中的地区差异和阶级冲突,在创建神话中也往往被抹煞,更不用说殖民者中的女性在垦荒种地,以她们的机智和技巧在确保欧洲裔澳大利亚人生存方面所起的重要作用了。[12]在创建神话中,差异被取消。

当彼得·埃米特(Peter Emmett),这位悉尼博物馆的资深馆长,在1993年把有关该订件的最终方案汇总在一起时,他提出了一个非常不同的有关该场址及其历史的模型。他想为该场址创建一个有隐喻意义的建筑,以此宣扬富有争议的国民故事。通过这些故事,欧洲人首次发现澳洲或许能被视为一个"转折点"或"边缘",而非一种必然前进逻辑的起源。[13]这一计划表明"网络震动"的发生,而不是一种统一叙事的再现。埃米特的观念概要,就是使《林边》得以产生的艺术家、建筑师、历史学家和博物馆馆长之间的合作对话的开始。

根据我在本章试图阐释的"巧合"问题,有一点很重要,就是名单所列最终的艺术家中只有一位是男性。[14]在此,我并不认为有一种生理上的必然因素在起作用,而是认为在澳洲在20世纪90年代创造艺术的很

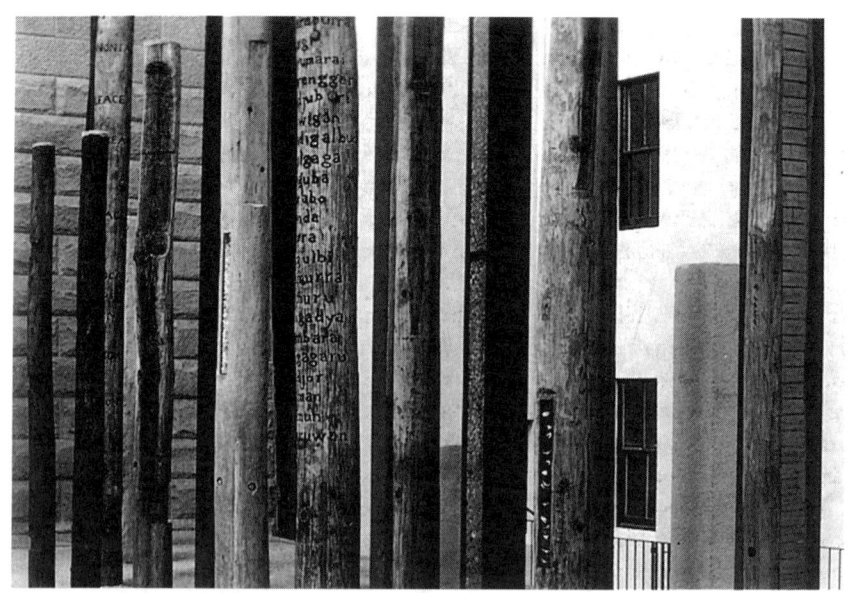

9.1 珍妮特·劳伦斯(Janet Laurence)和菲奥娜·佛雷(Fiona Foley)以及邓顿·库克·马歇尔建筑公司员工合作,《林边》,1994,承蒙悉尼博物馆提供

多女性,关注的是差异、具象化和情境化的问题;并且对物质性、地方性和可商榷性的历史的关注恰恰与女性们的艺术实践相巧合。的确,劳伦斯和佛雷被邀请合作完成作品,正是因为在通过材料变化生成意义上,凭借依靠形体记忆建构历史上,以及创造对身份、"种族"与民族的固定思想形成的一种挑战上,她们拥有共同的兴趣。同时,她们凭借来自不同背景女性的特有视角,把她们的合作演绎为澳洲文化和差异之间的一种对话。佛雷,来自昆士兰州海岸附近弗雷泽岛的芭德佳拉家族,她长期以来,通过各种艺术实践,研究土著澳洲人身份特征的复杂性。她的艺术实践涉及人种志、博物馆学,并且与殖民神话对立(有不少是弗雷泽岛人的故事,佛雷祖辈聚居地名采用的就是弗雷泽这一名称)。劳伦斯,是外来定居者的后代,像文化精神的创建和守护者一样,对博物馆有同样的兴趣,但是她也从事女性主义和生态问题的研究。她们的合作过程是富有成效、引人注目的,但是决不要认为"一位土著人和一位外来者"的对话,就代表了一套本质的观点。的确,劳伦斯和佛雷在《林边》中表明,埃米特概要的复杂观念结构,能被物化为一种装置作品。不过,这种物化,需要通过和差异对话的方式,对时间之地做出探询才能实现。

该装置并没有展示首次接触(指欧洲人首次登陆澳洲——译者)、悉尼史,以及在1788年定居在该地区的伊奥诺人的材料;而是通过采用巧妙的时间审美手法,表述了历史的活动。为了使该场址成为一个交流和对话的场所,劳伦斯和佛雷设计了多样的时间图示。该场址本身的历史,承载着第一次接触的印痕,以及殖民权威、定居和被迫转移的多重叙事;这一历史是与《林边》中的"吉时",即表示变动可能性的一个显而易见的关键时刻相一致的。作为悉尼博物馆的一个必要部分,该装置也参与了文化交流的过程,并且介入了对澳洲艺术和手工艺品的历史评价。这样,《林边》唤起了超越客观化的一个强力时间性。最后,该作品的物质存在展现了一幅知觉时间图,这幅图要由参与者的亲身体验来完成。

题目《林边》来自于里斯·琼斯(Rhys Jones)的论文《订购风景》中的一段文字,在这段文字中,他唤起了第一次接触的时刻:

> "……新大陆的发现者,与风浪搏斗之后,到达海岸,与通过树之边缘窥见他们的土著人碰面了。同样的风景,对于新来者而言,是陌生的、充满敌意的、没有连贯的形式;而对土著人而言,则是他们的家园、是熟悉的地方和梦想的摇篮。"[15]

这段文字所描绘的首次接触的地方具有双层意蕴:熟悉的和陌生的、梦想的摇篮和有敌意的领土。形象地描绘这些作为推动《林边》的"边际化"的对比,就强调了殖民地化过程中不完备的对话活动。这些对话既没有否定真实的物质状况和实现帝国统治的战争,也没有否定未来变化的可能。

二十九根立柱和19世纪早期悉尼地区的一张地图相呼应。这张地图绘有二十九个曾在该地区定居的伊奥诺人语言群体部族。伊奥诺人进一步展现在《林边》作品中,不过,是通过另一种非画像的形式,即一张"声音图"展现的。这张"声音图"就是伊奥诺人围绕该地区对地点做出评述的一个录音。[16]关键是,作品并不试图再现伊奥诺人,或如实描绘他们所遭受的践踏。在首次接触之后的最初八十年,伊奥诺人的数量从约40,000降到了6,000。实际上,这种回忆性的地图绘制本身就暗示了殖民军所造成的损失。这两张图和废弃的第一政府大院的轮廓相互作用,该大院在1983至1989年之间被发掘出来,在广场上建立了纪念性的标志。因此,移动的绘图构成了该场所的主要的张力关系——第一政府大院的轮廓由一根根立柱所分裂,声音描绘出了一种不同的地形,与这一地方发生着边界的竞争。

在作品中,命名和语言交锋引发了同样活跃的相互作用。当地动植物的拉丁文和伊奥诺文名称,做成了木柱上闪闪发光的文字,嵌进木头中的锌版载有第一舰队人员的签名,这些签名和在该装置中别处出现的重要的伊奥诺勇士的名字,形成对照。一些沙石柱上刻有来自《道威斯日记》中的文章,该《日记》是海军上尉威廉·道威斯,在一位伊奥诺女子的陪伴下,在海港旅行时的记录。他记录下他们对地方和物品的不同称呼——这是一个早期的,即便是非常有限的,跨越语言障碍对翻译和理解的尝试。这些物质文本为空间和文化权威而竞争,然而这一竞争从来不会有赢家,它们继续呈现为多样化状态。例如,第一舰队人员的签名揭示出有关他们自身的阶级和教育的划分,当地方言有时会征服拉丁文和英文,而给一些地方和物品重新命名。

  但是,《林边》在对材料的召唤性使用中,通过惯例,竖立了一个更有效的变动点。材料的选择要和场址,首次接触的地方的生态,以及材料所携带的多样化历史、仪式和物质内涵,产生多重共鸣。因此,例如,木柱子是对麦克威廉姆斯酿酒厂木材的重新利用,在该装置建设中,这些木材被修整刨平。酿酒厂的横梁来自于在第一次接触时期,生长在该地区的树木。这些树木在该场址重新被利用,就会令人忆起该城的商业发展,以及发展所造成的生态改变和破坏。而且,木柱的雕刻与当地把木头用作工具的做法,以及在那种经济内木头的象征意义保持一致。同样,沙石也是新南威尔士的地方特产,它被移民者广泛用于建筑材料;从传统的角度而言,它是由伊奥诺人开采出来的,是伊奥诺人的建材标志;在此,它的使用进一步强调了该城的发展,的确,桥街的很多建筑都是沙石结构的,包括悉尼博物馆自身。隐匿在一些柱子凹处的牡蛎壳也有双重内涵,它把土著人对"粪肥"的依赖(一种重要而丰富的蛋白质原料),和移民者把这些贝壳烧焦、碾碎,以制造建筑上用的石灰联系在了一起。灰烬、氧化物和毛发对土著澳大利亚人而言,是一些具有神秘力量的仪式用品,而它们激活感性而具体的记忆的潜能,在其物质效果方面,会吸引更广泛的观众。在材料和意义的每个交合处,作品都提供了一个活跃的出发点,以及历史、物质性、审美认知和未来之间的对位。

  《林边》利用审美策略重现了殖民地各种因素活跃、变动、无尽的相互作用的传统。该作把场所作为一个交锋和变革的场景加以展现,表明历史是我们可以介入的过去的实践活动,而不是我们只需揭开的静态的事实。再则,作为悉尼博物馆观念发展中的一个关键元素,该装置也是对传播当代博物馆学的诸种策略的一次审美介入。通过旁征博引、古今贯通,《林边》在参照过去物品的原初意义的情况下,探问了文化变革和发展的问题。[17]

在第一政府大院旧址上的悉尼博物馆,其设计是为了作为"一个展演场馆",而不是作为一个固定物品的档案馆。[18]埃米特把这一作品描述为"惊人地无常性",它展示了物品和事件的不断变化着的构成,提供了探讨有关变动的历史特征的场所,而不是提供一个有关作品内容的明确叙事。[19]这是该博物馆的一种对话观念和变动范式,它们既反映在《林边》的策略委托书中,《林边》是博物馆意义的一种本质元素,又反映在监督委托书的历史房产信托公司不同身份背景的委员们身上。这些委员们来自广泛的艺术领域,其中包括琼·克尔,一位艺术史家,她因对澳大利亚女性们艺术创作的开创性研究而出名;以及赫蒂·珀金斯,重要的

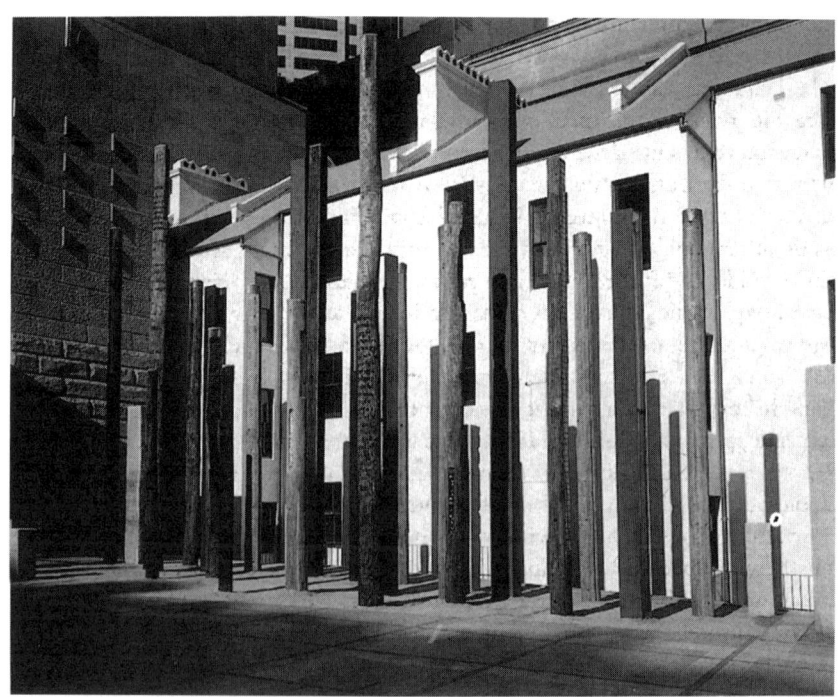

9.2 珍妮特·劳伦斯(Janet Laurence)和菲奥娜·佛雷(Fiona Foley)以及邓顿·库克·马歇尔建筑公司员工合作,细节,《林边》,1994,承蒙悉尼博物馆提供

布买利艺术家合作组织的一名创建成员。这些委员们的视角像该场址本身一样是多重性的,她们对该工程的评论表明了她们视角的多样化——尤其是在关于土著资源的选用上,体现得更突出。

《林边》中的柱子不是庄重柱,正如彼得·埃米特在观念概要中特别指出的,"因此这一地方也不应该只代表普遍化的土著文化'场址'。让阿纳姆地(阿纳姆是土著人保留地——译者)的柱子竖立在(悉尼/伊奥诺)场址上,也是完全不恰当的。"[20] 埃米特当然是反对在永久同质的神话状态下,确立土著文化的尝试。然而,大卫·普罗瑟,土著研究协会的主任,在其后来关于该作品的评论中写道,"……它有普库玛尼庄重柱的意味,在土著澳洲人眼中是神圣的。"[21] 在《林边》中,劳伦斯在佛雷帮助下对博物馆作出重要的阐述。她们认为博物馆在多文化的澳大利亚是作为展览品和意义的调节机构存在的。这种调节使用了强有力的、广泛征引的手法。

这件作品确实"显现"出普库玛尼庄重柱的意味,对一些观众而言,两套特殊柱子中的著名的普库玛尼庄重柱,是在 1958 年由托尼·塔克森为新南威尔士艺术馆订制的。这是由一个欧洲中心澳大利亚博物馆制作的第一件大型当代土著作品。自从 20 世纪 50 年代以来,普库玛尼庄重柱在"澳大利亚"艺术界定的变革中,一直发挥着中心作用。这些界定变革是由后殖民和反殖民辩论的冲击引发的。普库玛尼庄重柱是在 1959 年从梅尔维尔岛运来;在 1973 年当悉尼歌剧院揭幕时,作为新南威尔士艺术馆的中心展品再赋重要意义;近二十年后,当新意利巴那画廊致力于土著艺术研究时,再次使其跻身于新南威尔士艺术馆。该作品地位的浮浮沉沉,映照并强调了土著和移民的艺术与文化之间的变动关系。《林边》也借鉴了另一套有高度争议的庄重柱——"土著纪念柱"(现在陈列于澳大利亚堪培拉国家艺术馆)。该作是在 1988 年由拉明宁协会制作的,它由 200 个庄重柱组成,在二百周年纪念日,用于纪念二百年来土著人每一年的死亡。

我绝不是说《林边》中的柱子是庄重柱;的确,伊奥诺人也不以这种方式纪念他们的死者。利用土著传统，从一个基础的层面而言，有可能对悉尼博物馆订件的主旨造成误解。然而，土著艺术和土著人的反抗这两个有力画像的形象"显现"，再次探询了人种志和艺术、仪式和实践、传统和变革之间的对话。这一对话处于澳大利亚艺术实践和博物馆学中的当代辩论的核心。再次，该作引发了网络中的震动，它利用现在富有争议的材料实践，为未来打开了变动的大门。我一直主张《林边》与其说是历史的再现，不如说是实践历史的模式；它在思想、物体和材料之间建立的交换，把策略交锋中的时间、地点、人体、和差异联系在一起。因此，观众和该装置的形体交锋并没有预示时间或未来，而是使其在此时此地打开，完成主客体间的互动。

对《林边》而言，至关重要的是这一事实，参观者置身于作品中，因而成为和作品实际交锋的参与者，而不是被动的观者。正如最初的概要所表述的，这件作品"不是在建筑空间中观赏物品，而是进入和参与创造。"[22]到该场馆的参观者把这件作品描述为"邀请你触摸或拥抱它"，并且还说"每次参观都可发现新的细节"。[23]置身于该作品内，就如同置身于小树林中一样，而并不是从外部观赏林子。该装置不能被作为物品来感知，而应该在一个无限吁请的物质空间中，作为一系列局部的、设定的交锋来体验。边缘，作为感官体验、视角和交换点的隐喻，每时每刻都会被刷新，而非被包含在一个统一不变的视野中。

爱德华·凯西（Edward Casey）在一篇关于浏览的时间效果的论文中认为，浏览能把无限的未来和感性的知觉以及边际联系起来。浏览是看偏离中心的区域，目光落在边际或四周。然而，从传统的时间序列中概要这些突破，或许就是指主体处于不停地变化中。[24]浏览产生的是绝对的新体验。当我们浏览的时候，我们会发现奇异之景；当某物吸引我们的眼球时，我们不能预先决定其结果。重要的是，浏览最容易识别运动着的物体；[25]变化、过程以及浏览的多重交锋就是《林边》中视觉体验的特征。这件装置是运用浏览的机理去观察边际间的运动——处于树之边缘处的伊奥诺人，历史变化的物质过程，在殖民地发展的叙事中从国家标准观念中被驱逐的异质主体等的活动。

正是运用了浏览的逻辑才实现了和《林边》的每一次交锋,乃至,和悉尼博物馆、第一政府大院充满竞争性的场址,在澳大利亚关于新特征不同构建中持续协商的交锋。装置作品、博物馆和辩论在未来将继续变化,它们不会成为远离人世的艺术遗物。[26]关于边缘史,不存在一种权威观点;正如进行差异研究的女性主义者所认为的,没有必要颠倒中心、边缘的逻辑,使曾是边缘化的事物中心化,使中心化的事物边缘化。如果这样做的话,只不过就是强调了二元思维体系和中心本身的力量。对女性主义学者而言,挑战她们的,就是要找到表述处于变化中的边缘主体位置的方法。把这一充满竞争的场址作为一种活动载体,而非作为一种静止的图像对待的变动性审美,强调了向未来开放的变化着的历史力量。在主体和边际运动交锋中展现的审美高潮把我们推向了另一种具有强烈意义的巧合,即,处于差异和新兴主体中的时间之地。

迟疑、详尽和意外的主题

在《林边》和琼·布拉希尔(Joan Brassil)1978年的装置《永久就是永恒变动吗?》之间,有诸多相似之处。布拉希尔的装置由两幅相叠的时间地图构成:赭色的小树苗,其形状与澳土著始祖诞生神话中的星座相呼应,并与一套发光的二极管相连的盖革管并置在一起。这些发光的二极管可通过控制电路随意操作它们,其光亮与太空中的流星雨相似。这些巧合的画面把天空和大地联系在了一起,描绘了时空的易变性。通过从梦幻和时空这两个方面描述这种联系(用高科技手段呈现),布拉希尔重现了被殖民之后空间和时间与矛盾性叙事之间的互动。由于这种活跃的相互作用间不能解决的紧张关系,所以该作既展现了时空间的和谐又展现了它们不和谐的状况。的确,时空间的断裂说明了非领土化的空间的存在,和任何单一逻辑的最终失败。单一逻辑是指拥有或明确界定一个能弥合差异之地的逻辑。

179

《永久就是永恒变动吗?》明显表现出对时间性和绘图法的关注,然而实际上又没有展现其中任何一个。这与后来布拉希尔在20世纪七八十年代期间对其作品"从目标到过程的评述"相一致。[27]秉持这一主张,布拉希尔把一种临时性的感觉融入到她的作品中。这一临时的感觉不是通过她利用的以时间为基础的技术所带来,也不是通过对记录时间的装置(比如,沙漏,有时会出现在她的作品中)的任何直接参照获得的。作品的时间性审美从德勒兹的理论上而言,更像是一种"机器",一个"异质的集合"。[28]

《永久就是永恒变动吗?》是布拉希尔后来以过程为基础的装置实践的典型之作,她的装置实践把各式各样的材料和资源结合在一起。布拉希尔经常利用有机物、记忆和神话,把先进技术、地点、特定历史,以及诗意文本中的科学知识构建在一起。在此意义上,艺术家就在曾经没有联系的地方,能创造出联系来,见曾经所未见,听曾经所未听。未见和未听物的出现,事实上和布拉希尔最早的装置三部曲之一《超越视野的光,超越听力的声音,超越回忆的记忆》(1970—1974)非常相似。但是创造联系并没有在其作品空间中物品和思想的层面终结。而是,布拉希尔的装置作品显示了在实践中,感性主体和"生成艺术品一部分的过程、物品、观众"间的密切联系。[29]

伊丽莎白·格罗兹与布拉希尔的理念有着惊人的巧合,她做出了对布拉希尔装置作品的关键评价:

"……它们表明,有某种事物,把星球和宇宙的生命与有机物的生命及历史联系在一起,并且和无机物或化学物品的'生命'联系在一起;这种事物就意味着无休无止地进行着创新、不息变动、上升、更改以及脱离常规的运动。这样就确保了同一的不可能性,即便是通过重复的模式也不会取得同一效果……惊奇感和差异的不可预测性是作品的核心。"[30]

然而,格罗兹探讨的是在达尔文、尼采、柏格森和德勒兹研究中所汇

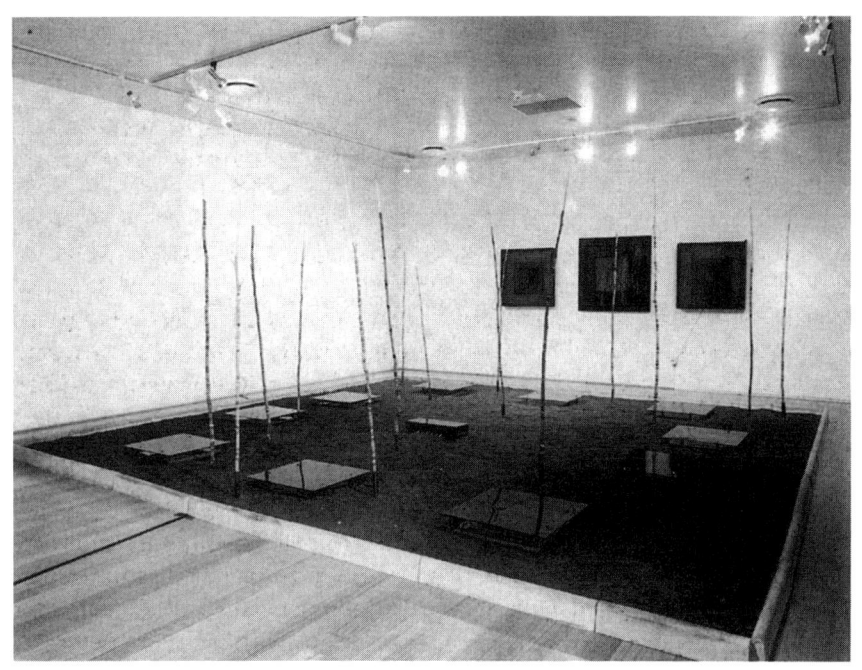

9.3 琼·布拉希尔(Joan Brassil),《永久就是永恒变动吗?》,1978(后墙上:超越视野的光,超越听力的声音,超越回忆的记忆,1970—1974),承蒙琼·布拉希尔提供

聚起来的内容,她认为有必要使这些大师成为一种认真对待时间、未来和差异作品的关键资源。格罗兹并不认为这些大师持有相同的才智观,或他们代表了某种本源观点;她在他们之间建立联系,为的是物化一种能鼓励发生、改变和创新的认识论。她最主要的观点之一是,各种实际需要而引发的思考必须关注机遇或偶然。我认为正是这种富有最深刻意义内涵的巧合,才使得偶然形成了格罗兹和布拉希尔思考主体、差异和时间之间联系的一个焦点。

如果《永久就是永恒变动吗?》在其竞争性时空喻义构造中,使偶然成为一个元素,那么《随时随意》则把机遇作为它的组织原理。《随时随意》由八个主要的闪绿岩标本组成,每一个都以其自己的频率发出鸣响,在画廊空间,从视觉和听觉角度,把它们作为文本之波和"一首从未听到过的地方之歌"记录下来。[31]然而,布拉希尔再次使用先进技术工具,以最普通的当地材料，物化了从未听到过的声音。在此，于偶然之中，时间就有在平常之地造就新情况发生的可能性。这一时间既不是在画廊中明显展现的空间化的时间，也不是线性因果关系的显示。格罗兹把这一时间描绘为"一种无限的、根本的活跃力量——即便不是物质也是一种物质化的力量，该力量的运动和运作有一种惊人的、不可预测的或新颖的效果。"**32**这是一种多感官体验的时间。

在艺术作品中展示偶然意味着什么呢？偶然并不是出现在一个真空中，它产生于材料、理念、主体和客体结合在一起所产生的共鸣之中——产生于在一次审美活动中主客体的交融互动中。**33**布拉希尔装置的变动逻辑所探询和关注的主体，是处于过程中的，趋向于变动和创新。在此，主体成为争取偶然的结果，而不是趋向于一个预先决定的终点。因此，布拉希尔作品就把主体的变动框架的一种对立范式，物化为一种间歇，一个迂回之地。对此，柏格森写道：

> "……生命物本质上是持续的，它的持续正是因为它不断地努力营建新潮事物，因为没有探索就没有营建，而没有摸索就没有探索。时间就处于这样一种迂回曲折的状态。"**34**

布拉希尔的作品不是关乎时间的，她的作品中没有直接展示时间。在开放的未来和差异形态的主体中，时间的物化效果在布拉希尔装置的审美策略中有所体现；女性主义哲学家利用这些类似的策略思考变化和新生事物。作为努力思索和制作新事物过程中出现的延宕，就把主体性设置进差异的变动策略的核心；在本章最后部分，我想把思索的主体和制作的动力再次联系起来，以探索时间新构成中的审美作用。

布拉希尔的所有作品都是一种复杂的变动体，利用内部的交叉联系和外部的联络，建立起一种精心营建的互动对话。这些精心营建的机理，作为一种活跃变化的创造动力，展现了差异和多样性，显示了在思考和制作新事物中审美的重要性。同样，它把主体和发生美学重新联系在一起。不妨再次引用格罗兹的话以资佐证："精心运营是时间的行为模式,但是精心运营是逃逸、削弱、阻断和偏离,而不是造成。"[35]

为了概括布拉希尔实践中表面矛盾的联系,佐伊·索菲亚(Zoe Sofia)创造了生动的短语"科技诗艺"。[36]索菲亚研究了科技既作为科学又作为技艺的双重含义,认为布拉希尔对科技手段的审美运用,超越了科学和艺术这两个领域的简单划分。索菲亚也研究了由人类双手所"创造"的诗艺的本源意义,诗艺是一种在实践中,把艺术、科学和创造力作为物质活动联系在一起的方式。在布拉希尔作品中,实证科学和诗学之间的相互关系,是其作品的关键特征之一,这一特征把科技和审美重新构想作变动的精心营建的模式。

布拉希尔的装置利用了复杂的技术,她经常和科学家合作,制作她使用的材料和表现空间之间的微妙界面。在此意义上,布拉希尔的作品预示了科技艺术实践的到来。的确,在20世纪八九十年代的澳大利亚,科技艺术占据了主流,且极其繁荣。然而,正如马丁·托马斯(Martin Thomas)敏锐指出的,布拉希尔的作品从来不是把科技作为创作作品的目的。[37]她的技术实验,虽然是革新的,然而只是探索变动的主体性和技术变革之间联系的一个大过程中的小元素。人们认为,布拉希尔应该能够在技术和变革领域做出更大的开拓,因为她在五十多岁时从事艺术制作,这之前,她一直做教师,并且在其整个一生当中,体验了日常生活技术的广泛的变革。她在各种技术领域活动的能力,表明她能灵活适应那些改变我们体验世界方式的机械结构。然而,虽然布拉希尔对技术的态度,或许部分是受她对技术变革真切体验的影响,但是也由她艺术和才智的个性倾向所决定。

布拉希尔把科学和诗学都视作重新构想世界的"优雅"方式。[38]诗学和诗艺对布拉希尔的研究来说是重要的(的确,她的美术博士论文就是关于诗学的),因为它们强调了创造力和通过一种超越线性叙事的演说模式所实现的主体的表达能力。因此,布拉希尔以实验和研究的态度所利用的科学,是一种感知世界的,并且具有创造力的模式。理解科学的这一方式是非比寻常的,而实验科学家们自己承认,在布拉希尔作品中体现出了创造的力量和偶然的作用。布拉希尔科学上的合作者,天文学家布赖恩·鲁宾逊(Brian Robinson)的评论是上述说法的有力佐证:

"艺术和科学共同拥有形式、结构、美妙和优雅等意味——也共同拥有奇妙……

在琼的创作活动和我本人作为天文学家的经历之间有诸多相似之处。在敏锐观察、富有想象力的解释、超越既定法则上,我们之间有诸多共同之处。"[39]

科学和诗学的装置空间吁请着主体的介入;《永久就是永恒变动吗?》和《随时随意》都表述差异,都超越了既定法则,并为新兴主体理解创新性创立了条件。

在很多方面,《随时随意》可谓继续发展了《永久就是永恒变动吗?》的主题。两件作品相隔十二年,它们在布拉希尔广泛的艺术实践中,建立了一种时间对话,并且从实验性的精心营造和过程中主体的观念上,再次探询了时间之地。布拉希尔经常把她自己的研究加以互相比照,从而以新的方式再次激活主题,在其三部曲中她把多重装置联系在一起,而在广泛的实践中,则重新利用各种策略和物质材料。的确,这件早期装置作品在一件1997年的作品中,产生了应答或回响。她1997年完成的作品《昨天在何地会成为明天》是其《宇宙三部曲》的第一部分。[40]这是精心营建的另一种形式——一种物质实践,在此实践中,作品本身不会被视为闭合的或完结的,而是被视为精心营建的、无限敞开的、在现在和未来需要加以重塑的形式。

在描述《昨天在何地会成为明天》一作时,布拉希尔说,"对不断变化和家庭事务的挑战,在欲望存在和时间发展之间的微妙平衡中展现出来。"[41]这种变化和"家庭事务"之间的平衡,有力地回响在新产生的主体意识的审美中。这种审美平衡在呈现(绝对新兴)和具象化(情境的、物质的中介处所)之间。科尔布鲁克在思考女性主义者的呈现和主体性,

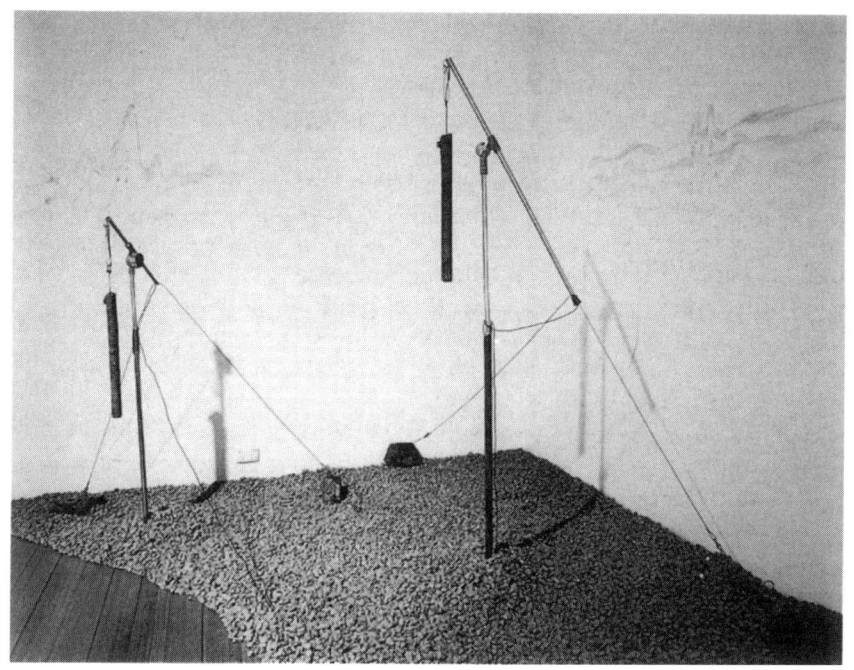

9.4 琼·布拉希尔(Joan Brassil),《随时随意》,1990,承蒙琼·布拉希尔提供

质疑了这些联系。特别是,她主张从因果关系向未来变化的转移,不是探问"是什么造成了我的存在?",而是问及"如果情况有变,那么我将成为何种自我?"[42]据此,构建过程中主体的目的论就是无关紧要的了。目的论视未来为一种已知的再现(即便不是据有未来)。就是说,旨在呈现一种特殊的女性主义主体,几乎毫无价值可言,而是:"一个女性主义者的家系既是一个重要的程序——在总体上把主体和与主体相关的力量与技术联系在一起——又是一种积极的呈现;通过这种交锋确立其他技术和其他文化的特定价值。"[43]

和技术联系起来,思考未来、主体性和差异性是很有成效的。充满想象力的思考和探索模式是由主体意识构成的;主体是反复酝酿和对差异的精心营造的结果。持续的变化和未来的偶然,意味着发生的可能性,但并不是说它们外在于世界。的确,强调审美的重要性就把物质和创造重新联系在一起;时间之地就是过程中的主体介入之地,是主体被邀请、被限制但决不会被含纳之地。

澳大利亚女性主义哲学家已转向对时间的研究,她们构想了一个开放的未来,这一未来不会造成对过去的忘却,不会遮蔽差异、物质特异性,也不会遮蔽其自身得以展现的物质历史。佩内洛普·多伊奇(Penelope Deutscher)认为,在澳大利亚女性主义哲学中,存在一种重要的转变,即"从在哲学文本中公开谈论女性和温柔,或男性和刚毅,到谈论激情和感情、情境展现、隐私领域、想象和诗。"[44]对于这一转变,我还要加上时间。在本章中探讨的,由艺术和学术文本展示的关于时间、过程中的主体和审美的强有力的反殖民视角,提醒我们女性主义仍是未来变革的一种重要力量。虽然我们不能预先决定这种变革会发展到何种方向,但我们能预设场地,研究实践和过程,着手为变革做准备。

后记——关于奇妙

这本书的初衷是通过纠正历史的排他性来展示女性艺术家和她们作品的重要性,通过重新审视美学的局限性来重构女性的主体性,并最终得出确切的结论。这样的结论本会有助于巩固本书的三个关键主题,强化书中精选的案例研究的作用,从中得出要旨,并描绘由女性的艺术形象展现的新认识。

但是研究和思维的发展是一个有机的体系,因而当我要为本书作结的时候,我不得不承认这样的一个静态的修正结论是适得其反的,甚至自相矛盾的,尤其是遵循最后一章有关时间、未来和生成的论述时。因此,鉴于上述看法,用另外一位学者简短却充满智慧的话语来作为结尾。

2002年2月份,我拜访了艺术家琼·布拉希尔,在她新南威尔士州韦德滨的"丛林画室"中,我度过了整整一天的美妙时光。布拉希尔在她五十多岁的时候,才开始一位职业艺术家的生涯,如今她已是八旬老人了。然而,她是我见到过的最有活力、最具开拓精神的艺术家,与她交流是件令人愉悦的事情。在她画室的后门处我们品茗而聊,一边眺望着远处峡谷中绿意盎然的橡皮树;最近,这儿发生过一场丛林大火,不过,这些橡皮树看上去几乎是毫发未损。我们谈论激发一位艺术家继续从事艺术的事由,就我自身而言,作为一名艺术史家,我在艺术研究领域耕耘不辍,其事由是多方面的,我采用的研究方法也是更有效的。而布拉希尔的精彩评论至今还回荡在我的耳畔:"我们都是在追求奇妙,颂扬奇妙。"

  如果我能够以任何方式给本书作结的话,那就要以布拉希尔的思想和该思想诉求的无限开放的未来作结。从事女性制作艺术的探索研究工作并没有结束,它才刚刚开始。然而,随着我们探索研究的继续,随着女性们继续创造挑战、愉悦和赋我们以奇妙的艺术,我们在谱写过去和现在,以便于追求和颂赞未来。在此未来中,女性给我们社会的艺术、才智和文化生活做出的巨大贡献,将不会被视而不见,不会被不予认可,不会被轻视低估。

注 释

绪论:女性制作艺术

1　琳达·奥柯林(Linda Nochlin),"一位特殊艺术史学家的记忆",出自《展现女性》纽约和伦敦:泰晤士和哈德逊出版社(Thames and Hudson),1999,pp. 7-33(引述,p.33)

2　《一个时代的精神:来自柏林国家美术馆的十九世纪的德国绘画》(2000—2002,巡回展)。该展由华盛顿和伦敦的两家国家美术馆组织,但没有一件女性艺术家的作品参展。忽视了这样一个事实:19世纪的德国是女性艺术家进行专业实践的最活跃的地方之一,柏林见证了一个大型女性艺术家团体"柏林女艺术家协会"(the Verein der Berliner Künstlerinnen)建立的历史(该组织至今仍在运作)。除了这一惊人的排斥之外,本次展览所选作品绝对是先锋的,这就使得女性艺术家作品的缺位尤为悲催。

3　在伦敦的一次展出预览期间,我问及这一问题,使在场的馆长们有些尴尬。其中一位德国研究艺术的学者指出,无需问及有多少绘画是女性的,因为卡斯帕·大卫·弗里德里希(Caspar David Friedrich)就是一位有女性气质的画家,因此我不必抱怨。

4　1997年的特纳奖(英国媒体覆盖最广泛的艺术奖)提名,只有四位女性(Christine Borland, Angela Bulloch, Cornelia Parker and Gillian Wearing)入围,没有一位男子,结果出现了相当激烈的反映。这些反映包括有人认为本次提名是非法操纵的,也有人认为当代艺术正趋向衰落。而在2001年,该奖只有男子入围时,则没有类似的舆论。在1997年之前,艺术大奖没有女子被提名的情况,则不胜枚举。事实的确如此。

5 格里斯尔达·波洛克(Griselda Pollock),《区分标准:女性欲望和艺术史写作》[伦敦和纽约:劳特利奇出版社(Routledge),1999],p. 33. 我觉得非常有趣的是,这篇文章和奥柯林的《展现女性》以及罗莎琳德·克劳斯的《单身汉们》(剑桥,MA:MIT出版社,1999),竟然发表在同一年。尽管波洛克、奥柯林和克劳斯阐述的是有关女性艺术家们的不同问题,但是由如此有名望的艺术史家写作的这三篇文章发表于同一年,讨论的又都是"女性艺术家们"的归类问题,足以表明更深入地研究这一问题是时候了。

6 伊恩·布坎南(Ian Buchanan),"德勒兹和文化研究",出自《一个德勒兹主义的世纪》伊恩·布坎南编辑[达勒姆(Durham),NC和伦敦:杜克(Duke)大学出版社,1999],pp. 103 – 17,p. 103.

7 同上,p. 114.

8 同上,p. 21.

9 伊丽莎白·格罗兹(Elizabeth Grosz),《性征:作者消逝之后的女性主义》,出自《空间、时间和变态:身体政治论文集》[纽约和伦敦:劳特利奇出版社(Routledge),1995],pp. 9 – 24,p. 18.

10 米克·巴尔(Mieke Bal),《援引卡拉瓦乔:当代艺术,荒诞的历史》(芝加哥:芝加哥大学出版社,1999),p. 3.

11 我较详细地摘引了这篇文章中的观点,《在精神和肉体之内:超越理论和实践分隔的女性主义批评》,源自,《创作:女性艺术杂志》三月/五月,1998,pp. 3 – 8.

1 放逐史:大屠杀和背井离乡

1 底波拉·莱夫科维茨(Deborah Lefkowitz),"关于沉默和其他的间断",出自《女性主义和纪录片》,黛安·瓦尔德曼和珍妮特·沃克编辑[明尼阿波利斯(Minneapolis),MN:明尼苏达大学出版社,1999],pp. 244 – 66,pp. 256 – 7.

2 利百加·郝恩(Rebecca Horn),"时长日久,蜂群会削弱鼹鼠的破坏性力量",出自《布痕瓦尔德的音乐会》(苏黎世,柏林,纽约:斯卡洛出版社(Scalo),1999),pp. 23 – 6,p. 23.

3 哈波马斯(Habermas)有关"传统"历史的评论被埃里克·L. 桑特娜(Eric L. Santner)在谈论《历史学家-辩论》所引用。《历史学家-辩论》一文出自《搁浅物:战后德国的悼亡、记忆和电影》(伊萨卡(Ithaca),纽约和伦敦:康奈尔大学出版社,1990),p. 50.

4 乔夫雷·哈特曼(Geoffrey Hartman),《最长的阴影:大屠杀恶果》(印第安纳波利斯,IN:印第安纳大学出版社,1996),p. 104.

5 哈米德·纳菲斯(Hamid Naficy)(编),"导言",自《家园,放逐,故国:电影,媒体和地方政治》[伦敦和纽约:劳特利奇出版社(Routledge),1999],p. 4.

6 罗尼·S.·蓝道(Ronnie S. Landau),"纳粹大屠杀:其道德、历史和教育意义",

自《奥斯维辛之后:当代艺术对大屠杀的反映》,Monica Bohm-Duchen 编辑[森德兰(Sunderland):当代艺术北方中心,其与兰德·汉弗莱斯出版社(Lund Humphries)合作,1995],pp. 17 - 24, p. 18.

7 作为对记忆问题[该词(指 anamnesis——译者)沿用利奥塔(Lyotard)]、遮蔽差异性以及当思考大屠杀问题时纪念碑、纪念馆的作用的精彩阐释,见安德烈亚斯·海森,(Andreas Huyssen)"后现代时期的纪念碑和记忆",自《大屠杀纪念馆:历史上的记忆艺术》,詹姆斯·E.·扬(James E. Young)编辑[慕尼黑和纽约:普雷斯特出版社(Prestel-Verlag),1994],pp. 9 - 17.

8 哈特曼(Hartman),同前,p. 32.

9 莱夫科维茨(Lefkowitz),"关于沉默和其他的间断",同前,p. 246.

10 见琼·灵格海姆(Joan Ringelheim)关于这一问题的优秀作品,包括"关于妇女和大屠杀的思考",自《想所不可想的》,编辑者 Roger S. Gottlieb(纽约和莫瓦,NJ:Paulist 出版,1990),pp. 141 - 9, p. 145.

11 关于女性和大屠杀问题现在有一些优秀之作,下面就是其中的一些资料:Carol Rittner 和 John K. Roth(编),《不同的声音:女性和大屠杀》[纽约:帕拉冈出版公司(Paragon House),1993];Dalia Ofer 和 Lenore J. Weitzman(编),《大屠杀中的女性》[纽黑文(New Haven),CT:耶鲁大学出版社,1998].

12 Itka Zygmuntowicz,由萨拉·赫勒维茨(Sara. R. Horowitz)引自"大屠杀文学中的女性:造成创伤记忆",出自《大屠杀中的女性》,同上,pp. 364 - 77, p. 370.

13 维维安·苏波克(Vivian Sobchack),"'每个人都在家吗?'想象展现和可见驱逐",自纳菲斯(Naficy),同前,pp. 45 - 61.

14 梅若娜·古德伯格(Myrna Goldberg),"同一所地狱中的不同的恐怖:女性脑海中的大屠杀",自戈特利布(Gottlieb),同前,pp. 150 - 66.

15 詹姆斯·E.·扬(James E. Young),"记忆的艺术:历史上的大屠杀纪念馆",自扬(Young),同前,pp. 19 - 38, p. 20.

16 莱夫科维茨(Lefkowitz)用"令人不安的矛盾"(uneasy ambivalence)这一短语,以描述德国历史和当代文化间的关系。见底波拉·莱夫科维茨,"从生活中辑录",自《德国年鉴 8——女性:德国文学和文化中的女性研究》,Jeanette Clausen 和 Sarah Friedrichsmeyer(林肯,NB,伦敦:内布拉斯加州大学出版社,1993),pp. 199 - 215.

17 所有电影引文均直接来自该电影字幕,由莱夫科维茨摘录和翻译。

18 迈特苏·波恩斯坦(Matthew Bernstein),"《沉默的间断:在德国作犹太人》的评论",《电影季刊》,vol. 47, no. 4(夏 1994),pp. 29 - 35.

19 底波拉·莱夫科维茨(Deborah Lefkowitz),取自该艺术家的陈述,出自《来自过去的启示》,展览目录[兰乔·库卡蒙加(Rancho Cucamonga),CA:Wignall 博物馆/画廊,查菲(Chaffey)学院,1998],未标注页码。

20 莱夫科维茨,"从生活中辑录",同前,P. 206.
21 格里斯尔达·波洛克(Griselda Pollock),"历史拾遗或追随收获者:布拉克·利希亭伯格·艾亭歌(Bracha Lichtenberg Ettinger)艺术实践和理论中的女性气质、陌生者和母体",自《视觉艺术中的地理和代群:女性主义读物》(伦敦和纽约:劳特利奇出版社(Routledge),1996),pp. 266-88.
22 同上,p. 285.
23 在我自己和莱夫科维茨有关契约思想和婆媳关系的通信交流中,莱夫科维茨指出虽然她婆婆没有因这部影片而接受采访,但她婆婆在影片中露面两次——一次是擦拭窗户,一次是将鲜花放在坟墓上。这两次出场既是影片中关键的转折点,又强化了在跨越差异创建契约中纪念活动的复杂性。
24 在一次较长时间的交流对话中,莱夫科维茨很友好地描述了来自电影最后场景的情节选择(既有选取也有舍弃),还谈及了她多层次的工作方法。我感到她对多种材料——视觉的、听觉的、文本的等的综合运用,既是老练的又是颇有价值意义的。我希望她能把她的这些想法写下来供人阅读。
25 凯蒂·克莱德曼(Kitty Klaidman)的这番话,出自 Bohm-Duchen,同前,p. 150.
26 有很多评论家曾指出郝恩艺术实践的这一特征。参见,例如,Mina Ronstayi,"置于皮下:利百加·郝恩(Rebecca Horn)的情感机器",《艺术杂志》,vol. 63, pt. 9(五月,1989),pp. 58-68; Holland Cotter,"利百加·郝恩(Rebecca Horn):优雅与危险",《美国艺术》,vol. 81, pt. 12(12月,11993),pp. 58-67.
27 伊雷特·罗格夫(Irit Rogoff),在一篇有关以色列欧洲主导下的犹太文化传统内抑制性别差异性的精妙论文中,做出了这番表述。见伊雷特·罗格夫,"阳光的女儿们:离散的冲动和性别认同",自《离乡背井和视觉文化:展现非洲人和犹太人》,Nicholas Mirzoeff 编辑[伦敦和纽约:劳特利奇出版社(Routledge),2000],pp. 163-78. p. 175.
28 马丁·莫泽巴赫(Martin Mosebach),"布痕瓦尔德的音乐会",自郝恩《布痕瓦尔德的音乐会》,同前,pp. 11-16, p. 15.
29 与怀特瑞德(Whiteread)的诸多雕塑不同,大屠杀纪念馆不是实际建筑的直接映现,而是怀特瑞德一直在做的图书馆书架的投射。
30 丽莎·G.·科林(Lisa G. Corrin)、帕特里克·艾略特(Patrick Elliot)和安德列·施利克(Andrea Schlieker),《蕾切尔·怀特瑞德(Rachel Whiteread)》,展览目录(爱丁堡和伦敦:苏格兰国家美术馆和斯佩廷 Serpentine 美术馆,2001),p. 60.
31 有趣的是,德国艺术家 Grethe Jürgens,在国内流亡中度过数年,在 1944 年,Grethe Jürgens 写了一本小书,题目是《工作室》。该书探索艺术家工作室的空间,把这些空间和艺术家本人的活动和思想的事情结合起来,产生了一幅深刻的自画像《虚无》,它就如同把记忆中的女性放逐主体形象展示出来一样。见玛莎·麦思凯门(M. Meskimmon),"《工作室》:Grethe Jürgens 作品中的空间和自画像",《女性艺术杂志》,vol. 21, no. 1(春/夏 2000),pp. 22 - 6,64.

32 苏茜·加布利克(Suzi Gablik),"联系美学:个人主义后的艺术",自《新风格公众艺术》,由 Suzanne Lacy 编辑(西雅图:海湾出版社,1995),pp. 74 - 87,p. 78.

33 哈特曼(Hartman),同前,p. 7.

34 参见,例如,多丽丝·冯·杰森(Doris von Drathen),"幸福快乐和犯罪场景"自《利百加·郝恩(Rebecca Horn):无限浏览》,Carl Haenlein 编辑[苏黎世,柏林,纽约:斯卡洛出版社(Scalo)和汉诺威:凯斯特纳协会,1997],pp. 338 - 41,p. 339.

35 罗斯塔伊(Ronstayi),同前,p. 65.

36 布鲁斯·W.弗古森(Bruce W. Ferguson),"利百加·郝恩(Rebecca Horn):真正危险的联络",自《利百加·郝恩:驶过巴斯特(Buster)的卧室》,展览目录(洛杉矶当代艺术博物馆和米兰法布里编辑部,1990),pp. 19 - 27,p. 19.

37 尤其是作为德语语境,见玛莎·麦斯基蒙(M. Meskimmon),《我们不够现代:女性艺术家及德国现代主义的局限性》(伯克利、加利福尼亚和伦敦:加利福尼亚大学和 I. B. 陶里斯出版公司,1999)。

38 郝恩,"蜂群"篇,同前,p. 26.

39 加布利克(Gablik),"联系美学"篇,同前,p. 86.

40 格里塞尔达·波洛克(Griselda Pollock),"女性主义对犹太主义就如同现代主义对传统主义吗?:关于犹太身份、女性气质和艺术",自《红宝石和反叛:当代英国艺术中的犹太女性身份》,Monica Bohm-Duchen 和 Vera Grodzinski 编辑[伦敦:兰德·汉弗莱斯出版社(Lund Humphries),1996],pp. 15 - 27,p. 17.

2 形象展现:英语区非洲裔女性艺术家

1 灵戈尔德(Ringgold),引自莫伊拉·罗斯,"棉花和向日葵的田野:《法国藏品》和《美国藏品》的制作";又自丹·卡梅伦(Dan Cameron)等人,《在卢浮宫跳舞:费思·灵戈尔德(Faith Ringgold)的〈法国藏品故事织锦和其他的故事织锦〉》(纽约:当代艺术新博物馆和伯克利,加利福尼亚:加利福尼亚大学出版社,1998),p. 61.这部书中收录了色彩上非常精美上乘的灵戈尔德作品的复制品,我建议对她的各式各样故事织锦及其主题感兴趣的读者应该参阅这份资料。

2 坎普(Camp),引自温迪·贝尔彻(Wendy Belcher),"对索卡瑞·道格拉斯·坎普(Sokari Douglas Camp)的一次采访",自《卡拉巴瑞(the Kalabari)的回音:索卡瑞·道格拉斯·坎普的雕塑》[华盛顿:非洲艺术国家博物馆,史密森部(Smithsonian Institution),1989],pp. 9 - 23,p. 15.

3 玛西娅·塔克(Marcia Tucker),"前言",自卡梅伦(Camernon)等人,同前,p. 9.

4 在本章中,我使用非洲人、非-美人、非洲移民等词汇以说明艺术家及其作品中地缘文化的情形,但是更政治化的一个词语"黑色(black)"以显示经由"第一"和"第三"世界间极不公正的种族主义权力结构受到质询的主体。

5 坎普(Camp),引自温迪·贝尔彻(Wendy Belcher),"对索卡瑞·道格拉斯·坎普(Sokari Douglas Camp)的一次采访",同前,pp. 9,20.

6 斯图尔特·霍尔(Stuart Hall),"文化认同和非洲移民",转载自《移民和视觉文化》,同前,pp. 21-33,p. 24.

7 关于白人自由派女性主义者的倾向性,有大量优秀的论文。其倾向性是将"女性"同质化,将色盲和隐异性恋主义所归属的、对已经"成为他者"的"他者"的主体问题类同化——其中早期最好的一个例证是题目为《所有的女子都是白人,所有的黑人都是男子,但是我们一些人是勇敢者》的论文集。该论文集由 Gloria T. Hull,Patricia Bell Scott 和 Barbara Smith 编辑(旧韦斯特伯里,纽约:女性主义出版社,1982)。

8 露白娜·希米德(Lubaina Himid),"图绘:黑人女性艺术家的十年",选自《激情:关于黑人女性创造力的论述》,由 Maud Sulter 编辑和介绍(赫布登·布里奇:都市福克斯出版社,1990),pp. 63-72,p. 68.

9 阿德里安·裴波(Adrian Piper),"有色人种女性艺术家的三重否定",转载自《下一代:南方黑人美学》,展览目录(温斯顿-塞勒姆,NC:当代艺术东南中心,1990),pp. 15-22.

10 引自弗里达·海伊·W.·特斯夫乔伊斯(Frieda High W. Tesfagiorgis),"探索聚焦黑人女性艺术家艺术的言论和批评",自《性别洞鉴:当代非洲女性艺术家的艺术》,Salah M. Hassan 编辑(特伦顿,新泽西州和阿斯玛拉,厄立特里亚:非洲世界出版社,1997),pp. 73-92,p. 73. 特斯夫乔伊斯在《伊丽莎白·卡特利特(Elizabeth Catlett)和费思·灵戈尔德(Faith Ringgold)的非洲裔女性中心主义和它的成就》一文中,也杜撰了"非洲裔女性中心主义(Afrofemcentrism)"一词,见《圣者(SAGE)》,vol. 4(春季 1987),pp. 25-32,和马克·A.·里德(Mark A. Reid)在《展现非洲的对话模式:妇女主义者的电影》一文中,使用了"黑人妇女主义(Black womanism)"一词,见迈克尔·T.·马丁(编),《黑人移民电影院:多样性、依赖性和对抗性》(底特律韦恩州立大学出版社,1995)。

11 米歇尔·华莱士(Michele Wallace),"关于黑人女性主义者创造力的否定和邪见的变奏",自《邪见》,vol. 6,pt. 4(1989),pp. 69-75,p. 69.

12 奥德勒·劳德(Audre Lorde),"大师的工具决不会拆毁大师的房子",自《姐妹局外人:奥德勒·劳德的诗和讲演》(弗里德姆,加利福尼亚:The Crossing 出版社,1984),pp. 110-13.

13 在我写下这段话的时候,Lisa Gail Collins 的一本新书《艺术史:参研过去的非洲裔美国女性艺术家》即将问世,该书由罗格斯大学出版社出版(2002 年,2 月)。非洲裔美国女性艺术家通过制作艺术的方式始终如一地在重塑历史。她们所采用的多种多样的方式,似乎应该有更加详实的研究。我急切等待这类书籍的面世。

14　就展演艺术的情况而言,这一潜力已被阿米莉亚·琼斯(Amelia Jones)在其《人体艺术:展演主体》中,做出了透彻的阐述,(明尼阿波利斯和伦敦:明尼苏达大学出版社,1998)。

15　恩特拉克·山葛(Ntozake Shange),出自《献给当彩虹隐没时就想自杀的黑人女孩》的前言和《魔咒 7》(伦敦:梅休因戏剧出版社,1990),p. 13.

16　关于舞蹈和认知主题的精彩论文集(其中一篇深入探讨了性欲、性别、"种族"和文化的差异)是《肉身:舞蹈认知、文化和力量》,由 Susan Leigh Foster 编辑(伦敦和纽约:劳特利奇出版社(Routledge),1996)。

17　劳瑞·斯托克斯·西姆斯(Lowery Stokes Sims),"美国黑人女性艺术家作品的展演性",自《女性主义艺术批评:一本文集》,由 Arlene Raven 等人编辑(UMI,1988),pp. 207 – 25,p. 210.

18　米歇尔·华莱士(Michele Wallace),"法国藏品:莫玛、琼斯、玛眉、费和我",自卡梅伦(Camernon)等人,同前,pp. 14 – 25,p. 21.

19　参见第一章,尤其是弗里达·卡罗(Frida Kahlo)的讨论,自《反思艺术:二十世纪女性艺术家的自画像》(伦敦:Scarlet 出版社和纽约:哥伦比亚大学出版社,1996)。

20　裴波(Piper),"三重否定",同前,p. 16.

21　米歇尔·华莱士(Michele Wallace),"法国藏品:莫玛、琼斯、玛眉、菲和我",自卡梅伦(Cameron)等人,同前,pp. 14 – 25,pp. 14 – 15.

22　灵戈尔德(Ringgold),引自罗斯(Roth),"棉花和向日葵的田野",同前,p. 60.

23　罗斯(Roth),同上,p. 51.

24　自德加(Degas)以来女性舞蹈题材对男性现代艺术家而言,其意义几乎不需要指出。

25　乔夫雷·哈特曼(Geoffrey Hartman),《最长的阴影》,同前,pp. 107 – 8.

26　莫伊拉·罗斯(Moira Roth)注意到在《棉花和向日葵的田野》中织锦的重要意义弱化了现代主义的男权绘画传统。

27　托妮·莫里森(Toni Morrison),《黑暗中的表演:白色和文学想象》(剑桥,马萨诸塞州:哈佛大学出版社,1992),p. 21.

28　这篇文章已被多次转载:艾丽丝·沃克(Alice Walker),"寻找我们母亲的花园",自《想象母亲》,由弗朗西斯·邦纳(Frances Bonner)等人编辑(剑桥:政体和开放大学出版社,1992),pp. 321 – 8.

29　描述维列·玛丽(Willia Marie)和马琳娜(Marlena)之间的关系,并非易事,然而,这也提出了有关女子,创造自由和母性传统等的重要问题。

30　尼古拉斯·塞罗塔(Nicholas Serota)和加文·詹特耶斯(Gavin Jantjes)在《来自两个世界》的展出中写到了坎普和其他的艺术家,她们的作品代表了"欧洲和非欧洲视野的交融",见塞罗塔和詹特耶斯,"导言",自《来自两个世界》,展览目录

(伦敦:Whitechapel,1986),pp. 5 – 8,p. 5.

31 作为这件作品的一件高质量复制品《原位》(先于维持水害),见玛丽·简·雅各布斯(Mary Jane Jacobs),《与过去相连的地方:查尔斯顿的斯波莱托节的新特定场址艺术》(纽约:里左利国际出版中心,1991)。

32 伊斯特拉·康威尔·马约罗(Estella Conwill Májozo),"追寻卓越,突显要义",自《新风格公众艺术》,由 Suzanne Lacy 编辑(西雅图:海湾出版社,1995),pp. 88 –93,p. 91.

33 坎普(Camp),引自温迪·贝尔彻(Wendy Belcher),"对索卡瑞·道格拉斯·坎普(Sokari Douglas Camp)的一次采访",同前,pp. 23,10.

34 坎普,引自弗兰·科蒂尔(Fran Cottell)和玛丽安·舒特勒(Marian Schoettle),《观念服装》,展览目录(伯明翰:艾康画廊,1987),p. 25.

35 坎普,引自海伦·卡里卡里(Helen Karikari),"非洲之外",《艺术家和插画》,no. 110(1995 年,11 月),pp. 55 – 8,p. 58.

36 坎普(Camp),引自温迪·贝尔彻(Wendy Belcher),"对索卡瑞·道格拉斯·坎普(Sokari Douglas Camp)的一次采访",同前,p. 16.

37 查敏·尼尔森(Charmaine Nelson)最近在曼彻斯特大学完成了一篇关于种族、新古典主义和黑人女子形象表现的博士论文。该论文的一部分《石头的色彩:以十九世纪美国新古典主义风格塑刻黑人女性主体》,该书将由曼彻斯特大学出版社出版。我很荣幸能够获知这一计划。

3 重新谱写历史:越战和场景再现

1 崔明霞(Trinh T. Minh-ha),以及普拉蒂巴·帕玛(Pratibha Parmar),"在理论和诗意之间"(采访,1990),转载自崔明霞,《作茧自缚》(伦敦和纽约:劳特利奇出版社(Routledge),1992),pp. 151 – 8,p. 158.

2 林璎(Maya Lin),采访者伊丽莎白·赫斯(Elizabeth Hess),"两座纪念碑的故事",《美国艺术》,vol. 71,pt. 4(1983 年,4 月),pp. 120 – 7,p. 123.

3 虽然《越战纪念碑》聚焦的是美国卷入越南战争的事,但是《姓越名南》一片反映的却是去殖民化的更长的一段时期。这段时期从反抗法国殖民统治始,到一个社会主义国家建立止。把越战仅仅看做美国历史的一段插曲,这并非我本人持有的倾向性。

4 本尼迪克特·安德森(Benedict Anderson),《想象的共同体:对民族主义起源和流布的反思》(伦敦和纽约:Verso,1991),p. 6.

5 该词的这些义项,能在牛津英文词典里查到。

6 崔明霞经常引发讲什么,为什么讲,以什么身份讲等困惑难题。参见"跳入虚空",采访者 Bérénice Reynaud,自《电影间隔》伦敦和纽约:劳特利奇出版社(Routledge),1999),pp. 51 – 73;"谈话区域",采访者 Nancy Chen(1994),也转载自《电影间隔》,pp. 209-25;"由外而内和由内而外",自崔明霞(Trinh T. Minh-ha),《月亮渐红时》[伦敦和纽约:劳特利奇出版社(Routledge),1991],pp. 65-78.

7 这一名称仍然有争议——在本章中,我坚持最近关于音译的思考,使用两个词"越-南(Viet Nam)",只有引用那些自身使用了"越南(Vietnam)"一词的文献时,在我文章的引文中才会出现"越南(Vietnam)"的名称写法。不过,"Vietnam"一词在法国和美国的文献资料中很常见。作为这些惯用法的一次讨论,见卡罗尔·A.韦尔斯(Carol A. Wells),"Viet Nam",出自 Track 16 画廊和政治图形研究中心,《十年抗议:美国、越南和古巴的政治海报》(圣莫尼卡,加利福尼亚:智能艺术出版社,1996),pp. 15-23,p. 23,脚注 1.

8 崔明霞(Trinh T. Minh-ha)以及德布·罗维尔霍文(Deb Verhoeven),"爱情布景"(1997),转载自《电影间隔》,同前,pp. 3-15,p. 4.

9 这一确切数目说法不一——最早的资料提及的是亡者 57,692 人,失踪 2,457 人;在纪念碑场馆首次播报的是 57,709 人[见 Shirley Neilsen Blum,"国家越战纪念碑",《艺术杂志》,vol. 59,pt. 4(1984 年,12 月)pp. 124-8];还有的资料提到的是 58,132 人[见 Marita Sturken,"墙壁、屏幕和图片:越战纪念碑",《代表者》35(1991 年,夏),pp. 118-142].

10 在关于人名墙的一次精辟谈论中,林璎指出人名墙就如同一个公共广告牌,瞻仰纪念碑也如同读一本书,产生的是亲密的私人空间感。见 Tom Finkelpearl,"林璎(Maya Lin)的反纪念碑作品",《公共艺术评论》第十五期,vol. 8, no. 1(1996 年,秋/冬),pp. 5-9,p. 8.

11 采访者,伊丽莎白·赫斯(Elizabeth Hess),同前。

12 朱迪斯·E.斯坦(Judith E. Stein)认为,在早期女性艺术家的特定场址雕塑中,有一些重要的林璎作品的先例。见"空间和地点",《美国艺术》,vol. 82, pt. 12(1994 年,12 月),pp. 66-71,117.

13 《姓越名南》,电影剧本转载自《作茧自缚》,同前,pp. 49-91,p. 88.

14 《姓越名南》,电影剧本,同前,p. 88.

15 卡洛·麦科米克(Carlo McCormick),"无战争海报:越南时代手工艺品艺术",自 Track 16 画廊,《十年抗议》,同前,pp. 27-33,p. 32.

16 休·伦恩(Hugh Lunn),《越南:一场记者战》(圣卢西亚:昆士兰大学出版社,1985),p. 74.

17 参见弗兰西斯·福莱西那(Francis Frascina),《艺术、政治和异议:二十世纪六十年代美国的战事》(曼彻斯特:曼彻斯特大学出版社,1999),pp. 122-4.

18 梅·斯蒂文斯(May Stevens)访谈,自《双方的观点:美国和越南艺术家看战争》,由 C. David Thomas 编辑(波士顿,马萨诸塞州:印度支那艺术公司和威廉·乔伊纳基金会,1991),p. 64.

19 本杰明·布克罗(Benjamin Buchloh),"玛莎·罗斯乐(Martha Rosler)访谈",自《玛莎·罗斯乐:人世中的位置》,由 Catherine de Zegher 编辑(剑桥,马萨诸塞州:MIT 出版社,1998),pp. 23 - 55,pp. 23,29.

20 亚历山大·艾尔波罗(Alexander Alberro),"日常生活的辩证法:玛莎·罗斯乐和圈套策略",自 de Zegher,同上,pp. 73 - 112,p. 78.

21 福莱西那(Frascina),《艺术、政治和异议》,同前,p. 172.

22 十五张蒙太奇冠以这样的标题《引火烧身:漂亮的房子》,其余五张标题是《引火烧身:在越南》。

23 我从罗斯玛丽·贝特顿(Rosemary Betterton)那儿,借用了这一有用的短语。贝特顿使用这一短语(intimate distance)来描述女性具象艺术创造的特征。见罗斯玛丽·贝特顿,《一个亲密的距离:女性艺术家和形体》[伦敦和纽约:劳特利奇出版社(Routledge),1996]。

24 布莱恩·沃利斯(Brian Wallis)在其文章《质问纪录片》中指出,当代女性艺术家已经开始挑战纪录片的话语。这套话语传统的文体风格和组织程式旨在用于促进主体和身份特征的特别建构。有趣的是,在他的文章中,他既提到了罗斯乐(Rosler)也提及了崔明霞(Trinh),但并没有论及她们的作品。《光圈》vol. 112(1998),pp. 60 - 71,p. 60.

25 艾萨克·朱利雯(Isaac Julien)和劳拉·马尔维(Laura Mulvey)采访崔明霞(Trinh),自"'谁在讲?':国家、社区和第一人称访谈"(1989),转载自《作茧自缚》,同前,pp. 191 - 210,pp. 191 - 2.

26 巴巴(Bhabha),"绘画的力量",自《电影间隔》,同前,pp. 17 - 31,p. 22.

27 电影《姓越名南》剧本,同前,p. 83.

28 崔明霞,"对意义的累加探求",出自《月亮渐红时》,同前,pp. 29 - 50,p. 41.

29 迈克尔·丽诺维(Michael Renov),"新主体:纪录片和自我展现",自《女性主义和纪录片》,由 Diane Waldman 和 Janet Walker 编辑(明尼阿波利斯,明尼苏达州:明尼苏达大学出版社),1999,pp. 84 - 94,p. 91.

30 维多利亚·怀特(Victoria White),"这是谁的纪念碑?",自《公共艺术评论》,vol. 7,pt. 2(1996年,春/夏),pp. 14 - 17,p. 15.

31 卡哈特(Carhart)的话,引自尼古拉斯·卡帕索(Nicholas Capasso),《语境中的国家越战纪念碑:美国的纪念性公共艺术 1960—1997》,博士论文(新不伦瑞克,新泽西州:罗格斯大学,1998),p. 170.

32 赫斯(Hess),"两座纪念碑的故事",同前,pp. 125,126.

33 同上,p. 124.

34 引自卡帕索(Capasso),同前,p. 172.

35 赫斯(Hess),"两座纪念碑的故事",同前,p. 123.

36 斯特肯(Sturken),同前,pp. 123,126.

37 尼古拉斯·米尔佐夫(Nicholas Mirzoeff),《身体景观:艺术、现代性和理想形象》[伦敦和纽约:劳特利奇出版社(Routledge),1995],p. 95.
38 莫伊拉·纪登斯(Moira Gatens),"国家观念的形象展现",自《图绘:后结构主义和主体、空间的描绘》,由 Rosalyn Diprose 和 Robyn Ferrell 编辑(悉尼:Allen and Unwin,1991),pp. 79 – 87,pp. 81 – 2.
39 同上,p. 79.
40 有很多资料表明,在那些服役的军人中,由于民族或种族的不同而造成的分配的不公;而多数士兵是来自工人或中低阶层,这一事实也表明社会存在的不公。见斯特肯(Sturken),同前,p. 127.
41 弗里德曼(D. S. Friedman),"在艾特贝克城(Atopic City)的公共景观:关于《斜弧》和《越战纪念碑》的新阐释",见《艺术批评》,vol. 10,pt. 1(1995),pp. 66 – 104,p. 75.
42 参见斯特肯(Sturken),同前,对此有一个更加详细的解释,p. 131.
43 特里斯·奥马利(Therese O'Malley),"'林木公共博物馆':19 世纪中期的摩尔区计划",见《华盛顿的摩尔,1791—1991》,由 Richard Longstreth 编辑(华盛顿:国家美术馆,1991),pp. 61 – 76.
44 有趣的是,凯特蕾特(Catlett)在华盛顿区长大成人,并就读于霍华德大学,而埃德莫涅·刘易斯(Edmonia Lewis)的《永恒的自由》就安置于该大学。
45 纪登斯(Gatens),同前,p. 84.
46 斯特肯(Sturken),同前,p. 118.

4 呈现:空间和情境认知

1 底波拉·切丽(Deborah Cherry),《超越框架:女性主义和视觉文化,英国 1850—1900》[伦敦和纽约:劳特利奇出版社(Routledge),2000],p. 28. 英国维多利亚时代的女性艺术家,一段时间以来,成为一些优秀作品的题材。参见,例如,Pamela Gerrish Nunn,《维多利亚时期的女性艺术家》(伦敦:女子出版社,1987),以及切丽的《图绘女子:维多利亚时期的女艺术家》[伦敦和纽约:劳特利奇出版社(Routledge),1993]。在此,我特别感谢《超越框架》一书对《无名无友》一画的精彩阐释。《超越框架》中形体、空间和女性主义/女性主义者的文本政治是结合在一起的。这种做法已经证明,对于我尝试思考女性制作艺术、具象化和情境认知而言,是非常有价值的。
2 重要的是,在讨论女性创作的艺术和具象性方面,罗斯玛丽·贝特顿(Rosemary Betterton)在其著作《一个亲密的距离:女性艺术家和形体》中,提出了具象化的概念,而非"形体"或"形体典型"等概念。[伦敦和纽约:劳特利奇出版社(Routledge),1996]。
3 唐娜·哈拉维(Donna Haraway),"情境认知:女性主义和局部透视优势中的科学问题",自《类人猿、机器人和女性:自然再造》(伦敦:书籍自由协会,1991),pp. 183 - 201,p. 193.

4 盖尔·韦斯(Gail Weiss),《形体图像:作为相互赋形的具象化》(伦敦和纽约:劳特利奇出版社(Routledge),1999),p. 5.

5 帕梅拉·格里斯·纽恩(Pamela Gerrish Nunn),在"镜子,镜子"——关于女性自画像问题的为期一天的讨论会上的发言。该讨论会由伦敦国家肖像美术馆举办,2001 年,11 月份。当纽恩把这一作品视为一幅"一般性的自画像"时,她并没有否定我的关于情境再现的观点,我认为她也不会一直坚持她的这一看法。

6 扬(Young)写了若干篇关于这一主题的著名文章——我在此主要想到的是"像女孩一样活泼"和它的姊妹篇,"像女孩一样活泼——二十年来",转载自《形体和肉体:一位哲学读者》,由 Donn Welton 编辑(牛津:Blackwell,1998),分别为 pp. 259 - 73 和 286 - 90.

7 切丽(Cherry)扩展了作为一种结构装置的框架的作用,也拓展了互文和有密切联系的过程。通过这些过程,性取向、视觉文化和社会生活等在这一时期互有交叉,自《超越框架》导言,同前,尤其是 p. 5.

8 朱迪思·巴特勒(Judith Butler),"在 Simone de Beauvoir 的《第二性》中的性和性别",自 Elizabeth Fallaize(编)《西蒙娜·德·波娃(Simone de Beauvoir):一个关键的读者》[伦敦和纽约:劳特利奇出版社(Routledge),1998],pp. 29 - 42,p. 38.

9 罗萨林·狄波罗斯(Rosalyn Diprose),《女性形体:伦理、具象化和性别差异》[伦敦和纽约:劳特利奇出版社(Routledge),1994],p. 19.

10 哈拉维(Haraway),同上,pp. 190,188.

11 不仅仅 19 世纪后期是这种情况,这种情况还一直延续到 20 世纪 20 年代。在谈及德国现代主义的著作中,我已经探讨了这一现象。见玛莎·麦斯基蒙(M. Meskimmon),《我们不够现代:女性艺术家及德国现代主义的局限性》(伦敦和伯克利:I. B. 陶里斯和加利福尼亚大学出版社,1999)。

12 哈拉维(Haraway),同上,p. 188.

13 同上,p. 193.

14 伊丽莎白·格罗兹(Elizabeth Grosz),"主体与认知",自《空间、时间和倒错:关于主体政治的论文集》[伦敦:劳特利奇出版社(Routledge),1995],pp. 25 - 44,p. 28.

15 韦斯(Weiss),同前,p. 55.

16 西蒙·萨德勒(Simon Sadler),《情境主义者的城市》(剑桥,马萨诸塞州:MIT 出版社,1998)。

17 我要感谢卡罗尔·理查森(Carol Richardson)提供我参观与文艺复兴相关的画室的机会。

注 释

18 斯维特拉娜·阿尔伯斯(Svetlana Alpers),"画室、实验室和艺术的烦恼",自《描绘科学,创造艺术》,卡罗琳·琼斯(Caroline Jones)和彼得·盖里森(Peter Galison)(编)[伦敦和纽约:劳特利奇出版社(Routledge),1998],pp. 401-17.

19 同上,pp. 415-16.

20 同上,p. 407.

21 莫里斯·梅洛·庞蒂(Maurice Merleau-Ponty),"交错配列——相互缠结",自《可视物与不可视物》,由 Claude Lefort 编辑,Alphonso Lingis 翻译(埃文斯顿,伊利诺伊州:西北大学出版社,1968),p. 263.

22 同上,p. 134.

23 雅克·莱赛因(Jacques Lassiagne)和盖亚·惠伦(Guy Wheelen),《维埃拉·达西尔瓦(Vieira da Silva)》[纽约:里佐利(Rizzol),1979],p. 14.

24 约翰·雷瓦尔德(John Rewald)《维埃拉·达西尔瓦(Vieira da Silva):绘画 1967—1971》(纽约:M. Knoedler and Co,1971),p. 5.

25 萨奇·居尔波特(Serge Guilbaut),"驯服扫视的眼睛:维埃拉·达西尔瓦在巴黎的创作",自《视野之内:二十世纪女性主义的椭圆形轨迹》,由 M. Catherine de Zegher(编)(剑桥,马萨诸塞州和伦敦:MIT 出版社,1996),pp. 319-29,p. 327.

26 马丁·阿尔诺(Martine Arnault),"在孤寂的领土",《西马斯(Cimaise)》,vol. 35, no. 137(1988年,11月/12月)pp. 121-4,p. 124.

27 哈拉维(Haraway),同前,p. 198.

28 萨奇·居尔波特(Serge Guilbaut),同前,p. 323.

29 韦斯(Weiss),同前,p. 119. 我十分感谢韦斯有关宏观和微观世界可逆转性的谈论,也感谢阿米莉亚·琼斯(Amelia Jones)关于交错配列法的优秀作品,自《人体艺术:展现主体》(印第安纳波利斯,IN:印第安纳大学出版社),1998.

30 哈拉维(Haraway),同前,p. 201.

31 萨拉·艾哈迈德(Sara Ahmed)和杰基·斯泰西(Jackie Stacey),"导言——刻画皮肤",自《皮肤引发的思考》,由萨拉·艾哈迈德和杰基·斯泰西(编辑)(伦敦和纽约:劳特利奇出版社(Routledge),2001),pp. 1-18,2,1.

32 同上,p. 2.

33 参见,例如,由 Cherríe Moraga 和 Gloria Anzaldúa 编辑的早期文集,《这座桥名之曰我的脊背:激进黑人女性的作品》(沃特敦,马萨诸塞州:珀尔塞福涅出版社,1981)。特别是,边界地和混血身份的研究,是女性主义者对根本差异理论的一个极其重要的贡献,自 Gloria Anzaldúa,《边界地/接壤》(旧金山:Aunt Lute 出版社,1987)。

34 Anzaldúa 做出过这一重要评论——"边境地混血儿文化"并非一种事实,而是一种"想象"——Anzaldúa 和其他边境艺术家都对这一领域深有研究。这表明谈及新一代的女混血儿不是关于想象存在着本质意义上的"女混血儿(mestizas)",

247

而是这一概念涉及墨西哥女性介入边界的过程性。见 Gloria Anzaldúa,"边界艺术:Neplanta,边界的地方",自《边界地/接壤:关于墨西哥和美国边界体验的艺术》,由 Patricio Chavez 和 Madeleine Grynsztejn 编辑(圣地亚哥,加利福尼亚:种族文化中心和当代艺术博物馆,1993)pp. 107 - 14, p. 111.

35 阿玛莉亚·梅莎-白恩斯(Amalia Mesa-Bains),"女性世界:奇卡诺女艺术家运动——试论其发展和成就",自《奇卡诺人艺术:抗拒与确认,1965—1985》,由 Richard Griswold del Castillo, Teresa McKenna 和 Yvonne Yarbro-Bejaran 编辑[洛杉矶,加利福尼亚:加州大学洛杉矶分校,赖特(Wright)艺术馆,1991], pp. 131 - 40, p. 131.

36 由 Trisha Ziff 引用的阿玛莉亚·梅莎-白恩斯(Amalia Mesa-Bains)的谈论,"身份/混融:作品背后的思想",自《远亲:奇卡诺人,爱尔兰人,墨西哥艺术和批判性写作》,Trisha Ziff(编)(纽约:智能艺术出版社,1996),pp. 25 - 44, p. 34.

37 她在写关于另一位奇卡诺女艺术家——Patssi Valdez 的文章中,创造了这一词语(domesticana),见 Meredith Tromble,"阿玛莉亚·梅莎-白恩斯访谈",《艺术周》,1992 年 10 月 8 日。

38 关于这一现象的一篇力作是"风情主义(Rasquachismo):一种奇卡诺人情感",作者是 Tomás Ybarra-Frausto,出自 Richard Griswold del Castillo 等人的作品,同前,pp. 155 - 62.

39 阿玛莉亚·梅莎-白恩斯(Amalia Mesa-Bains),引自上述 Meredith Tromble 的采访,同前,p. 27.

40 阿玛莉亚·梅莎-白恩斯,"风化(Domesticana):奇卡诺女人风情之感性",自 Trisha Ziff 所编著作,同前,pp. 156 - 63, p. 157.

41 同上,p. 162.

42 詹妮芙·A.·龚佳尔(Jennifer A. Gonzáles),"物象的辞藻:材料记忆和阿玛莉亚·梅莎-白恩斯的艺术作品",《视觉人类学评论》,vol. 9, no. 1(1993 年,春),pp. 82 - 91, p. 82.

43 同上,p. 90.

44 有一篇关于索尔·胡安娜(Sor Juana)的优秀论文,该文拒绝把索尔·胡安娜视为现代女性主义者的不合时宜的做法,但是认可她的女性中心视野,见 Stephanie Merrim,"走向对索尔·胡安娜·伊内斯·德·拉·克鲁斯(Sor Juana Inés de la Cruz)的女性主义的解读:有关索尔·胡安娜批评的过去、现在和未来的走向",自《关于索尔·胡安娜的女性主义视角》,由 Stephanie Merrim 编辑(底特律:韦恩州立大学出版社,1991),pp. 11 - 37, p. 17.

45 梅莎-白恩斯(Mesa-Bains)描述过她本人对编码语言和理解这些语言的体验,自 Anne Barclay Morgan,"采访:阿玛莉亚·梅莎-白恩斯",《艺术论文》,vol. 19, no. 2(1995), pp. 24 - 9, 25 - 6.

5 表演性:欲望和身体铭纹

1 亚历克斯·休斯(Alex Hughes)和凯特·因斯(Kate Ince),《法国色情小说:女性欲望作品,1880—1990》(牛津和华盛顿:Berg,1996),p. 3.

2 卡伦(Cahun)和摩尔(Moore)曾参与阻止纳粹占领新泽西,并因而被捕,判处死刑,当该岛解放时,方才获救。尽管这事众所周知,但人们常常谈论卡伦的艺术,却很少提及她作为一名政治艺术家的意义。吉恩·道(Gen Doy)的作品把政治和卡伦的艺术实践重新联系起来,因而有其独到的价值意义。见 Doy,《物化艺术史》(牛津和华盛顿:Berg,1998),ch. 4. 我进而认为卡伦选择在威利·明岑贝格(Willi Munzenberg)主办的巴黎凯尔福出版公司发表其作品《自白(Aveux)》,不仅意义非凡,而且重申了卡伦左翼政治和她的性欲观、审美观之间的联系。

3 科廷厄姆(Cottingham)、拉萨尔(Lasalle)和所罗门-苟都(Solomon-Godeau)对和卡伦以及这一特定历史时期相关的"女同性恋(lesbian)"一词的用法,持有稍微不同的观点。但我十分赞同的是这三人都坚持认为,卡伦的作品不应该被归为单一的"女性气质"的大一统思想。见劳拉·科廷厄姆(Laura Cottingham),"克洛德·卡伦(Claude Cahun)沉思",自 H. Ander 和 D. Snauwert(编),《克洛德·卡伦:形象》(慕尼黑:Schirmer/Mosel,1997),pp. XIX - XXX 和 Honor Lasalle 与 Abigail Solomon-Godeau,"超现实主义者的告白:克洛德·卡伦的蒙太奇照片",《余像》,vol. 19,pt. 8(1992 年,3 月),pp. 10 - 13.

4 伊丽莎白·梅斯(Elizabeth Meese),(Sem)《情欲:女同性恋作品理论化》(纽约和伦敦:纽约大学出版社,1992),p. 3.

5 朱迪思·巴特勒(Judith Butler),"诡异",自朱迪思·巴特勒,《身体首要:关于"性爱(sex)"话语的限度》[伦敦和纽约:劳特利奇出版社(Routledge),1993],pp. 223 - 42,225.

6 杰芙乐·爱伦(Jeffner Allen),《幽曲:女同性恋诗意政治》(印第安纳波利斯,IN:印第安纳大学出版社,1996),pp. 74,76.

7 从 20 世纪 90 年代早期开始,关于卡伦研究的一个小而优秀的文学团体就形成了。——我在此特别要感谢的是 Abigail Solomon-Godeau, Honor Lasalle, Whitney Chadwick, Gen Doy, Laura Cottingham, Peter Weibel 和 Francoise Leperlier 等人的研究。正是 Lasalle 和 Solomon-Godeau 提出了对"虚空无效(null and void)"的诠释问题,并且指出这是在法律术语范围内使用的一个词组;见"超现实主义者的告白",同前,p. 10.

8 我在此使用了朱迪思·巴特勒一个短语(指"grid of cultural intelligibility"——译者)。见"冒充和性别冒犯",自《内心和外在:同性恋理论》,Diana Fuss(编)(伦敦和纽约:劳特利奇出版社(Routledge),1991),pp. 13 - 31.

9 罗莎琳德·克劳斯(Rosalind Krauss),《单身汉们》(剑桥,马萨诸塞州:MIT 出版社,1999),p. 42.

10 伊丽莎白·格罗兹(Elizabeth Grosz),"重塑女同性恋者的欲望",自《空间、时间和倒错》,同前,pp. 173-85,p. 175.

11 巴特勒(Butler),《身体首要》,出自巴特勒,同前,pp. 27-55,p. 32.

12 道(Doy),同前,p. 119.

13 在过去十年中,这些作品已经在很多展览中展出过,并且经常被复制。然而,很多我们熟悉的作品只有很少一部分保存下来。多数在纳粹占领海峡群岛时,被纳粹分子所毁掉。这时卡伦和摩尔因为她们创作的反战作品而遭到囚禁。

14 这样的一个"私密"交际圈,尤其是在搞艺术的女性之间的交际圈,其价值意义不应该被低估。在这方面,我尤其感谢我的同事伊莱恩·霍比(Elaine Hobby)。霍比向我谈到,在早期现代时期,女性中间的私人宣传是无比重要的。于是我才重新审视了卡伦创作的这一方面的情况。

15 虽然这一作品最终未完成,但作品中的很多论文已译成英文,得以再版。英文版作品,见《倒置的奥德赛:克洛德·卡伦(Claude Cahun)、玛雅·德仁(Maya Deren)、辛迪·舍曼(Cindy Sherman)》,由 Shelley Rice 编辑(剑桥,马萨诸塞州:MIT 出版社,1999).

16 巴特勒(Butler),"冒充和性别冒犯",自巴特勒,同前,pp. 16-17.

17 我在此有意使用"字形的"(graphemic)一词,是由于我想要引出"书写(graph)"一词所暗示的意义范围——从书写到绘画——此外,也在探索一种方式,以此方式"字形(grapheme)"一词能够显示出口语和书面语之间的一个连接点。

18 埃利斯(Ellis)作品的译作('La Femme dans la société, I. L'Hygiene sociale')以及有关艾兰案的评论文章['La Salomé d'Oscar Wilde. Le procès Billing et les 47000 perverts du Livre noir'],都曾登在《法国信使(Mercure de France)》上,时间分别为 1929 和 1918 年。常被引用的《情谊(Amitié)》里的句子则源自 1925 年:"我对同性恋关系和同性恋者的观点态度,与对异性恋关系和异性恋者的观点态度是一样的:这就是一切取决于个人和他们的实际情况。我支持通常的道德自由"(我翻译的),引自 Heike Ander 和 Dirk Snauwert(编),《克洛德·卡伦(Claude Cahun):形象》(慕尼黑:Schirmer/Mosel,1997), p. XLIII. 关于莫德·艾兰(Maud Allan)的案子,见露西·布兰德(Lucy Bland),"性学审判?:莫德·艾兰,莎乐美和'阴蒂崇拜'案",自《文化中的性学:身体和欲望的标签》,露西·布兰德(Lucy Bland)和劳拉·杜安(Laura Doan)编辑(芝加哥:芝加哥大学出版社,1998),pp. 183-98.

19 艾莉森·奥拉姆(Alison Oram),"性爱纯属偶然:女性主义、科学和《乌拉尼亚》的激进性爱理论,1915—1940",自露西·布兰德(L. Bland)和劳拉·杜安(L. Doan),同前,pp. 214-30.

注 释

20 这张蒙太奇照片有时被摘引者错当做"第三张";它曾被两次标记为第二张蒙太奇('Ⅱ'),自《无效的自白》,巴黎:凯尔福出版公司,1930——在第 23 页。它也出现在本册书后部的英文表格部分"Ⅱ Moi-même-(自-恋)",未标页码。

21 比如,我想到了约翰·伯格(John Berger)的有名作品,《观看的方式》(伦敦:BBC and Penguin,1972),以及劳拉·马尔维(Laura Mulvey)的作品,《视觉的和其他的愉悦》(贝辛斯托克:麦克米兰,1989)。

22 参见琳达·尼德,《女性裸体:艺术、淫秽和性欲》[伦敦和纽约:劳特利奇出版社(Routledge),1992]。

23 第一张图片是由从头到脚拍摄的这位女艺术家身体部位的若干照片组成,第二张则是一张照片——光线疗法的"低科技"本质在视觉方面是重要的和明显的。

24 在其他地方已经讨论过这幅作品,尤其见罗琦·马丁(Rosy Martin)本人的文章。在她的文章中,她把自己挣脱束缚的亲身体验和这一时期充满敌意的政治气候联系在一起:"不要说奶酪,说同性恋",自《暗中浏览》,由 Jean Fraser 和 Tessa Boffin 编辑(伦敦:Pandora,1991),pp. 94 - 105.

25 在和马丁讨论时,她曾对第一张作品经常和第二张作品隔离开来单独展出一事,感到遗憾。因为这样会误导一些评论家,使他们认为这件作品不过是与言语的否定力量相关罢了。

26 关于内部和外部的政治问题,有一篇精彩的讨论文章,见戴安娜·法斯(Diana Fuss),同前,p. 2.

27 伊芙·考索夫斯基·塞杰韦克(Eve Kosofsky Sedgwick),《衣柜认识论》(纽约:Harvester Wheatsheaf,1991)。

28 塔姆辛·威尔顿(Tamsin Wilton),《女同性恋研究:设置日程》[伦敦和纽约:劳特利奇出版社(Routledge),1995]。这也是巴特勒选择的路线,描述临时命名,并且与 Teresa de Lauretis 等人提出的"策略本质主义"的概念相类似。

29 第一部分是用若干照片的组接而成的画面,第二部分则完全由一张照片完成,这一事实强化了解放"真实"形体的意义。

30 马丁和斯宾斯都详细解释过光线疗法,但我还是认为读者们对自我图像和心里的构建的关键介入疗法,会一脸茫然。见罗琦·马丁(Rosy Martin)和乔·斯宾斯(Jo Spence),"光疗——作为一种治疗艺术的心里现实主义?",*Ten 8*,No. 30 (1988),pp. 2 - 17 和罗琦·马丁,《松绑》,自《家庭拍照》,乔·斯宾斯和帕特·贺兰德(Pat Holland)编辑(伦敦:Virago,1991),pp. 209 - 21.

31 文本源自大卫·鲁本(David Reuben),《你一直想了解关于性的一切问题,但又不敢问》(纽约:McKay,1969)。

32 文本源自芭芭拉·沃克(Barbara Walker),《女性百科全书:神话与秘密》(伦敦:Harper and Row,1983)。

33 伊丽莎白·米斯(Elizabeth Meese),(Sem)《情欲》,同前,p. 132.

251

34 文本摘自伊丽莎白·格罗兹(Elizabeth Grosz),《快活的躯体:走向世俗的女性主义》(印第安纳 IN:印第安纳大学出版社),1994.

35 西格蒙德·弗洛伊德(Sigmund Freud),"偏执狂症的性格倾向",1913。

36 在一篇关于《肆无忌惮的妇人》的文章中,马丁参照维纳斯的形象,研究了和巴特勒文本相匹配的图像,并强调了弗洛伊德文本-图像的第一幅。见马丁,"挑战隐形:肆无忌惮的妇人",自《艺术疗法中的性别问题》,Susan Hogan(编),forthcoming(伦敦:Jessica Kingsley,2002)。

37 乔安娜·弗路厄(Joanna Frueh),《怪兽/美女:建构爱的躯体》(伯克利,加利福尼亚:加利福尼亚大学出版社,2001),p. 11.

38 奥德勒·劳德(Audre Lorde),"情欲的用处:情欲,作为一种力量",自《姐妹局外人:奥德勒·劳德的论文和演讲》(弗里德姆,加利福尼亚:The Crossing 出版社,1984),pp. 53 - 9.

39 格罗兹(Grosz),《空间、时间和倒错》,同前,p. 181.

40 前两处评论来自安德鲁·兰顿(Andrew Renton)的访谈,见《闪光艺术》,"绒性陷阱(Velvet Sex Trap)",vol. 154(1990年,10月),pp. 144 - 5,p. 145;第三处则来自路易莎·巴克(Louisa Buck)访谈,见《泰特:艺术杂志》,no. 12(1997),pp. 60 - 5,p. 60.

41 罗兰·巴特(Roland Barthes),《文本的愉悦》,理查德·米勒(Richard Miller)译(纽约:Hill and Wang,1975)。

42 同上,p. 42.

43 关于表面/深层和女性主义艺术实践的一些卓越探索,在米拉·肖尔(Mira Schor)的作品中有所反映——见,例如,《润湿:关于绘画、女性主义和艺术文化》(达勒姆,北卡罗来纳州:杜克大学出版社,1997)。

44 我要提一提保罗·米利亚(Paul Melia)作品中蕴含的卓越思想,他一直在研究大卫·霍克尼(David Hockney)早期作品中的怪异画面和主题。他把霍克尼的学生绘画中有关表层的强调和展演性联系在一起。这些方式真正地触发了我的思考。我听说他的一篇论文即将发表,题目是"大卫·霍克尼:一个异样的开端",出自《大卫·霍克尼:回顾展》,由 Kay Heymer 编辑(波恩:艺术展览馆,2001)。

45 阿方索·林格斯(Alphonso Lingis),《纵欲:爱神与文化》(纽约:纽约州立大学出版社,1984),p. 34.

46 安德鲁·兰顿(Andrew Renton),同前,p. 145.

47 参见埃姆曼纽尔·列维娜斯(Emmanuel Levinas),《总体和无限》,由阿方索·林格斯翻译(匹兹堡:杜肯大学出版社,1969),p. 34 和卢斯·伊利加莱(Luce Irigaray),"爱抚多产:列维娜斯阅读《总体和无限》第四部分,B,"厄洛斯(小爱神)现象学",自《和列维娜斯面对面》,由理查德·科恩(Richard Cohen)编辑(纽约:纽约州立大学出版社,1986),pp. 231-58,p. 236.

48　阿方索·林格斯(Alphonso Lingis),《力比多:法国存在主义理论》(布卢明顿IN:印第安纳大学出版社,1985),p. 62.

49　克劳斯(Krauss),《单身汉们》,同前,p. 37.

6　变化:个人、集体和奇妙机器

1　威廉·T.斯特恩(William T. Stearn)曾记录下林奈(Linnaeus)从莫莉安处引用的材料,自玛丽亚·茜贝拉·莫莉安(Maria Sybilla Merian),《毛虫奇妙的变态:选自莫莉安作品集的五十幅版画(1718)》,该书包括威廉·T.斯特恩所写的一篇导言(伦敦:Scolar,1978),p. 18.

2　拉巴迪斯特人是吉恩·德·拉巴迪(Jean de Labadie)的追随者,拉巴迪是由耶稣会转为新教的一位法国神甫,他信奉与社区生活紧密相关的静心涤虑的冥想修行,主张放弃世俗享乐,支持执着、虔诚的个人祈祷。见 Trevor J. Saxby,《探索新耶路撒冷:吉恩·德·拉巴迪和拉巴迪斯特人,1610—1744》[多德雷赫特:奈霍夫出版社(M. Nijhoff),1987]。

3　莫莉安本人并没有述及神学的话题,但是,恰如娜塔莉·知萌·戴维斯(Natalie Zemon Davis)在有关这位艺术家的传记诠释中指出的,莫莉安的精神生活在某些方面与拉巴迪斯特人的教义息息相关,这在她的传记中有明显的暗示。见娜塔莉·知萌·戴维斯,《边缘处的女性:十七世纪的三位女子》(剑桥,马萨诸塞州:哈佛大学出版社,1995)。

4　关于路伊科(Ruysch)的奇珍厅和奇珍厅里最终的藏品,有若干记载资料,这些资料几乎完全来自彼得大帝。但我还是想要读者们关注一下罗莎蒙德·沃尔夫·珀塞尔(Rosamond Wolff Purcell)和斯蒂芬·杰伊·古尔德(Stephen Jay Gould),《发现者,保存者:八位收藏家》(伦敦:Pimlico,1993),以及罗莎蒙德·沃尔夫·珀塞尔的一些经过防腐处理展品的惊世骇俗的照片。

5　莫莉安(Merian)和路伊科(Ruysch)可不是那个时代仅有的两位女艺术家——作为寓意花卉画家和动植物插画家成就斐然的女艺术家还不乏其人。她们服务于这一时期新兴的科学宣传领域。例如,Clara Regina Imhoff 和 Dorothea Maria Auerin 两人都是德国成功的花卉画家。Barbara Regina Dietzsch,比莫莉安晚一代,由于她绘制了关于濒危鸟类物种的一本书,而在纽伦堡声名显赫。在阿姆斯特丹,当路伊科开始她的职业生涯的时候,Maria van Oosterwijk 作为花卉画家已经功成名就。并且众多女性动植物插画家中,有两位还受雇于植物园——玛丽亚·蒙宁克斯(Maria Moninckx)(蒙宁克斯图谱的作者之一)和约翰娜·海伦娜·海伊罗特(Johanna Helena Herolt),莫莉安的长女。

6　这是一个经典的词汇("卓尔不群",原词'exceptional'——译者注),用于表述女性广泛参与文化活动的功绩。Mary D. Sheriff 创作了关于这一领域的优秀作品,《卓尔不群的女性:伊丽莎白·维基-勒布伦(Elisabeth Vigee-Lebrun)和艺术中的文化政治》(芝加哥:芝加哥大学出版社,1996)。

7 玛丽安·贝拉尔迪(Marianne Berardi),"科学进入艺术:雷切尔·路伊科(Rachel Ruysch)静物画的早期发展过程"(匹兹堡大学,1998)。这是一篇优秀的博士论文,发表后对这一主题的贡献将会弥足珍贵。

8 从历史和结构的角度重新思考科学,在这方面有高水准的女性主义作品——我在此提及的作品是评论圈的两个卓越范例:桑德拉·哈丁(Sandra Harding),《女性主义中的科学问题》(伊萨卡,纽约和伦敦:康奈尔大学出版社,1986)和伊芙琳·福克斯·凯勒(Evelyn Fox Keller),《关于性别和科学的反思》(纽黑文,康涅狄格州:耶鲁大学出版社,1985),p. 4.

9 巴巴拉·斯塔福德(Barbara Stafford),《视觉类同:作为关联艺术的意识》(剑桥,马萨诸塞州:MIT 出版社,1999),p. xvi.

10 同上,p. 9.

11 有趣的是,莱布尼兹(Leibniz)关于交合的思考是受了另一位女士的影响。该女士长期以来在哲学史领域被边缘化,安·芬奇(Ann Finch),康威子爵夫人。

12 娜塔莉·知萌·戴维斯(Natalie Zemon Davis),同前,p. 151.

13 同上,p. 181.

14 玛丽安·贝拉尔迪(Marianne Berardi),同前,pp. 358 - 9,p. 311.

15 鲍塞罗(Borzello)在"镜子,镜子"研讨会上,对这一问题做了详细阐述。该讨论会在伦敦国家肖像美术馆举行,2001 年,11 月份。该谈话又见她的作品《反观自身》(伦敦:Phaidon,1998)。

16 罗西·布莱都蒂(Rosi Braidotti),"走向新的游牧生活:女性主义者德勒兹主义踪迹;或,形而上学和新陈代谢",自《吉尔·德勒兹和哲学戏剧》,C. V. Boundas 和 D. Olkowski(编)[伦敦和纽约:劳特利奇出版社(Routledge),1994],pp. 159 - 85,p. 159.

17 罗西·布莱都蒂(Rosi Braidotti),"重塑主体",自《游牧主体:当代女性主义理论中的具象化和性差异》(纽约:哥伦比亚大学出版社,1994),pp. 95 - 110,p. 109.

18 罗西·布莱都蒂(Rosi Braidotti),"母亲、妖怪和机器",自《游牧主体》,同前,pp. 75 - 94,p. 75.

19 布莱都蒂(Braidotti),"走向新的游牧生活",同前,pp. 180 - 1.

20 同上,p. 177.

21 吉尔·德勒兹(Gilles Deleuze)和菲利克斯·加塔利(Félix Guattari),《什么是哲学?》,Hugh Tomlinson 和 Graham Burchill 翻译(伦敦:Verso,1984),p. 18.

22 盖尔·韦斯(Gail Weiss),《身体图像:作为物质互映的具象化》[伦敦和纽约:劳特利奇出版社(Routledge),1999],p. 120.

23 朗达·斯丙格(Londa Schiebinger),"被遗忘的知识,遭无视的身躯,遇困扰的分类,以花孔雀(一种堕胎药)的奇异命运来加以说明",自《图绘科学,创造艺术》,卡罗琳·琼斯(Caroline Jones)和彼得·盖里森(Peter Galison)(编)[伦敦和纽约:劳特利奇出版社(Routledge),1998],pp.125-44.也需指出的是,我们现在可以肯定,该时期很多男性生物学家也利用当地知识去寻找和获取这些资源;不同的是,他们把这些见闻仅仅当做"逸闻轶事",从而,从他们井然有序的科学文本中删掉了它们。

24 《星期日泰晤士报》,2001年10月14日,section 4,p.2.

25 基思·安塞尔·皮尔逊(Keith Ansell Pearson),"类病毒生命:关于机器、技术和进化",自《德勒兹和哲学:异类工程师》[伦敦和纽约:劳特利奇出版社(Routledge),1997],pp.180-210,p.202.

26 布莱都蒂(Braidotti),"走向新的游牧生活",同前,p.177.

27 在此,我们不仅会想到唐娜·哈拉维(Donna Haraway)的著名的"半人半机器人生物宣言",自《类人猿、机器人和女性》,同前,pp.149-82,而且会想到萨迪·普兰特(Sadie Plant)关于女性、网络化思维和电脑技术活力之间,历史和认知的联系;抑或想到诸如琳达·德门特(Linda Dement)之类的艺术家,这些艺术家寻求使新媒体肉身化。见普兰特,《零和一:数码女性和新技术文化》(伦敦:Fourth Estate,1997).

28 蒙斯特(Munster)的光盘只读存储器(CD-ROM)计划,实际上强化了这一元素;正如她所指出的:"然而,这一思想是收藏者和用户起初未意识到[他们自身]行为的属性以及系统的限制,而把这些属性和限制只看做互相作用的一个结果。"摘自未发表的光盘只读存储器(CD-ROM)说明书,艺术家本人提供给我这一资料。

29 斯塔福德(Stafford),同前,p.175.

30 安娜·蒙斯特(Anna Munster),"机械扰动:数码家谱",博士论文(新南威尔士大学,2000年12月),pp.4-5.

31 米克·巴尔(Mieke Bal),《援引卡拉瓦乔:当代艺术,荒诞历史》(芝加哥:芝加哥大学出版社,1999),p.25.

32 巴尔(Bal)探讨意图性的困扰问题,以此作为重新思考艺术史方法的一种方式,而这些艺术史方法是依据传记过渡决定意义的。见《援引卡拉瓦乔》,pp.10-11.

33 约翰·V.·皮克斯同(John V. Pickstone),《认知的方式:科学、技术和医学新史》(曼彻斯特:曼彻斯特大学出版社,2000)——尤其见第三章,"自然史"。

34 指出这一点也是重要的,《小学生》也为录像作品和多媒体装置,提供了聚焦的轴心。

35 伊丽莎白·金(Elizabeth King),《注意之环:一位雕刻家对物质与精神同在的冥想》(纽约:Harry N. Abrams,1999),p.7.

36 同上,p.66.

37 巴尔,同前,p.7.

38 此书中的"小学生"照片由凯瑟琳·韦特泽尔(Katherine Wetzel)拍摄;这些照片是该书必要的组成部分,也是作品所暗示的作者多重身份形式的必不可少的部分。

39 斯塔福德(Stafford),同前,p.58.

40 莫伊拉·纪登斯(Moira Gatens)和吉娜维芙·劳埃德(Genevieve Lloyd),《集体想象:斯宾诺莎,过却和现在》[伦敦和纽约:劳特利奇出版社(Routledge),1999]。

41 纪登斯和劳埃德把这一词汇("超越个体",原词为'transindividuality'——译者注)归功于艾蒂安·巴里巴尔(Etienne Balibar),巴里巴尔使用这一词语描述过斯宾诺莎的关联个体的理念,同上,p.121.

42 同上,p.65.

43 同上,p.127.

44 韦斯,同前,p.120.

45 关于折叠(褶皱)的经典哲学文本是源自吉尔·德勒兹对莱布尼兹和巴洛克风格的研究——《褶子:莱布尼兹和巴洛克》,汤姆·康利(Tom Conley)翻译并写作了前言部分(明尼阿波利斯,明尼苏达州:明尼苏达大学出版社,1993)。

46 伊薇·罗麦克斯(Yve Lomax),"摄影中的褶皱",《文本三》,vol.32(1995年,秋),pp.43-58,P.46.

47 金(King),同前,p.50.

48 吉恩·道(Gen Doy),《物化艺术史》,同前,p.109.

7 愉悦和认知:"东方主义"和电影化视觉

1 劳拉·尤·马可斯(Laura U. Marks),《电影的皮肤:跨文化电影,具象化和感官》(达勒姆,北卡罗来纳州:杜克大学出版社,2000),pp.118-19.

2 我使用了"东方(Orient)"这个词语,"东方(East)"和"西方(West)"在此意在引发在对殖民地和帝国的地位幻想中,意识形态的深刻意义——这些词语不仅仅是用来显示某些确切的或实际的地理位置。当我提及地理区域或国家民族时,我旨在把这些区域和国家跟"东方主义"的同质化逻辑相区分。此外,"东方主义"这一概念,通常首先指的是土耳其、北非的穆斯林地区和中东地区,而不是指中国、东南亚和日本。当今,尤其是在美国,"东方(Orient)"一词则更普遍的用来指称中国、东南亚和日本。

3 特里·伊格尔顿(Terry Eagleton),"审美的意识形态",自《愉悦的政治:美学和文化理论》,Stephen Regan编辑(米尔顿凯恩斯:开放大学出版社,1992),pp.17-31,p.17.

4 吉·斯·卢梭(G. S. Rousseau)和罗伊·波特(R. Porter)(编),《启蒙运动中的异国情调》(曼彻斯特,曼彻斯特大学出版社,1990),p. 5. 关于这一主题的最有名的作品,当然是爱德华·萨义德(Edward Said)的《东方主义》(伦敦:Routledge and Kegan Paul,1978),并且关于东方主义者话语的性别性质问题,有一篇著名的论辩,见拉娜·卡巴尼(Rana Kabbani),《帝国镜像:欧洲东方神话》(伦敦:Pandora,1986)。

5 苏珊·罗丹·普希(Susan Rodin Pucci),"异国的疏离魅力:18世纪法国的闺房小说",自卢梭和波特(编),同前,pp. 145-74.

6 阿瑟·杰巴(Assia Djebar),"面纱之后:相机两边的女性",《联合国教科文组织信使》(1989年10月),pp. 34-7,p. 36.

7 同上,p. 35.

8 米拉·肖尔(Mira Schor)杜撰了这个短语"单眼阴茎"(monocular penis),用于描述大一统男性视野的一种形式。参见她的"观看色情",自《润湿:关于绘画、女性主义和艺术文化》,同前,pp. 165-9,p. 169.

9 欧文·杰米尔·希克(Irvin Cemil Schick),"作为性感人物的土耳其女子:来自西方文学的形象",自《解构"土耳其女子"形象》,Zehra F. Arat(编)[伦敦和纽约:麦克米兰出版公司(Macmillian),1998],pp. 83-100(p. 91),希克深刻指出西方话语对土耳其帝国最负面的评价之一就在于"色情艺术"和"性科学"方面,它们是性化科学和客观审视的主要支撑。

10 吉恩·道(Gen Doy),《法国十九世纪的女性和视觉文化,1800—1852》,(伦敦:莱斯特大学出版社,1998),p. 232.

11 莉兹白·马尔科姆斯(Lizbeth Malkmus)和罗伊·阿姆斯(Roy Armes),《阿拉伯和非洲的电影制作》(伦敦和新泽西州:Zed Books,1991)(在殖民地的培训)。

12 参见雷伊·乔(Rey Chow),《原始激情:可视性、性取向、人种志和当代中国艺术》(纽约:哥伦比亚大学出版社,1995)。

13 维奥莱特·沙菲克(Violet Shafik),《阿拉伯电影:历史和文化认同》(开罗,埃及:开罗美国大学出版社,1998),pp. 4 及以下几页。

14 马可斯(Marks),同前,p. xii.

15 这一从对抗到真切,由真切到空隙和商榷的转变,是艰难赢得的。见哈米德·纳菲斯(Hamid Naficy),"在岩石和硬地之间:制作的间隙模式",自《家园,放逐,故国》,哈米德·纳菲斯(编),同前,pp. 125-47 和保罗·维尔门(Paul Willemen),"第三电影问题:记录和反思",自《第三电影问题》,吉姆·派恩斯(Jim Pines)和保罗·维尔门编辑(伦敦:BFI Publishing,1989),pp. 1-29.

16 记住这一点也是有价值的,鼓动这些艺术家到西方大都市接受培训,恰恰是因为帝国主义的遗产所造成;"国际化"不是同质化,国际化区域并非同质化区域,而是在国家政府之间由权力差异所划分的区域。

17 雷纳·刘易斯(Reina Lewis),"跨文化重申:蒂米拉·瓦卡-布朗(Demetra Vaka-Brown)和种族化女性美的展示",自《展演躯体,展演文本》,阿米莉亚·琼斯(Amelia Jones)和安德鲁·斯蒂芬森(Andrew Stephenson)编辑(伦敦和纽约:劳特利奇出版社(Routledge),1999),pp. 56 – 75,刘易斯在文中将 20 世纪中叶女性作家,当她们的写作跨越相似的文化边界和语汇时,所参与的复杂而风险性的实践活动,描绘得栩栩如生。这种风险性恰恰激起了我的兴趣所在——女性所描绘的愉悦、"东方"和"女性"的艰难领地。这些女性作家或许重新适合于她们自身的一贯做法,避开了这种危险。

18 在美学领域触觉(Haptic)一词使用频率越来越高。在艺术作品中,它用以表示一种多感官,尤其是触觉方面的效果;在排斥视觉中心主义的语境下,它就会经常出现。我稍后还会在本章中很详尽地探讨该词,并我要感谢珍·菲舍(Jen Fisher)在这方面所做的研究工作,即她的"关联感觉:走向触觉审美",《降落伞》,no. 87(1997),pp. 4 – 11.

19 感觉中枢是人类学中用以描述一种感官期待和感官评价的文化领域的词语——例如,所见,所闻,所嗅,所尝或者所触的交合是寻常的/不寻常的、愉悦的/非愉悦的、有价值的/无价值的,等等。见基特·格里芬(Kit Griffin),"摩洛哥人感觉器官笔记",《人类学》,XXXII(1990)。

20 杰巴(Djebar),同前,p. 37.

21 玛尼亚·拉兹莱格(Marnia Lazreg),《沉默的力量:受争议的阿尔及利亚妇女》[伦敦:劳特利奇出版社(Routledge),1994],p. 107.

22 见沙菲克(Shafik),同前,pp. 108 – 9.

23 弗吉尼亚·丹尼尔森(Virginia Danielson),《埃及的声音:乌姆·库耳图姆、阿拉伯歌曲和二十世纪的埃及社会》(芝加哥:芝加哥大学出版社,1997),pp. 10 -11.

24 莉兹白·马尔科姆斯(Lizbeth Malkmus)和罗伊·阿姆斯(Roy Armes),《阿拉伯和非洲电影制作》(伦敦和新泽西州:Zed Books,1991)。

25 我是从哈米德·纳菲斯(Hamid Naficy)的文章中借用了该词"集体发声(Collective enunciation)",当他描述空隙电影中语言的作用时,从不同角度使用了该词(见纳菲斯"在岩石和硬地之间",同前,p. 131.)然而,他的主张和我的有共同之处,该词语能够"游走(travel)"。

26 演员阿莉娅(Alia)甚至跟着广播中的库耳图姆歌唱。

27 沙菲克(Shafik),同前,p. 113.

28 马尔科姆斯(Malkmus),同前,p. 140.

29 蕾妮·贝特(Renee Baert)"欲望的女儿",自 Katy Deepwell 编,《女性艺术家和现代主义》(曼彻斯特:曼彻斯特大学出版社,1998),pp. 175 – 88。该文阐明了这一点并且显示出这种观点与弗洛伊德负面的母亲—女儿关系理念如何不同。

30 重要的是,该影片在纽约拍摄;娜沙特该作品的合作伙伴,蒂海姆(Deyhim)、阿扎瑞(Azari)和摄影主任格塞姆·恩布拉海敏(Ghasem Ibrahimian),也是伊朗侨民。该作品既是集体合作的,也是流亡者创作的;该作品突出强调的就是它的跨文化特征。正如娜沙特所指出的:"对我而言主要的挑战在于展现一位来自另一种文化,并且一直对该文化的资源感兴趣的艺术家,是如何做出有益于更宽泛对话的作品的。只是阐释我所归属的文化,并不令我满意;我也不想做一位人种志艺术家。——需要保持的是一种微妙的平衡。"娜沙特,参见莱斯利·卡姆伊(Leslie Camhi),"揭去面纱",《艺术新闻》(2000年2月),pp. 148-51, p. 151.

31 哈米德·纳菲斯(Hamid Naficy),"平行世界",自《希林·娜沙特(Shirin Neshat)》,展览目录(维也纳:Kunsthalle;伦敦:Serpentine,2000),pp. 42-53, p. 51.

32 见苏波克(Sobchack),《眼睛的表白:电影体验现象》(普林斯顿,新泽西州:普林斯顿大学出版社,1992)。

33 维维安·苏波克(Vivian Sobchack),"'人人都在家吗?':物化想象和可见驱逐",自哈米德·纳菲斯(编),《家园、放逐、故国》,同前,pp. 45-61, p. 48.

34 乔治·惠尔(George Whale),拉夫堡大学的我的一位同事,一直在探索绘画的认知功能,并且得出了一些很有价值的结论。我对这一问题的思考,最初就是由他的一次研讨会激发起来的。该研讨指的是2001年春的那次。

35 苏波克(Sobchack),"人人都在家吗?",同前,p. 60.

36 见杰拉尔德·马特(Gerald Matt),"希林·娜沙特访谈",自《希林·娜沙特》,展览目录(维也纳:Kunsthalle;伦敦:Serpentine,2000),pp. 10-29, p. 11.

37 见朱迪·斯同(Judy Stone)关于特拉特里(Tlatli)荣获的萨耶吉特·雷伊奖,自"人人都在谈论'沉默的宫殿'",《旧金山纪事报》,1995年4月23日:http://www.sfgate.com/cgi-bin/article.cgi?file=/chronicle/archive/1995/PK45698.DTL

38 劳拉·穆尔维(Laura Mulvey),"移动身躯:莫菲德·特拉特里(Moufida Tlatli)访谈",《画面和声音》(1995年3月),pp. 18-20, p. 20.

39 劳拉·马可斯(Laura Marks)在其《电影的皮肤》一书中,自始至终将《测量距离》当做一块试金石来使用,这是因为它对视觉具有召唤力。马可斯继承了珍·菲舍(Jen Fisher)认为这种"触觉"审美至关重要的观点。

40 易·安·卡普兰(E. Ann Kaplan)分析了凝视(gaze)和观看(look)之间的不同之处,自《寻找他者:女性主义、电影和帝国的凝视》[伦敦:劳特利奇出版社(Routledge),1997],p. xviii.

41 爱德华·萨义德(Edward Said)"游移理论",自《人世、文本和批评》(剑桥,马萨诸塞州:哈佛大学出版社,1983)。

42 米克·巴尔(Mieke Bal),"视觉叙事",自《视觉叙事母本:跨学科交锋和交锋会》

(南安普顿:南安普顿学院,1999),未标注页码。

43 爱德华·加德曼(Edward Guthmann),"'沉默'是为自由而呐喊",《旧金山纪事报》,1995年9月1日:http://www.sfgate.com/cgi-bin/article.cgi?file=/chronicle/archive/1995/DD34528.DTL

44 法拉内·米拉尼(Farzaneh Milani)"希林·娜沙特的视觉之诗",自《希林·娜沙特》(米兰:Edizioni Charta,2001),pp.6-13,p.12.

45 法蒂玛·莫尼斯(Fatima Mernisi),《面纱之外:现代穆斯林社会的男—女活力》(1975),修订版(伦敦:A. L. Saqi Books,1985)。尤其要参见 pp. 89,137-147.

46 关于伊斯兰文化中女性沐浴重要性的论文,已不胜枚举。见米尔德里德·莫蒂默(Mildred Mortimer),"阿瑟·杰巴(Assia Djebar)的阿尔及利亚四重奏:碎裂的自传研究",《非洲文学研究》,vol. 28,pt. 2(1997),pp. 102-17,p. 108.

47 霍米·凯·巴巴(Homi K. Bhabha),"献身理论",自派恩斯(Pines)和维尔门(Willemen),同前,pp. 111-31,p. 131.

8 理性和感性:文本和图像再创造

1 伊丽莎白·格罗兹(Elizabeth Grosz),自《空间、时间和倒错》,同前,p. 37.

2 巴巴拉·斯塔福德(Barbara Stafford),《姣好的相貌:形象价值论文集》(剑桥,马萨诸塞州:MIT出版社,1996),p. 45.

3 琼娜·德鲁克(Joanna Drucker),《可视言语:实验活版印刷和现代艺术,1909—1923》(芝加哥:芝加哥大学出版社,1994),p. 14.

4 克里斯托弗·科林斯(Christopher Collins),"写作和超自然画面的性质,或幽灵何以会飘浮",自《视觉性语言:超越科学、艺术、政治和文学的交锋》,Beate Allert 编辑(底特律:韦恩州立大学出版社,1996),pp. 242-61,p. 246.

5 伊丽莎白·爱森斯坦(Elizabeth Eisenstein),《印刷术乃变革的动因:早期现代欧洲的交际和文化转型》(剑桥:剑桥大学出版社,1979),pp. 84-8.

6 阿德里安·约翰斯(Adrian Johns),《书籍的性质:印刷术和知识创造》(芝加哥:芝加哥大学出版社,1998),pp. 2,6.

7 同上,pp. 180,414.

8 17世纪的女性写作继续着这一对立的做法,关注切身实际问题——见,一个明显的例子,伊莱恩·霍比(Elaine Hobby)有关妇女和助产手册:简·夏普(Jane Sharp)(1671)的深入研究,《助产士之书或助产技艺全览》,伊莱恩·霍比编辑(牛津:牛津大学出版社,1999)。

9 莫里斯·梅洛-庞蒂(Maurice Merleau-Ponty),《知觉现象学》,科林·史密斯(Colin Smith)翻译(伦敦:Routledge and Kegan Paul,1962),p. 178.

10 阿方索·林格斯(Alphonso Lingis),"荣耀之词",自戴维斯(Davies)和玛莎·麦斯基蒙(M. Meskimmon),《重新构想:新生态知识》(伦敦:I. B. Tauris,

forthcoming,2002)。

11 汉密尔顿(Hamilton)其他的装置作品中也含有"读"的内容,并且她在与阅读活动相关的空间中,安排了其他的表演姿势(诸如用手像缠纱线一样,缠绕打字机的色带,然后将色带球扔到地上)。但是我对这两件装置作品最感兴趣,因为它们促发了我把阅读看做一种多感官活动的思索。

12 巴兹·斯佩克特(Buzz Spector),"残余阅读:安·汉密尔顿(Ann Hamilton)的变体书",《印刷品藏家通讯》,vol.26,no.2(1995年5—6月),pp.55-6,p.56.

13 汉密尔顿为录音所约请的读者是一位在幼年时患有严重中风的男子,该男子复述他阅读内容的能力是相当差的,因此听到的内容在主体身上很难转换成言语,并不是文本完美无缺地诉诸声音。

14 戴夫·希基(Dave Hickey),自"在话语的庇护所:安·汉密尔顿的《趋势》》,《安·汉密尔顿,〈向性运动〉》(纽约:DIA Center,1995),pp.117-43,pp.124-5. 希基在该文中讲述了汉密尔顿和其祖母一起做家务活时,她祖母曾读书给她听的事情。

15 在描述《趋势》的时间效果上,汉密尔顿向我说道,由燃烧文本所造成的烟雾,最终渗进马鬃,因此就成了该作品气味和口味的一部分——被吸收掉了。这种向母体的回归是相当精妙的,而又是确定无疑的。

16 汉密尔顿和作者的通信。

17 卡罗尔·H.·坎特雷尔(Carol H. Cantrell),"类同命运:笛卡尔男子和女性读者",《希帕蒂娅(Hypatia)》,关于女性主义审美的特别版,由 Hilde Hein 和 Carolyn Korsmeyer 编辑,vol.5,no.2(1990年,夏),pp.7-19.

18 华莱士·斯蒂文斯(Wallace Stevens),"桌上的星球",自《华莱士·斯蒂文斯诗集》(伦敦:Faber and Faber Ltd,1955),pp.532-3.

19 援引安·汉密尔顿,自"这不是针尖",该文作者是 Hunter Drohojowska-Philp,见《洛杉矶时报,日历》,1994年6月19日周日,pp.4,79-80,p.4.

20 汉密尔顿与赫莱茵·波斯纳(Helaine Posner)的会谈,引自《19个项目:在麻省理工学院李斯特(MIT List)视觉艺术中心定居的艺术家》[剑桥,马萨诸塞州:麻省理工学院出版社(MIT),1996],pp.194-202,p.199.

21 琼·西蒙(Joan Simon),"安·汉密尔顿:刻记场地",《美国艺术》,vol.87,no.6(1999年6月),pp.76-85.

22 同上,p.79.

23 丹·卡梅伦(Dan Cameron),"居于传统",自《伊格(Igor)和斯维特拉娜·考佩斯迪安斯基(Svetlana Kopystiansky)》,展览目录,并配有约阿希姆·萨多利斯(Joachim Sartorius)、丹·卡梅伦和克里斯汀·泰克(Christine Tacke)等人的文章(柏林:柏林美术馆,1991),pp.90-92,p.90.

24 援引斯维特拉娜·考佩斯迪安斯基(Svetlana Kopystiansky),自《图书馆》展览目录,该展览目录带有以 Doreet Levitte-Harten 和 Jurgen Harten 之间谈话为内容的导言。(杜塞尔多夫:艺术馆,1994),p. 79.

25 大卫·杰克逊(David Jackson)描述过这种文学传统的权威性以及在 19 世纪末期它对美术的影响,自《流浪者》,forthcoming(曼彻斯特:曼彻斯特大学出版社)。

26 斯维特拉娜和伊格各自从事自己的艺术实践,但是经常一起举办展览,从而趋向共同的主题。在某些方面,他们的探索过程是合作的和对话的,这一点显而易见。

27 吉尔·德勒兹(Gilles Deleuze)和菲利克斯·加塔利(Félix Guattari),《千高原:资本主义与精神分裂症》,布莱恩·马苏米(Brian Massumi)翻译并写作了导言(明尼阿波利斯,明尼苏达州:明尼苏达大学出版社,1987),p. 4.

28 加文·詹特耶斯(Gavin Jantjes)(编),《无序的效力:和艺术家探讨国际主义问题》(伦敦:国际视觉艺术学院,1998),pp. 71 - 2.

29 尤丽西斯·卡利隆(Ulises S. Carrion)《关于书籍》(日内瓦:Heros Limite,1997),p. 31.

30 德勒兹(Deleuze),同前,p. 4.

31 我的一位同事最近提醒我,当单身食客一边进食,一边阅读的时候,这些智力和感官愉悦也就结合在一起。

32 保罗·里克(Paul Ricoeur),《历史和真实》,查尔斯·A.·凯尔保(Charles A. Kelbley)翻译(埃文斯顿,伊利诺伊州:西北大学出版社,1965),p. 278.

33 安·汉密尔顿(Ann Hamilton),玛丽·凯瑟琳·科菲(Mary Katherine Coffey)引自"历史纠葛:安·汉密尔顿(Ann Hamilton)访谈",《艺术杂志》,vol. 60, no. 3(2001 年,秋),pp. 11 - 23,p. 14.

34 查尔斯·瑞兹尼科夫(Charles Reznikoff),《证据:美国,1885—1915(朗诵调)》(圣巴巴拉:黑麻雀出版社,1978).

35 约翰·格雷(John Gray),《启蒙的余波:现代末期的政治和文化》[伦敦:劳特利奇出版社(Routledge),1995],尤其见 pp. 144 - 5.

36 汉密尔顿(Hamilton),自科菲(Coffey),同前,p. 11.

37 作为一块双面曲镜,从美国馆倒映出来的景象进入威尼斯城,进入双年展会场,这一幕景象是游移模糊的,而非确凿明晰的。

38 见吉·斯·卢梭(G. S. Rousseau)和罗伊·波特(R. Porter)(编),《启蒙运动中的异国情调》(曼彻斯特,曼彻斯特大学出版社,1990)。我感谢琳达·尼德(Lynda Nead)关于十九世纪对庞贝古城的各种性文物反响的优秀作品。我首次获知该信息是缘于她提交给"展现你的感觉"研讨会的一篇论文,阿姆斯特丹文化分析学院,1998 年 5 月。

39 我要感谢牛津大学的约翰·格雷斯(John Grace)为我提供了该信息。关于古代的秘密宗教仪式很难找到翔实资料,现存的多数材料可以说都是猜测性的。

40 安·汉密尔顿(Ann Hamilton),采访者利比·安森(Libby Anson),"深粉红色

的慰藉",《制作:女性艺术杂志》,no.85(1999年9—11月),pp.16-19,p.18.

9 时间之地:澳大利亚女性主义艺术和理论

1 莫伊拉·纪登斯(Moira Gatens),援引自 Steven Maras 和 Teresa Rizzo,"关于生成:莫伊拉·纪登斯访谈",《南方评论》,vol.28(1995年3月),pp.53-68,p.65.
2 见阿诺·博斯特(Arno Borst),《时间的次序:从古代的计时器到现代的计算机》,安德鲁·温纳德(Andrew Winnard)译(剑桥:Polity Press,1993)。
3 德勒兹认为思考是实验性的和突发性的,而认识(识别)则不过是再现已知的内容罢了——见 D. N. Rodowick,"对抗的记忆",自《一个德勒兹的世纪?》,伊恩·布坎南(Ian Buchanan)编著(达勒姆,北卡罗来纳州和伦敦:杜克大学出版社),1999,pp.37-57.
4 伊丽莎白·格罗兹(Elizabeth Grosz),"思考新异:尚未经思考的未来",自格罗兹(编),《生成:对时间、记忆和未来的探究》(伊萨卡,纽约州:康奈尔大学出版社,1999),pp.15-28,p.16.
5 克莱尔·科尔布鲁克(Claire Colebrook),"生成的基本原理:策略、主观主义和风格",自格罗兹(编),《成为》,同前,pp.117-40.
6 格罗兹,"思考新异",自《生成》,同前,p.19.
7 莫伊拉·纪登斯(Moira Gatens),"性、性别、性欲:行为学者能研究系谱学吗?",《南方哲学杂志》,vol.XXXV,增刊(1996),pp.1-19.
8 关于澳大利亚女性主义哲学,有一篇优秀的文章,见《希帕蒂娅》特别版,"现行澳大利亚:重新构建女性主义和哲学",vol.15,no.2(2000年,春),由 Christine Battersby、Catherine Constable、Rachel Jones 和 Judy Purdom 编著。有关澳大利亚学者将特别的策略和思想引入女性主义哲学的资料,见 Christine Battersby 的特别版导言,"学习跨洲际思考:寻找澳洲路线",pp.1-17.
9 悉尼博物馆的全称包括"在第一政府大院旧址上"这部分内容,以使观众对其怀有眷念之情。
10 1992年见证了这一观念法律意义上的终结。发生在这一年的著名的马博案,最终否决了土著人领地无效的思想。
11 吉娜维夫·劳埃德(Genevieve Lloyd)认为尽管"领地无效"始终遭致质疑,但是它实际上支持了将澳洲土著人视为"运交华盖、在劫难逃的种族"之思想,这一思想还普遍盛行。见《无人拥有的土地:澳大利亚和哲学想象》,《希帕蒂娅》,vol.15,no.2(2000年,春),pp.26-39.
12 关于女性在迁居地所发挥的重大作用和她们自身的多样性,见 Deborah Oxley,《犯罪女子:被迫移民澳洲的女性》(剑桥:剑桥大学出版社,1996)。
13 彼得·埃米特(Peter Emmett)的观念概要,摘自《林边:珍妮特·劳伦斯(Janet Laurence)和菲奥娜·佛雷(Fiona Foley)创作的雕塑装置》[采纳彼得·埃米特的主张],Dinah Dysart 编(悉尼:新南威尔士州历史房产信托公司,2000),pp. 26-39.

14　受邀提交方案的其他艺术家包括:Alison Clouston, Narelle Jubelin, Rea (Gamilaroi/Wailwan)and Ken Unsworth.

15　里斯·琼斯(Rhys Jones),"订购风景",自 I. 唐纳森和 T. 唐纳森,《见证首批澳洲人》(悉尼:Allen and Unwin,1985),p. 185.

16　杰克林·特洛伊(Jakelin Troy),"悉尼人和其语言定名",自 Dysart,同前,p. 108.

17　所引用的历史事件的重要性更加详细的讨论,见:米克·巴尔(Mieke Bal)《援引卡拉瓦乔:当代艺术,荒诞历史》(芝加哥:芝加哥大学出版社,1999)。

18　见埃米特项目概要,自 Dysart,同前,p. 34.

19　彼得·埃米特(Peter Emmett)访谈,自佩塔·兰德曼(Peta Landman),《悉尼评论》,1994 年 12 月。摘自悉尼博物馆档案。

20　埃米特(Emmett)的项目概要,自 Dysart,同前,p. 36.

21　普罗瑟(Prosser),引自 Dysart,同前,p. 97.

22　埃米特(Emmett)的项目概要,自 Dysart,同前,p. 35.

23　这些评论源自保留在该博物馆档案资料中的一些寄给该博物馆的信件。

24　爱德华·凯西(Edward Casey),"浏览的时间性:否则,走向生成",自格罗兹,《生成》,同前,pp. 79-97.

25　重要的是,苏·拜斯特(Sue Best)用"移动接触(mobile engagement)"这一短语来指称针对该作品的运动——见苏·拜斯特,"专注和分心于珍妮特·劳伦斯(Janet Laurence)的环境作品",《艺术和澳大利亚》,vol. 38, no. 1 (2000), pp. 84-91,p. 88.

26　见"保护(Conservation)",自 Dysart,同前,p. 109.

27　自安娜·福格特(Anna Voigt),《新视野,新透视:当代澳大利亚女性艺术家的声音》(悉尼:Craftsman House,1996),p. 62.

28　关于德勒兹的机器和集体思想,见曼努埃尔·兰达(Manuel de Landa),"德勒兹,图表和世界的无穷生成",自格罗兹,《生成》,同前,pp. 29-41.

29　自福格特(Voigt),同前,p. 62.

30　伊丽莎白·格罗兹(Elizabeth Grosz),"生成……一篇导言",自格罗兹,《生成》,同前,pp. 1-11,p. 5.

31　自福格特(Voigt),同前,p. 60.

32　伊丽莎白·格罗兹(Elizabeth Grosz),"生成……一篇导言",同前,pp. 4-5.

33　巴尔(Bal)《援引卡拉瓦乔》,同前,p. 25.

34　亨利·柏格森(Henri Bergson),《创造性思维:形而上学导论》,Mabell L. Andison 译(纽约:Citadell Press,1992),p. 93.

35 格罗兹(Grosz),"思考新异",自《生成》,同前,p. 28.
36 佐伊·索菲亚(Zoe Sofia),"科技诗艺:琼·布拉希尔(Joan Brassil)、乔伊斯·恒特丁(Joyce Hinterding)和莎拉·沃特森(Sarah Waterson)",《续连(Continuum)》,vol. 8, pt. 1(1994), pp. 364 – 75.
37 马丁·托马斯(Martin Thomas),"知觉的技术:琼·布拉希尔的装置作品",《艺术和澳大利亚》(1993), pp. 68 – 76.
38 自尤塔·费德森(Jutta Feddersen),《软雕塑和超越:国际视野》(G＋B Arts International)(悉尼:Craftsman House, 1993), p. 63.
39 布赖恩·鲁宾逊(Brian Robinson),"琼·布拉希尔:艺术和科学的联姻",自《混血儿(metis)》, pp. 45 - 6(取自坎贝尔美术馆的档案资料)。
40 在最初的作品说明中,该作品《昨天在何地会成为明天》本打算与《随时随意》一起。作为《宇宙三部曲》的第二部分。然而当布拉希尔开始创作时,她找到了新材料,对作品产生了新思考,因而计划发生了改变。我在和艺术家本人探讨该作品时,她向我介绍了这样一首诗,该诗构成《宇宙三部曲》的第二部作品的一部分,《在庄严的流动中》(1999)(In The Sublime Flux)。该诗和本章的主题有美妙的关联:We/may be/sensor shadows/where energies meet/to echo and reflect/astral songs/of chance/yet/again to change/in passing thru/harmonic shiftings/or diatronic drifts to/random rhythms/within/Songs and Sands/of Time.

  我们或许是感应器的光影
  在此,各种活力交锋
  偶然的星际歌曲
  在回荡,在传响
  然而
  经由和谐的飘移或
  自然音阶的转换
  再次化为
  时光歌喉和沙洲内的
  曼妙旋律

41 项目概要,自坎贝尔美术馆的档案。
42 科尔布鲁克(Colebrook),同前,p. 124.
43 同上,p. 127.
44 佩内洛普·多伊奇(Penelope Deutscher),"非完美的思虑:20 世纪法国女性哲学家对哲学史的介入",自《希帕蒂娅》,同前,pp. 160 – 80, p. 173.

参考书目

Ahmed, Sara and Jackie Stacey (eds), *Thinking Through the Skin*. London and NY: Routledge, 2001.

Allen, Jeffner, *Sinuosities: Lesbian Poetic Politics*. Indianapolis, IN: Indiana University Press, 1996.

Allen, Jeffner and Iris Marion Young (eds), *The Thinking Muse: Feminism and Modern French Philosophy*. Indiana, IN: Indiana University Press, 1989.

Allert, Beate (ed.), *Languages of Visuality: Crossings Between Science, Art, Politics and Literature*. Detroit: Wayne State University Press, 1996.

Ander, Heike and Dirk Snauwert (eds), *Claude Cahun: Bilder*. Munich: Schirmer/Mosel, 1997.

Anderson, Benedict. *Imagined Communities: Reflections on the Origin and Spread of Nationalism*. London and NY: Verso, 1991.

Ann Hamilton: tropos, exhibition catalogue. NY: Dia Center, 1995.

Anson, Libby, 'Deep Pink Solace', *Make: the magazine of women's art*, no. 85, September-November 1999, pp. 16-19.

Antoni, Janine, 'Mona Hatoum' (interview), *Bomb*, vol. 63, Spring 1998, pp. 54-61.

Anzaldúa, Gloria, *Borderlands/La Frontera*. San Francisco, CA: Aunt Lute Books, 1987 (second edition 1999).

Arat, Zehra F. (ed.), *Deconstructing Images of 'The Turkish Woman'*. London and NY: Macmillan, 1998.

Archer, Michael, Guy Brett and Catherine de Zegher, *Mona Hatoum*. London:

Phaidon, 1997.

Arnault, Martine, 'Dans la solitude des territoires', *Cimaise*, vol. 35, no. 137, November/December 1988, pp. 121 – 4.

Art and Australia, vol. 32, no. 3, 1995 [special issue on women's art].

Ashburn, Elizabeth, *Lesbian Art: An Encounter with Power*. Sydney: Craftsman House, 1996.

Atherton, Margaret (ed. and intro), *Women Philosophers of the Early Modern Period*. Indianapolis and Cambridge: Hackett Publishing Co., 1994.

Baert, Renee, 'Desiring Daughters', in Katy Deepwell (ed.), *Women Artists and Modernism*. Manchester: Manchester University Press, 1998, pp. 175 – 88.

Bal, Mieke, *Quoting Caravaggio: Contemporary Art, Preposterous History*. Chicago: University of Chicago Press, 1999.

Bandt, Ros, 'Sculpting Sounds: An Introduction to Sound Sculpture in Australia', *Art and Australia*, vol. 32, no. 4, 1995, pp. 536 – 47.

Barnwell, Andrea D. (ed.), *The Walter O. Evans Collection of African American Art*. Seattle, WA: University of Washington Press, 1999.

Barthes, Roland, *The Pleasure of the Text*, translated by Richard Miller. NY: Hill and Wang, 1975.

Barwell, Ismay, 'Feminine Perspectives and Narrative Points of View', *Hypatia*, special issue 'Feminism and Aesthetics', edited by Hilde Hein and Carolyn Korsmeyer, vol. 5, no. 2, Summer 1990, pp. 63 – 75.

Battersby, Christine and Catherin Constable, Rachel Jones, Judy Purdom (eds), 'Going Australian: Reconfiguring Feminism and Philosophy', special issue of *Hypatia*, vol. 15, no. 2, Spring 2000.

Behdad, Ali, *Belated Travelers: Orientalism in the Age of Colonial Dissolution*. Cork: University of Cork Press, 1994.

Bell, Diane, *et al.* (eds), *Gendered Fields: Women, Men and Ethnography*. London: Routledge, 1993.

Berardi, Marianne, 'Science into Art: Rachel Ruysch's Early Development as a Still-Life Painter', PhD. University of Pittsburgh, 1998.

Berger, John, *Ways of Seeing*. London: BBC and Penguin, 1972.

Bernstein, Matthew, 'Review of *Intervals of Silence: Being Jewish in Germany*', *Film Quarterly*, vol. 47, no. 4, Summer 1994, pp. 29 – 35.

Bernstein, Matthew and Gaylun Studlar (eds), *Visions of the East: Orientalism and Film*. London: I. B. Tauris, 1997.

Bertucci, Lina, 'Shirin Neshat: Eastern Values', *Flash Art*, vol. 30, no. 197,

Nov. – Dec. 1997, pp. 84 – 7.
Best, Sue, 'Immersion and Distraction in the Environmental Works of Janet Laurence', *Art and Australia*, vol. 38, no. 1, 2000, pp. 84 – 91.
Betterton, Rosemary, *An Intimate Distance: Women Artists and the Body*. London and NY: Routledge, 1996.
Between Distance and Proximity: Images and Texts from the Film 'Intervals of Silence: Being Jewish in Germany', exhibition catalogue. Berlin: Galerie am Scheunenviertel, 1994.
Bland, Lucy and Laura Doan (eds), *Sexology in Culture: Labelling Bodies and Desires*. Chicago: University of Chicago Press, 1998.
Blatter, James and Sybil Milton (eds), *Art of the Holocaust*. London: Pan Books Ltd, 1982.
Blum, Shirley Neilsen, 'The National Vietnam War Memorial', *Arts Magazine*, vol. 59, pt. 4, Dec. 1984, pp. 124 – 8.
Bobo, Jacqueline (ed.), *Black Women Film and Video Artists*. London and NY: Routledge, 1998.
Bohm-Duchen, Monica (ed.), *After Auschwitz: Responses to the Holocaust in Contemporary Art*. Sunderland: Northern Centre for Contemporary Art, in association with Lund Humphries, 1995.
Bohm-Duchen, Monica and Vera Grodzinski (eds), *Rubies and Rebels: Jewish Female Identity in Contemporary British Art*. London: Lund Humphries, 1996.
Bontemps, Arna Alexander and Jacqueline Fonvielle-Bontemps, 'African-American Women Artists: An Historical Perspective', *SAGE*, vol. IV, no. 1, Spring 1987, pp. 17 – 24.
Borst, Arno, *The Ordering of Time: From the Ancient Computus to the Modern Computer*, trans. Andrew Winnard. Cambridge: Polity Press, 1993.
Boundas, C. V. and Dorothea Olkowski (eds), *Gilles Deleuze and the Theater of Philosophy*. New York and London: Routledge, 1994.
Braidotti, Rosi, *Nomadic Subjects: Embodiment and Sexual Difference in Contemporary Feminist Theory*. NY: Columbia University Press, 1994.
Broinowski, Alison, *The Yellow Lady: Australian Impressions of Asia*. Melbourne and Oxford: Oxford University Press, 1992.
Buchanan, Ian (ed.), *A Deleuzian Century?* Durham, NC and London: Duke University Press, 1999.
Büchler, Pavel, 'Avoided Objects', *Creative Camera*, no. 350, February/March 1998, pp. 36 – 7.

Buck, Louisa, interview with Cathy de Monchaux, in *Tate: The Art Magazine*, no. 12, 1997, pp. 60–65.

Butler, Judith, *Bodies That Matter: On the Discursive Limits of 'Sex'*. London and New York: Routledge, 1993.

Cahun, Claude, *Aveux non Avenus*. Paris: Éditions Carrefour, 1930.

Cameron, Dan, et al., *Dancing at the Louvre: Faith Ringgold's French Collection and Other Story Quilts*. NY: New Museum of Contemporary Art and Berkeley, CA: University of California Press, 1998.

Camhi, Leslie, 'Lifting the Veil', *Art News*, February 2000, pp. 148–51.

Cantrell, Carol H., 'Analogy as Destiny: Cartesian Man and the Woman Reader', *Hypatia* special issue on Feminist Aesthetics, edited by Hilde Hein and Carolyn Korsmeyer, vol. 5, no. 2, Summer 1990, pp. 7–19.

Capasso, Nicholas, 'Constructing the Past: Contemporary Commemorative Sculpture', *Sculpture*, November/December 1990, pp. 56–63.

Capasso, Nicholas. *The National Vietnam Veterans Memorial in Context: Commemorative Public Art in America 1960–1997*, PhD. Rutgers University, 1998.

Castillo del, Richard Griswold, Teresa McKenna and Yvonne Yarbro-Bejaran (eds), *Chicano Art: Resistance, Affirmation, 1965–85*. Los Angeles, CA: UCLA, Wright Art Gallery, 1991.

Carrion, Ulises S., *On Books*. Geneva: Heros Limite, 1997.

Cathy de Monchaux, exhibition catalogue. London: Whitechapel, 1997.

Chadwick, Whitney (ed.), *Mirror Images: Women, Surrealism, and Self-Representation*. Cambridge, MA: MIT Press, 1998.

Chanter, Tina, *Ethics of Eros: Irigaray's Rewriting of the Philosophers*. London and NY: Routledge, 1995.

Chavez, Patricio and Madeleine Grynsztejn (eds), *La Frontera/The Border: Art About the Mexico/US Border Experience*. San Diego, CA: Centro Cultural de la Raza and the Museum of Contemporary Art, 1993.

Cherry, Deborah, *Painting Women: Victorian Women Artists*. London and NY: Routledge, 1993.

Cherry, Deborah, *Beyond the Frame: Feminism and Visual Culture, Britain 1850–1900*. London and NY: Routledge, 2000.

Chow, Rey, *Primitive Passions: Visuality, Sexuality, Ethnography, and Contemporary Chinese Art*. New York: Columbia University Press, 1995.

Cohen, Richard (ed.), *Face to Face with Levinas*. NY: State University of New

York Press, 1986.

Cornelia Parker: Avoided Object, exhibition catalogue. Cardiff: Chapter, 1996.

Corrin, Lisa G. , Patrick Elliot and Andrea Schlieker, *Rachel Whiteread*, exhibition catalogue. Edinburgh and London: Scottish National Gallery and Serpentine, 2001.

Cottell, Fran and Marian Schoettle, *Conceptual Clothing*, exhibition catalogue. Birmingham: Ikon Gallery, 1987.

Cotter, Holland, 'Rebecca Horn: Delicacy and Danger', *Art in America*, vol. 81, pt. 12, December 1993, pp. 58-67.

Cottingham, Laura, 'Ann Hamilton: A Sense of Imposition', *Parkett*, no. 30, 1991, pp. 130-8.

Craw, Robert, 'Anthropophagy of the Other: The Problematic of Biculturalism and the Art of Appropriation', *Art and Asia Pacific*, September 1993, pp. 10-15.

Culbert, David, *Film and Propaganda in America: A Documentary History*. NY: Greenwood Press, 1990.

Danielson, Virginia, *The Voice of Egypt: Umm Kulthum, Arabic Song, and Egyptian Society in the 20th Century*. Chicago: University of Chicago Press, 1997.

Davis, Natalie Zemon, *Women on the Margins: Three Seventeenth-Century Lives*. Cambridge, MA: Harvard University Press, 1995.

Deepwell, Katy, 'Inside Mona Hatoum', *Tate: The Art Magazine*, vol. 6, Summer 1995, pp. 32-5.

Deleuze, Gilles, *The Fold: Leibniz and the Baroque*, foreword and translation by Tom Conley. Minneapolis, MN: Minnesota University Press, 1993.

Deleuze, Gilles and Félix Guattari, *What is Philosophy?*, translated by Hugh Tomlinson and Graham Burchill. London: Verso, 1984.

Deleuze, Gilles and Félix Guattari, *A Thousand Plateaus: Capitalism and Schizophrenia*, translated and foreword by Brian Massumi. Minneapolis, MN: University of Minnesota Press, 1987.

Diamond, Sara, 'Performance: An Interview with Mona Hatoum', *Fuse*, vol. 10, pt. 5, April 1987, pp. 46-52.

Diprose, Rosalyn, *The Bodies of Women: Ethics, Embodiment and Sexual Difference*. NY and London: Routledge, 1994.

Diprose, Rosalyn and Robyn Ferrell (eds), *Cartographies: Poststructuralism and the Mapping of Bodies and Spaces*. Sydney: Allen and Unwin, 1991.

Djebar, Assia, 'Behind the Veil: Women on Both Sides of the Camera', *Unesco*

Courier, October 1989, pp. 34-7.

Doy, Gen, *Materializing Art History*. Oxford and NY: Berg, 1998a.

Doy, Gen, *Women and Visual Culture in 19th Century France: 1800-1852*. London: Leicester University Press, 1998b.

Doy, Gen, *Black Visual Culture: Modernity and Postmodernity*. London: I. B. Tauris, 2000.

Drake, Nicholas, 'In the Wake of Places: The Social, Political and Cultural Impact of "Places with a Past" on Charleston, South Carolina', *Art Papers*, vol. 21, no. 3, May-June 1997, pp. 27-9.

Drathen, Doris von, 'Gespeicherte Zeit, Gespeichertes Tun', *Kunstforum International*, no. 147, September/November 1999, pp. 288-97.

Driskell, David C. (ed.), *African American Visual Aesthetics: A Postmodernist View*. Washington, DC: Smithsonian Institution Press, 1995.

Drohojowska-Philp, Hunter, 'It Ain't Needlepoint' by *LA Times, Calendar*, Sunday 19 June 1994, pp. 4, 79-80.

Drucker, Johanna, *The Visible Word: Experimental Typography and Modern Art, 1909-1923*. Chicago: University of Chicago Press, 1994.

Drury, Nevill, *New Sculpture: Profiles in Contemporary Australian Sculpture*. Sydney, Craftsman House, 1993.

Duerden, Dennis, 'Sokari Douglas Camp', *African Arts*, Summer 1995, pp. 64-9.

Dyer, Richard, *White*. London and NY: Routledge, 1997.

Dysart, Dinah (ed.), *Edge of the Trees: A Sculptural Installation by Janet Laurence and Fiona Foley*. Sydney: Historic Houses Trust of New South Wales, 2000.

Earman, John, *World Enough and Space-Time: Absolute versus Relational Theories of Space and Time*. Cambridge, MA: MIT Press, 1989.

Echoes of the Kalabari: Sculpture by Sokari Douglas Camp. Washington, DC: National Museum of Atrican Art, Smithsonian Institution, 1989.

Edelstein, Susan, *Shirin Neshat "Women of Allah"*. Vancouver: Artspeak Gallery, 1997.

Eisenstein, Elizabeth, *The Printing Press as an Agent of Change: Communications and Cultural Transformations in Early-Modern Europe*. Cambridge: Cambridge University Press, 1979.

Fallaize, Elizabeth (ed.), *Simone de Beauvoir: A Critical Reader*. London and NY: Routledge, 1998.

Feddersen, Jutta, *Soft Sculpture and Beyond: An International Perspective* (G+B

Arts International). Sydney: Craftsman House, 1993.

Finkelpearl, Tom, 'The Anti-Monumental Work of Maya Lin', *Public Art Review*, issue 15, vol. 8, no. 1, Fall/Winter 1996, pp. 5 - 9.

Fisher, Jen, 'Relational Sense: Towards a Haptic Aesthetics', *Parachute*, no. 87, 1997, pp. 4 - 11.

Fiske, John, Bob Hodge and Graeme Turner (eds), *Myths of Oz: Reading Australian Popular Culture*. London and Syney: Allen and Unwin, 1987.

Foster, Susan Leigh (ed.), *Corporealities: Dancing Knowledge, Culture and Power*. London and NY: Routledge, 1996.

Frascina, Francis, *Art, Politics and Dissent: Aspects of the Art Left in Sixties America*. Manchester: Manchester University Press, 1999.

Fraser, J. T. (ed.), *The Voices of Time: A Cooperative Survey of Man's Views of Time as Expressed by the Sciences and the Humanities*. London: Allen Lane, The Penguin Press, 1968.

Friedman, D. S., 'Public Things in the Atopic City: Late Notes on *Tilted Arc* and the *Vietnam Veterans Memorial*', *Art Criticism*, vol. 10, pt. 1, 1995, pp. 66 - 104.

Frueh, Joanna, *Monster/Beauty: Building the Body of Love*. Berkeley, CA: University of California Press, 2001.

Fuss, Diana (ed.), *Inside/Out: Lesbian Theories, Gay Theories*. London and NY: Routledge, 1991.

Garb, Tamar, 'Mona Hatoum', *Art Monthly*, no. 216, May 1998, pp. 31 - 2.

Garceau, Anne-Marie, ' Ann Hamilton: experimenter avant de nommer ', *Parachute*, no. 92, October-December 1998, pp. 4 - 13.

Gatens, Moira, 'Sex, Gender, Sexuality: Can Ethologists Practice Genealogy?', *The Southern Journal of Philosophy*, vol. XXXV, Supplement, 1996, pp. 1 - 19.

Gatens, Moira and Genevieve Lloyd, *Collective Imaginings: Spinoza, Past and Present*. London and NY: Routledge, 1999.

Goldberg, S. L. and F. B. Smith, *Australian Cultural History*. Cambridge: Cambridge University Press, 1988.

Gonzáles, Jennifer A., 'Rhetoric of the Object: Material Memory and the Artwork of Amalia Mesa-Bains', *Visual Anthropology Review*, vol. 9, no. 1, Spring 1993, pp. 82 - 91.

Gottlieb, Roger S. (ed.), *Thinking the Unthinkable*: NY and Mahwah, NJ: Paulist Press, 1990.

Grant, Colonel Maurice Harold, *Rachel Ruysch 1664 - 1750*. Leigh-on-Sea: F. Lewis Publishers, Limited, 1956.

Gray, John, *Enlightenment's Wake : Politics and Culture at the Close of the Modern Age*. London: Routledge, 1995. See especially pp. 144 - 5.

Griffin, Kit, 'Notes on the Moroccan Sensorium', *Anthropologica*, ⅩⅩⅫ, 1990, pp. 107 - 11.

Grosz, Elizabeth, *Volatile Bodies : Toward a Corporeal Feminism*. Indiana, IN: Indiana University Press, 1994.

Grosz, Elizabeth, *Space, Time and Perversion : Essays on the Politics of Bodies*. London: Routledge, 1995.

Grosz, Elizabeth (ed.), *Becomings : Explorations in Time, Memory and Futures*. Ithaca, NY: Cornell University Press, 1999.

Grosz, Elizabeth and Elspeth Probyn (eds), *Sexy Bodies : The Strange Carnalities of Feminism*. London and NY: Routledge, 1995.

Guilbaut, Serge, 'The Taming of the Saccadic Eye: The Work of Vieira da Silva in Paris', in *Inside the Visible : An Elliptical Traverse of the 20th Century, in, of and from the Feminine*, M. Catherine de Zegher (ed.). Cambridge, MA, and London: MIT Press, 1996.

Haenlein, Carl (ed.), *Rebecca Horn : The Glance of Infinity*. Zurich, Berlin, NY: Scalo Verlag and Hanover: The Kestner Gesellschaft, 1997.

Hammond, William M., *Reporting Vietnam : Military and Media at War*. Lawrence, KS: University of Kansas Press, 1998.

Haraway, Donna, *Simians, Cyborgs and Women : The Reinvention of Nature*. London: Free Association of Books, 1991.

Harding, Sandra, *The Science Question in Feminism*. Ithaca, NY, and London: Cornell University Press, 1986.

Hartman, Geoffrey, *The Longest Shadow : In the Aftermath of the Holocaust*. Indianapolis, IN: Indiana University Press, 1996.

Hassan, Salah M. (ed.), *Gendered Visions : The Art of Contemporary Africana Women Artists*. Trenton, NJ, and Asmara, Eritrea: African World Press, 1997.

Haynes, Peter, 'Janet Laurence', *Art and Australia*, vol. 26, pt. 4, 1982, pp. 607 - 9.

Healy, Chris, *From the Ruins of Colonialism : History as Social Memory*. Cambridge: Cambridge University Press, 1997.

Heath, G. Louis (ed.), *Mutiny Does Not Happen Lightly : The Literature of the Resistance to the Vietnam War*. Metuchen, NJ: Scarecrow Press, 1976.

Hedger, Michael, *Public Sculpture in Australia*. Sydney: Craftsman House, 1995.

Hess, Elizabeth, 'A Tale of Two Memorials', *Art in America*, vol. 71, pt. 4,

April 1983, pp. 120 – 27.

hooks, bell, *Art on My Mind: Visual Politics*. NY: The New Press, 1995.

hooks, bell, *Reel to Real: Race, Sex and Class at the Movies*. London and NY: Routledge, 1996.

Horn, Rebecca, *Concert for Buchenwald*. Zurich, Berlin, NY: Scalo, 1999.

Horne, Peter and Reina Lewis (eds), *Outlooks: Lesbian and Gay Sexualities and Visual Cultures*. London and NY: Routledge, 1996.

Hughes, Alex and Kate Ince, *Women's Erotic Writing in France, 1880 – 1990*. Oxford and Washington, DC: Berg, 1996.

Hull, Gloria T., Patricia Bell Scott and Barbara Smith (eds), *All the Women are White, All the Blacks are Men, But Some of Us are Brave*. Old Westbury, NY: The Feminist Press, 1982.

Igor and Svetlana Kopystiansky, exhibition catalogue with texts from Joachim Sartorius, Dan Cameron and Christine Tacke. Berlin: Berlinische Galerie, 1991.

Illuminations from a Moment Past, exhibition catalogue. Rancho Cucamonga, CA: Wignall Museum/Gallery, Chaffey College, 1998.

In Place (Out of Time), exhibition catalogue. Oxford: Museum of Modern Art, 1997.

Isaacs, Jennifer, *Aboriginality: Contemporary Aboriginal Paintings and Prints*. St Lucia, Queensland: Queensland University Press, 1989.

Jacobs, Mary Jane, *Places with a Past: New Site-Specific Art at Charleston's Spoleto Festival*. New York: Rizzoli International Publications, 1991.

Jantjes, Gavin (ed.), *A Fruitful Incoherence: Dialogues with Artists on Internationalism*. London: Institute of International Visual Arts, 1998.

Jaques, Elliot, *The Form of Time*. New York: Crane Russak and London: Heinemann, 1982.

Johns, Adrian, *The Nature of the Book: Print and Knowledge in the Making*. Chicago: University of Chicago Press, 1998.

Jones, Amelia, *Body Art: Performing the Subject*. Minneapolis and London: Minnesota University Press, 1998.

Jones, Amelia and Andrew Stephenson (eds), *Performing the Body, Performing the Text*. London and NY: Routledge, 1999.

Jones, Caroline and Peter Galison (eds), *Picturing Science, Producing Art*. NY and London: Routledge, 1998.

Kabbani, Rana, *Imperial Fictions: Europe's Myth of Orient*. London: Pandora, 1986.

Kaplan, E. Ann, *Looking for the Other: Feminism, Film and the Imperial Gaze*. London and NY: Routledge, 1997.

Karikari, Helen, 'Out of Africa', *Artists and Illustrators*, no. 110, November 1995, pp. 55–8.

Kaufman, Debra Renee, 'The Holocaust and Sociological Enquiry: A Feminist Analysis', *Contemporary Jewry*, vol. 17, 1996, pp. 6–17.

Keller, Evelyn Fox, *Reflections on Gender and Science*. New Haven, CT: Yale University Press, 1985.

Kerr, Joan and Jo Holder (eds), *Past Present: The National Women's Art Anthology*. Sydney: Craftsman House, 1999.

King, Elizabeth, *Attention's Loop: A Sculptor's Reverie on the Coexistence of Substance and Spirit*. New York: Harry N. Abrams, 1999.

King-Hammond, Leslie, *Gumbo Ya Ya: Anthology of Contemporary African-American Women Artists*. NY: Midmarch Arts Press, 1995.

Kirby, Sandy, *Sight Lines: Women's Art and Feminist Perspectives in Australia*. Sydney: Craftsman House, 1992.

Kirker, Anne, *New Zealand Women Artists: A Survey of 150 Years*. Sydney: Craftsman House, 1986.

Kopystiansky, Svetlana, *The Library* exhibition catalogue with an introductory conversation between Doreet Levitte-Harten and Jürgen Harten. Düsseldorf: Kunsthalle, 1994.

Krauss, Rosalind, *Bachelors*. Cambridge, MA: MIT Press, 1999.

Lacy, Suzanne (ed.), *New Genre Public Art*. Seattle: Bay Press, 1995.

Lasalle, Honor and Abigail Solomon-Godeau, 'Surrealist Confession: Claude Cahun's Photomontages', *Afterimage*, vol. 19, pt. 8, March 1992, pp. 10–13.

Lassiagne, Jacques and Guy Wheelen, *Vieira da Silva*. NY: Rizzoli, 1979.

Lazreg, Marnia, *The Eloquence of Silence: Algerian Women in Question*. London: Routledge, 1994.

Lefkowitz, Deborah, 'Editing from Life', in *Women in German Yearbook 8: Feminist Studies in German Literature and Culture*, edited by Jeanette Clansen and Sarah Friedrichsmeyer. Lincoln, NB and London: University of Nebraska Press, 1993, pp. 199–215.

Lefkowitz, Deborah, 'On Silence and Other Disruptions', in *Feminism and Documentary*, edited by Diane Waldman and Janet Walker. Minneapolis, MN: University of Minnesota Press, 1999, pp. 244–66.

Leperlier, François, *Claude Cahun: L'Ecart et la métamorphose*. Paris: Jean-Michel

Place, 1992.

Lester, Robert E. (ed.), *Vietnam, The Media and Public Support for the War*. MD: University Publications of America, 1986.

Levinas, Emmanuel, *Totality and Infinity*, translated by Alphonso Lingis. Pittsburgh: Duquesne University Press, 1969.

Lewis, Reina, *Gendering Orientalism: Race, Femininity and Representation*. London: Routledge, 1996.

Lingis, Alphonso, *Excesses: Eros and Culture*. NY: State University of New York, 1984, p. 34.

Lingis, Alphonso, *Libido: The French Existential Theories*. Bloomington, IN: Indiana University Press, 1985, p. 62.

Lomax, Yve, 'Folds in the Photograph', *Third Text*, vol. 32, Autumn 1995, pp. 43–58.

Longstreth, Richard (ed.), *The Mall in Washington, 1791–1991*. Washington, DC: The National Gallery of Art, 1991.

Lopes, Sal, *The Wall: Images and Offerings for the Vietnam Veterans Memorial*, introduced by Michael Norman. NY: Collins Publishers, 1987.

Lorde, Audre, *Zami: A New Spelling of My Name*. London: Sheba Feminist Publishers, 1982.

Lorde, Audre, *Sister Outsider: Poems and Speeches by Audre Lorde*. Freedom, CA: The Crossing Press, 1984.

Louvre, Alf and Jeffrey Walsh (eds), *Tell Me Lies About Vietnam: Cultural Battles for the Meaning of the War*. Milton Keynes: Open University Press, 1985.

Lunn, Hugh, *Vietnam: A Reporter's War*. St Lucia: University of Queensland Press, 1985.

Mahoney, Elisabeth, 'An Ounce of Gold Around the Globe', *Make: the magazine of women's art*, no. 79, March-May 1998a, pp. 22–3.

Mahoney, Elisabeth, 'Natural Science', *Art Monthly*, no. 214, March 1998b, pp. 33–4.

Malkmus, Lizbeth and Roy Armes, *Arab and African Film Making*. London and New Jersey: Zed Books, 1991.

Maras, Steven and Teresa Rizzo, 'On Becoming: An Interview with Moira Gatens', *Southern Review*, vol. 28, March 1995, pp. 53–68.

Marks, Laura U., 'Sexual Hybrids: from Oriental Exotic to Postcolonial Grotesque', *Parachute*, no. 70, April-June 1993, pp. 22–9.

Marks, Laura U., *Skin of the Film: Intercultural Cinema, Embodiment, and the*

Senses. Durham, NC: Duke University Press, 2000.

Martin, Michael T. (ed.), *Cinemas of the Black Diaspora: Diversity, Dependence and Oppositionality*. Detroit: Wayne State University Press, 1995.

Martin, Rosy, 'Don't say Cheese, say Lesbian', in Fraser, Jean and Tessa Boffin (eds), *Stolen Glances*. London: Pandora 1991a.

Martin, Rosy, 'Unwind the Ties that Bind', in Jo Spence and Pat Holland (eds), *Family Snaps*. London: Virago, 1991b.

Martin, Rosy and Jo Spence, 'Phototherapy-psychic realism as a healing art?', *Ten 8*, No. 30, 1988.

McHugh, Siobhan, *Minefields and Miniskirts: Australian Women and the Vietnam War*. Sydney: Doubleday, 1993.

Meese, Elizabeth, *(Sem)Erotics: Theorizing Lesbian Writing*. New York and London: New York University Press, 1992.

Melia, Paul, 'David Hockney: A Different Kind of Beginning', in *David Hockney: A Retrospective*, ed. Kay Heymer. Bonn: Kunst-und Ausstellungshalle, 2001.

Memorable Histories and Historic Memories (exhibition catalogue). Brunswick, Maine: Bowdoin College Museum of Art, 1998.

Mercer, Kobena (guest editor), *ICA Documents 7: Black Film, British Cinema*. London: Institute of Contemporary Art, 1988.

Merian, Maria Sybilla, *The Wondrous Transformation of Caterpillars: Fifty Engravings Selected from Erucarum Ortus (1718)*, with an introduction by William T. Stearn. London: Scolar, 1978.

Merleau-Ponty, Maurice, *The Phenomenology of Perception*, translated by Colin Smith. London: Routledge and Kegan Paul, 1962.

Merleau-Ponty, Maurice. *The Visible and the Invisible* edited by Claude Lefort, translated by Alphonso Lingis. Evanston IL: Northwestern University Press, 1968.

Mernisi, Fatima, *Beyond the Veil: Male-Female Dynamics in Modern Muslim Society* (1975), revised edition. London: A. L. Saqi Books, 1985.

Merrim, Stephanie (ed.), *Feminist Perspectives on Sor Juana Inés de la Cruz*. Detroit, MI: Wayne State University Press, 1991.

Meskimmon, Marsha, *The Art of Reflection: Women Artists' Self-Portraiture in the Twentieth Century*. London: Scarlet Press and NY: Columbia University Press, 1996.

Meskimmon, Marsha, *We Weren't Modern Enough: Women Artists and the Limits of German Modernism*. London and Berkeley, CA: I. B. Tauris and University of

California, 1999.

Meskimmon, Marsha, 'Das Atelier: Spatiality and Self-Portraiture in the Work of Grethe Jürgens', *Woman's Art Journal*, vol. 21, no. 1, Spring/Summer 2000, pp. 22–6, 64.

Midgley, Mary, *Science and Poetry*. London and NY: Routledge, 1994.

Miller, Paul D., 'Motion Capture: Shirin Neshat's *Turbulent*', *Parkett*, vol. 54, 1998–9, pp. 156–64.

Millstein, Barbara Head, *Committed to the Image: Contemporary Black Photographers*. Brooklyn, NY: Brooklyn Museum of Art in assocation with Merrell, 2001.

Mirzoeff, Nicholas, *Bodyscape: Art, Modernity and the Ideal Figure*. London and NY: Routledge, 1995.

Mirzoeff, Nicholas (ed.), *Diaspora and Visual Culture: Representing Africans and Jews*. London and NY: Routledge, 2000.

MIT List Visual Arts Center, *19 Projects: Artists-in-Residence at the MIT List Visual Arts Center*. Cambridge, MA: MIT Press, 1996.

Moi, Toril, *Feminist Theory and Simone de Beauvoir*. London: Basil Blackwell, 1990.

Mona Hatoum (exhibition catalogue). Bristol: Arnolfini, 1993.

Mona Hatoum: The Entire World as a Foreign Land. London: Tate Gallery, 2000.

Moraga, Cherríe and Gloria Anzaldúa (eds), *This Bridge Called My Back: Writings by Radical Women of Color*. Persephone Press, 1981.

Morgan, Anne Barclay, 'Interview: Amalia Mesa-Bains', *Art Papers*, vol. 19, no. 2, 1995, pp. 24–9.

Mortimer, Mildred, 'Assia Djebar's *Algerian Quartet*: A Study in Fragmented Autobiography', *Research in African Literature*, vol. 28, pt. 2, 1997, pp. 102–17.

Moore, Catriona (ed.), *Dissonance: Feminism and the Arts 1970–1990*. St Leonards, NSW: Allen and Unwin, 1994.

Mulvey, Laura, *Visual and Other Pleasures*. Basingstoke: Macmillan, 1989.

Mulvey, Laura, 'Moving Bodies: Interview with Moufida Tlatli', *Sight and Sound*, March 1995, pp. 18–20.

Munster, Anna, *Machinic Disturbants: Genealogies of the Digital*, PhD thesis. University of New South Wales, 2000.

Naficy, Hamid (ed.), *Home, Exile, Homeland: Film, Media and the Politics of Place*. London and NY: Routledge 1999.

Nead, Lynda, *The Female Nude: Art, Obscenity, Sexuality*. London and NY:

Routledge, 1992.

Neale, Margo, *Yiribana: An Introduction to the Aboriginal and Torres Strait Islander Collection*. Sydney: The Art Gallery of New South Wales, 1993.

Nunn, Pamela Gerrish, *Victorian Women Artists*. London: Women's Press, 1987.

Ofer, Dalia and Lenore J. Weitzman (eds), *Women in the Holocaust*. New Haven, CT: Yale University Press, 1998.

Oguibe, Olu, 'Medium and Memory in the Art of Fiona Foley', *Third Text*, no. 33, Winter 1995-6, pp. 51-60.

Olkowski, Dorothea, *Gilles Deleuze and the Ruin of Representation*. Berkeley, CA: University of California Press, 1999.

Oxley, Deborah, *Convict Maids: The Forced Migration of Women to Australia*. Cambridge: Cambridge University Press, 1996.

Papastergiadis, Nikos, *Dialogues in the Diasporas: Essays and Conversations on Cultural Identity*. London and New York: Rivers Oram Press, 1998.

Patton, Paul (ed.), *Deleuze: A Critical Reader*. Oxford: Blackwell, 1996.

Patton, Sharon F., *African-American Art*. Oxford: Oxford University Press, 1998.

Paz, Octavio, *Sor Juana or The Traps of Faith* (trans. by Margaret Sayers Peden). Cambridge, MA: The Belknap Press of Harvard University Press, 1988.

Pearson, Keith Ansell, *Deleuze and Philosophy: The Difference Engineer*. London and NY: Routledge, 1997.

Phelan, Shane (ed.), *Playing with Fire: Queer Politics, Queer Theories*. London and NY: Routledge, 1997.

Philippi, Desa, 'Mona Hatoum: The Witness Beside Herself', *Parachute*, no. 58, April-June 1990, pp. 10-15.

Pickstone, John V., *Ways of Knowing: A New History of Science, Technology and Medicine*. Manchester: Manchester University Press, 2000.

Pietropaolo, Laura and Ada Testaferri (eds), *Feminisms in the Cinema*. Indianapolis: Indiana University Press, 1995.

Pines, Jim and Paul Willemen (eds), *Questions of Third Cinema*. London: BFI Publishing, 1989.

Piper, Adrian, 'The Triple Negation of Colored Women Artists', reprinted in *Next Generation: Southern Black Aesthetic*, exhibition catalogue. Winston-Salem, NC: Southeastern Center for Contemporary Art, 1990, pp. 15-22.

Plant, Sadie, *Zeros and Ones: Digital Women and the New Technolculture*. London: Fourth Estate, 1997.

Pollock, Griselda, *Generations and Geographies in the Visual Arts: Feminist Readings*. London and NY: Routledge, 1996.

Purcell, Rosamond Wolff and Stephen Jay Gould, *Finders, Keepers: Eight Collectors*. London: Pimlico, 1993.

Rebecca Horn: Driving Through Buster's Bedroom, exhibition catalogue. Los Angeles: Los Angeles Museum of Contemporary Art and Milan: Fabbri Editori, 1990.

Regan, Stephen (ed.), *The Politics of Pleasure: Aesthetics and Cultural Theory*. Milton Keynes: Open University Press, 1992.

Renton, Andrew, 'Velvet Sex Trap', *Flash Art*, vol. 154, October 1990, pp. 144 – 5.

Rewald, John, *Vieira da Silva: Paintings 1967 –1971*. NY: M. Knoedler and Co, 1971.

Rice, Shelley (ed.), *Inverted Odysseys: Claude Cahun, Maya Deren, Cindy Sherman*. Cambridge, MA: MIT Press, 1999.

Ringgold, Faith, *We Flew Over the Bridge: The Memoirs of Faith Ringgold*. Boston: Little Brown, 1995.

Rittner, Carol and John K. Roth (eds), *Different Voices: Women and the Holocaust*. NY: Paragon House, 1993.

Robinson, Arthur, *Early Thematic Mapping in the History of Cartography*. Chicago: University of Chicago Press, 1982.

Ronstayi, Mina, 'Getting Under the Skin: Rebecca Horn's Sensibility Machine', *Arts Magazine*, vol. 63, pt. 9, May 1989, pp. 58 – 68.

Rosen, Miriam. 'The Uprooted Cinema: Arab Filmmakers Abroad', *Middle East Report*, July-Aug 1989, pp. 34 – 7.

Rousseau, G. S. and Roy Porter (eds), *Exoticism in the Enlightenment*. Manchester: Manchester University Press, 1990.

Rovit, Rebecca and Alvin Goldfarb (eds), *Theatrical Performance During the Holocaust: Texts, Documents, Memoirs*. Baltimore, MD and London: Johns Hopkins University Press, 1999.

Rücker, Elisabeth, *Maria Sybilla Merian*, Nürnberg: Germanisches Nationalmuseum, 1967.

Sadler, Simon, *The Situationist City*. Cambridge, MA: MIT Press, 1998.

Said, Edward, *Orientalism*. London: Routledge and Kegan Paul, 1978.

Santner, Eric L., *Stranded Objects: Mourning, Memory and Film in Postwar Germany*. Ithaca, NY, and London: Cornell University Press, 1990.

Saxby, Trevor J., *The Quest for the New Jerusalem: Jean de Labadie and the*

Labadists, 1610 -1744 . Dordrecht: M. Nijhoff Publishers, 1987.

Scarlett, Ken, *Contemporary Sculpture in Australian Gardens* (G+B International). Sydney: Craftsman House, 1993.

Schor, Mira, *Wet : On Painting , Feminism and Art Culture*. Durham, NC: Duke University Press, 1997.

Sedgwick, Eve Kosofsky, *Epistemology of the Closet*. New York: Harvester Wheatsheaf, 1991.

Serota, Nicholas and Gavin Jantjes, *From Two Worlds*, exhibition catalogue. London: Whitechapel, 1986.

Shafik, Violet, *Arab Cinema : History and Cultural Identity*. Cairo, Egypt: The American University in Cairo Press, 1998.

Shange, Ntozake, *for colored girls who have considered suicide/when the rainbow is enuf* and *spell 7* . London: Methuen Drama, 1990.

Sheriff, Mary D. , *The Exceptional Woman : Elisabeth Vigee-Lebrun and the Cultural Politics of Art*. Chicago: University of Chicago Press, 1996.

Shirin Neshat, exhibition catalogue. Vienna: Kunsthalle and London: Serpentine, 2000.

Shirin Neshat , Milan: Edizioni Charta, 2001.

Simon, Joan, 'Ann Hamilton: Inscribing Place', *Art in America* , vol. 87, no. 6, June 1999, pp. 76 - 85.

Skelton, R. A. , *Maps: A Historical Survey of Their Study and Collecting*. Chicago and London: University of Chicago Press, 1972.

Sobchack, Vivian, *The Address of the Eye : A Phenomenology of Film Experience*. Princeton, NJ: Princeton University Press, 1992.

Sofia, Zoe, ' Technoscientific Poeisis: Joan Brassil, Joyce Hinterding, Sarah Waterson', *Continuum*, vol. 8, pt. 1, 1994, pp. 364 - 75.

'Sokari Douglas Camp', *Revue Noire* , no. 30, Sept. - Nov. 1998, pp. 40 - 1.

Spector, Buzz, 'Residual Readings: The Altered Books of Ann Hamilton', *Print Collectors' Newsletter* , vol. 26, no. 2, May-June 1995, pp. 55 - 6.

Stafford, Barbara, *Good Looking : Essays on the Virtue of Images*. Cambridge, MA: MIT Press, 1996.

Stafford, Barbara, *Visual Analogy: Consciousness as the Art of Connecting*. Cambridge, MA: MIT Press, 1999.

Stein, Judith E. , 'Space and Place', *Art in America* , vol. 82, pt. 12, December 1994, pp. 66 - 71,117.

Stevens, Wallace, *The Collected Poems of Wallace Stevens*. London: Faber and

Faber Ltd, 1955.

Sturken, Marita, 'The Wall, The Screen and the Image: The Vietnam Veterans Memorial', *Representations* 35, Summer 1991, pp. 118 – 142.

Sulter, Maud (ed.), *Passion: Discourses on Blackwomen's Creativity*. Hebden Bridge: Urban Fox Press, 1990.

Tesfagiorgis, Frieda High W., 'Afrofemcentrism and its Fruition in the Art of Elizabeth Catlett and Faith Ringgold', *SAGE*, vol. iv, Spring 1987, pp. 25 – 32.

Thomas, C. David (ed.), *As Seen by Both Sides: American and Vietnamese Artists Look at the War*. Boston, MA: Indochina Arts Project and the William Joiner Foundation, 1991.

Thomas, Martin, 'Technology of Perception: The Installations of Joan Brassil', *Art and Australia*, 1993, pp. 68 – 76.

Thomas, Nicholas, *Possessions: Indigenous Art/Colonial Culture*. London: Thames and Hudson, 1999.

Topliss, Helen, *Modernism and Feminism: Australian Women Artists 1900 – 40*. Sydney: Craftsman House, 1996.

Track 16 Gallery and The Center for the Study of Political Graphics, *Decade of Protest: Political Posters from the United States, Viet Nam and Cuba*. Santa Monica, CA: Smart Art Press, 1996.

Trinh T. Minh-ha, *The Moon Waxes Red*. London and NY: Routledge, 1991.

Trinh T. Minh-ha, *Framer Framed*. London and NY: Routledge, 1992.

Trinh T. Minh-ha, *Cinema Interval*. London and NY: Routledge, 1999.

Tromble, Meredith, 'A Conversation with Amalia Mesa-Bains', *Artweek*, 8 October 1992.

Vigano, E., 'Shirin Neshat', *Zoom* [Italy], vol. 26, March-June 1998, pp. 58 – 63.

Voigt, Anna, *New Visions, New Perspectives: Voices of Contemporary Australian Women Artists*. Sydney: Craftsman House, 1996.

Waldman, Diane and Janet Walker (eds), *Feminism and Documentary*. Minneapolis, MN: University of Minnesota Press, 1999.

Wallace, Michele, 'Variations on Negation and the Heresy of Black Feminist Creativity', *Heresies*, vol. 6, pt. 4, 1989, pp. 69 – 75.

Wallis, Brian, 'Questioning Documentary', *Aperture*, vol. 112, 1998, pp. 60 – 71.

Watson, Sophie (ed.), *Playing the State: Australian Feminist Interventions*. London: Verso, 1990.

Weintraub, Linda, *Art on the Edge and Over: Searching for Art's Meaning in Contemporary Society 1970s -1990s*. Litchfield, CN: Art Insights Inc., 1996.

Weiss, Gail, *Body Images: Embodiment as Intercorporeality*. London and NY: Routledge, 1999.

Welton, Donn (ed.), *Body and Flesh: A Philosophical Reader*. Oxford: Blackwell, 1998.

White, Victoria, 'Whose Memorial Is This?', *Public Art Review*, vol. 7, pt. 2, Spring/Summer 1996, pp. 14–17.

Willis-Thomas, Deborah, *An Illustrated Bio-bibliography of Black Photographers, 1940–1988*. NY and London: Garland Publishing, 1989.

Wilton, Tamsin, *Lesbian Studies: Setting an Agenda*. London and NY: Routledge, 1995.

Winterson, Jeanette, *Written on the Body*, London: Vintage, 1996.

Wittig, Monique, *The Lesbian Body*, translated by David Le Vay, British edition. London: Peter Owen, 1975.

Wittig, Monique, *The Straight Mind and Other Essays*, with a foreword by Louise Tnrcotte. Hemel Hempstead: Harvester Wheatsheaf, 1992.

Women 150 (eds), *150 Victorian Women Artists*. Melbourne, Victoria, 1985.

Young, James E. (ed.), *Holocaust Memorials: The Art of Memory in History*. Munich and NY: Prestel-Verlag, 1994.

Zabel, Igor, *Shirin Neshat* (exhibition catalogue). Ljubljana: Moderna Galerija, 1997.

Zaya, Octavio, 'Shirin Neshat', *Flash Art*, vol. 27, no. 179, Nov.–Dec. 1994, p. 85.

Zaya, Octavio, 'Women of Allah' (interview with Shirin Neshat), *Creative Camera*, no. 342, Oct.–Nov. 1996, pp. 18–23.

Zegher, Catherine de (ed.), *Inside the Visible: An Elliptical Traverse through Twentieth Century Art, in, of and from the Feminine*. Cambridge, MA: MIT Press, 1996.

Zegher, Catherine de (ed.), *Martha Rosler: Positions in the Life World*. Cambridge, MA: MIT Press, 1998.

Ziff, Trisha, *Distant Relations: Chicano, Irish, Mexican Art and Critical Writing*. NY: Smart Art Press, 1996.

凤凰文库 | 本社已出版书目

一、凤凰文库·艺术理论研究系列
1.《弗莱艺术批评文选》 [英]罗杰·弗莱 著　沈语冰 译
2.《另类准则:直面20世纪艺术》 [美]列奥·施坦伯格 著　沈语冰 刘凡 谷光曙 译
3.《当代艺术的主题:1980年以后的视觉艺术》 [美]简·罗伯森 克雷格·迈克丹尼尔 著　匡骁 译
4.《艺术与物性:论文与评论集》 [美]迈克尔·弗雷德 著　张晓剑 沈语冰 译
5.《现代生活的画像:马奈及其追随者艺术中的巴黎》 [英]T. J. 克拉克 著　沈语冰 诸葛沂 译
6.《自我与图像》 [英]艾美利亚·琼斯 著　刘凡 谷光曙 译
7.《博物馆怀疑论:公共美术馆中的艺术展览史》 [美]大卫·卡里尔著　丁宁 译
8.《艺术社会学》 [英]维多利亚·D. 亚历山大 著　章浩 沈杨 译
9.《云的理论:为了建立一种新的绘画史》 [法]于贝尔·达米施 著　董强 译
10.《杜尚之后的康德》 [比]蒂埃利·德·迪弗 著　沈语冰 张晓剑 陶铮 译
11.《蒂耶波洛的图画智力》 [美]斯维特拉娜·阿尔珀斯 [美]迈克尔·巴克森德尔 著　王玉冬 译
12.《伦勃朗的企业:工作室与艺术市场》 [美]斯维特拉娜·阿尔珀斯 著　冯白帆 译
13.《新前卫与文化工业》 [美]本雅明·布赫洛 著　何卫华 史岩林 桂宏军 钱纪芳 译
14.《现代艺术:19与20世纪》 [美]迈耶·夏皮罗 著　沈语冰 何海 译
15.《前卫的原创性及其他现代主义神话》 [美]罗莎琳·克劳斯 著　周文姬 路珏 译
16.《德国文艺复兴时期的椴木雕刻家》 [英]麦克尔·巴克桑德尔 著　殷树喜 译
17.《神经元艺术史》 [英]约翰·奥尼恩斯 著　梅娜芳 译
18.《实在的回归:世纪末的前卫艺术》 [美]哈尔·福斯特 著　杨娟娟 译
19.《大众文化中的现代艺术》 [美]托马斯·克洛 著　吴毅强 陶铮 译
20.《重构抽象表现主义:20世纪40年代的主体性与绘画》 [美]迈克尔·莱杰 著　毛秋月 译
21.《艺术的理论与哲学:风格、艺术家和社会》 [美]迈耶·夏皮罗 著　沈语冰 王玉冬 译
22.《分殊正典:女性主义欲望与艺术史写作》 [英]格丽塞尔达·波洛克 著　胡桥 金影村 译
23.《女性制作艺术:历史、主体、审美》 [英]玛莎·麦斯基蒙 著　李苏杭 译
24.《知觉的悬置:注意力、景观与现代文化》 [美]乔纳森·克拉里 著　沈语冰 贺玉高 译
25.《神龙:美学论文集》 [美]戴夫·希基 著　诸葛沂 译
26.《告别观念:现代主义历史中的若干片段》 [英]T. J. 克拉克 著　徐建 等译
27.《专注性与剧场性:狄德罗时代的绘画与观众》 [美]迈克尔·弗雷德 著　张晓剑 译
28.《在博物馆的废墟上》 [美]道格拉斯·克林普著　汤益明 译
29.《六十年代的兴起》 [美]托马斯·克洛 著　蒋苇 邓天媛 译
30.《短暂的博物馆:经典大师绘画与艺术展览的兴起》 [英]弗朗西斯·哈斯克尔 著　翟晶 译
31.《作为模型的绘画》 [美]伊夫-阿兰·博瓦 著　诸葛沂 译
32.《西方绘画中的视觉、反射与欲望》 [美]大卫·萨默斯 著　殷树喜 译
33.《18世纪巴黎的画家与公共生活》 [美]托马斯·克洛 著　刘超 毛秋月译

二、凤凰文库·设计理论研究系列
1.《设计教育·教育设计》 [德]克劳斯·雷曼 著　赵璐 杜海滨 译　柳冠中 审校
2.《对抗性设计》 [美]卡尔·迪赛欧 著　张黎 译
3.《设计史:理解理论与方法》 [挪威]谢尔提·法兰 著　张黎 译
4.《设计史与设计的历史》 [英]约翰·A. 沃克 朱迪·阿特菲尔德 著　周丹丹 易菲 译

5.《思辨一切:设计、虚构与社会梦想》 [英]安东尼·邓恩 菲奥娜·雷比 著 张黎 译
6.《公民设计师:论设计的责任》 [美]史蒂芬·海勒 薇若妮卡·魏纳 编 滕晓铂 张明 译
7.《宜家的设计:一部文化史》 [瑞典]莎拉·克里斯托弗森 著 张黎 龚元 译
8.《设计的观念》 [美]维克多·马格林 [美]理查德·布坎南 编 张黎 译
9.《设计与价值创造》 [英]约翰·赫斯科特 著 尹航 张黎 译
10.《约翰·赫斯科特读本》 [英]克莱夫·迪诺特 编 吴中浩 译
11.《唯有粉红》 [英]彭妮·斯帕克 著 滕晓铂 刘禽然 译
12.《设计研究》 [美]布伦达·劳雷尔 编著 陈红玉 译
13.《批判性设计及其语境:历史、理论和实践》 [英]马特·马尔帕斯 著 张黎 译
14.《设计与历史的质疑》 [澳]托尼·弗赖 等著 赵泉泉 张黎 译
15.《恋物:情感、设计与物质文化》 [英]安娜·莫兰 等著 赵成清 鲁凯 译
16.《世界设计史1》 [美]维克多·马格林 著 王树良 等译
17.《世界设计史2》 [美]维克多·马格林 著 王树良 等译
18.《设计的政治》 [荷兰]鲁本·佩特 编 朱怡芳 译
19.《数字设计理论》 [美]海伦·阿姆斯特朗 编 吴中浩 译
20.《平面设计理论》 [美]海伦·阿姆斯特朗 编 刘禽然 译
21.《泡沫之中:复杂世界的设计》 [英]约翰·萨卡拉 著 曾乙文 译

三、凤凰文库·视觉文化理论研究系列
1.《图像的领域》 [美]詹姆斯·埃尔金斯 著 [美]蒋奇谷 译
2.《视觉文化:从艺术史到当代艺术的符号学研究》 [加]段炼 著